服务型领导的影响力研究

杨进 著

中国社会科学出版社

图书在版编目（CIP）数据

服务型领导的影响力研究 / 杨进著. — 北京：
中国社会科学出版社，2021.2
ISBN 978-7-5203-8395-0

Ⅰ.①服… Ⅱ.①杨… Ⅲ.①领导学—研究
Ⅳ.①C933

中国版本图书馆CIP数据核字（2021）第082808号

出 版 人	赵剑英
责任编辑	张靖晗
责任校对	李　惠
责任印制	张雪娇

出　　版	中国社会科学出版社
社　　址	北京鼓楼西大街甲 158 号
邮　　编	100720
网　　址	http://www.csspw.cn
发 行 部	010—84083685
门 市 部	010—84029450
经　　销	新华书店及其他书店
印刷装订	北京市十月印刷有限公司
版　　次	2021年2月第1版
印　　次	2021年2月第1次印刷
开　　本	710×1000　1/16
印　　张	15.5
插　　页	2
字　　数	222千字
定　　价	98.00元

凡购买中国社会科学出版社图书，如有质量问题请与本社营销中心联系调换
电话：010—84083683
版权所有　侵权必究

目 录

第一章 绪论 1
  第一节 研究背景 1
  第二节 研究问题和研究目标 4
  第三节 研究方法和技术路线 5
  第四节 研究创新点 6

第二章 文献综述 9
  第一节 服务型领导综述 9
    一 服务型领导的内涵及特征 9
    二 服务型领导的维度结构分析 12
    三 服务型领导与其他领导风格的比较 13
    四 服务型领导的相关实证研究 18
  第二节 离职意向综述 20
    一 离职意向的内涵及特征 20
    二 离职意向的维度结构分析 21
    三 离职意向的相关实证研究 23
  第三节 个人创造力综述 26
    一 个人创造力的内涵及特征 26
    二 个人创造力的维度结构分析 27

三　个人创造力的相关实证分析 29

第四节　团队创造力综述 30
　　　一　团队创造力的内涵及特征 30
　　　二　团队创造力的维度结构分析 32
　　　三　团队创造力的相关实证分析 34

第五节　团队认同综述 35
　　　一　团队认同的内涵及特征 35
　　　二　团队认同的维度结构分析 37
　　　三　团队认同的相关实证分析 38

第六节　心理授权综述 41
　　　一　心理授权的内涵及特征 41
　　　二　心理授权的维度结构分析 42
　　　三　心理授权的相关实证分析 44

第七节　领导—成员交换综述 45
　　　一　领导—成员交换的内涵及特征 45
　　　二　领导—成员交换的维度结构分析 48
　　　三　领导—成员交换的相关实证分析 50

第八节　创新自我效能感及团队效能感综述 55
　　　一　创新自我效能感及团队效能感的内涵及特征 55
　　　二　创新自我效能感及团队效能感的维度结构分析 56
　　　三　创新自我效能感及团队效能感的相关实证分析 58

第三章　服务型领导和员工离职意向及创造力的模型构建理论基础分析 61
　第一节　社会认同理论综述 61
　　　一　社会认同理论简介 61
　　　二　社会认同理论的相关研究 65
　　　三　社会认同理论的意义和启示 69

第二节　自我决定理论综述 73
一　自我决定理论简介 73
二　自我决定理论的相关研究 76
三　自我决定理论的意义和启示 80

第三节　社会交换理论综述 83
一　社会交换理论简介 83
二　社会交换理论的相关研究 86
三　社会交换理论的意义和启示 89

第四节　自我效能理论综述 89
一　自我效能理论简介 89
二　自我效能理论的相关研究 92
三　自我效能理论的意义和启示 93

第四章　服务型领导对员工离职意向的影响研究 95
第一节　引言 95
第二节　理论假设 97
一　服务型领导与员工离职意向 97
二　员工团队认同的中介作用 98
三　集体主义的调节作用 100

第三节　研究设计 103
一　样本选择 103
二　变量测量 104
三　分析策略 106

第四节　数据分析结果 106
验证性因素分析 106

第五节　结论与讨论 111

第五章 服务型领导对个人创造力的影响研究
——心理授权的中介效应 112

第一节 引言 112

第二节 理论假设 114
  一 服务型领导与个人创造力 114
  二 心理授权的中介作用 115
  三 工作—家庭冲突的调节作用 118

第三节 研究设计 122
  一 研究对象 122
  二 研究变量 123
  三 分析策略 124

第四节 数据分析结果 125
  一 验证性因素分析 125
  二 信度和效度检验 125
  三 跨层次的分析结果 126

第五节 结论与讨论 129

第六章 服务型领导对个人创造力的影响研究
——LMX 的中介效应 131

第一节 引言 131

第二节 理论假设 133
  一 服务型领导与个人创造力 133
  二 LMX 的中介作用 134
  三 工作压力的调节作用 136

第三节 研究设计 138
  一 研究对象 138
  二 研究变量 139

第四节　数据分析结果 141
   一　验证性因素分析 141
   二　描述性统计和相关分析 141
   三　假设检验 142
 第五节　结论与讨论 144

第七章　服务型领导对个人及团队创造力的影响研究 145
 第一节　引言 145
 第二节　理论假设 147
   一　服务型领导与个人及团队创造力 147
   二　创新自我效能感的中介作用 149
   三　团队效能感的中介作用 151
   四　权力距离的调节作用 152
 第三节　研究设计 157
   一　数据收集 157
   二　变量测量 157
   三　分析策略 158
 第四节　数据分析结果 159
   一　验证性因素分析 159
   二　信度和效度检验 159
   三　跨层次的分析结果 160
   四　团队层次的分析结果 162
 第五节　结论与讨论 165

第八章　研究结论与研究展望 166
 第一节　研究结论 166
   一　服务型领导与员工离职意向 166

二　服务型领导与个人创造力 166

　　三　服务型领导与个人及团队创造力 167

第二节　理论意义 167

　　一　深化了服务型领导和员工离职意向及创造力之间的中介机制的
　　　　研究 167

　　二　深化了服务型领导对员工的心理及行为作用的边界条件研究 168

　　三　拓展了领导力和创造力的跨层次研究 169

第三节　实践意义 170

　　一　在组织中积极推广和培养服务型领导风格 170

　　二　提高员工对组织和团队的认同感以降低员工离职率 170

　　三　培养授权氛围、促进 LMX 及提升自我效能信念，以提升员工及团
　　　　队的创新性结果 170

　　四　有助于理解文化价值观（集体主义和权力距离）的作用机理 171

　　五　有助于理解个人因素（工作—家庭冲突）和情境因素（工作压力）
　　　　的影响机理 172

第四节　研究局限和研究展望 172

附录 1　团队创造力调查问卷（团队成员填写）..175

附录 2　团队创造力调查问卷（团队领导填写）..187

参考文献 195

致　　谢 239

第一章 绪论

第一节 研究背景

美国可口可乐公司董事特纳（Turner, 1999）根据自己的亲身经历编写了《爱的学习：服务型领导之旅》一书，具体分享了他自己作为一个"服务型领导者"的感悟及体会。同时，根据一项调查研究显示，世界前100强企业中，有超过20%的企业曾经向格林利夫（Greenleaf）的"服务型领导力中心"寻求指导，例如星巴克、西南航空和先锋投资集团等（Beazley, 2003）。因此，如何将服务型领导更好地推广和运用到企业中，已经成为学者及管理实践者重点关注的问题。

服务型领导又被称为公仆型领导或仆人型领导等，最早是由麻省理工学院的格林利夫教授于1970年提出的（Greenleaf, 1970）。服务型领导理论认为领导人首先要为他们的追随者服务（Greenleaf, 1970）。根据这个理论，服务型领导反映出：领导者应坚持"服务第一"而不是"领袖第一"的领导力行为，并把下属的需求作为最高优先级需求（Greenleaf, 1977）。服务型领导能够为下属提供鼓励和支持，通过授权、优先满足下属的需求，并不断地激励下属的潜能，从而进一步提升员工的工作绩效和促进其参与创新性行为等（Liden et al., 2015）。

实证研究已经探讨了服务型领导对于员工个体结果的影响，如工作态度（van Dierendonck, 2011; Chan and Mak, 2013）、组织公民行为（Ehrhart, 2004; Walumbwa et al., 2010; Newman et al., 2015; Hsiao et al., 2015）、工

作绩效（Hunter et al., 2013; Liden et al., 2014; Chiniara and Bentein, 2016）和员工创造力（Neubert et al., 2008; Yoshida et al., 2014）。同时，在团队层面，学者也已经实证考察了服务型领导对团队组织公民行为（Ehrhart, 2004）和团队绩效（Hu and Liden, 2011; Liden et al., 2014）等的影响。这些实证研究成果极大地丰富了现代领导力理论，进一步推动了领导实践的发展。

学者已经意识到，组织中的管理者对于员工的离职意向具备重要的影响作用（Jaramillo et al., 2009）。虽然学者已经探讨了服务型领导能够影响员工的离职意向（Jaramillo et al., 2009; Liden et al., 2014），但是，利登等（Liden et al., 2014）指出，非常有必要进一步探索服务型领导和员工个人及团队结果变量之间的中介机制。根据社会认同理论，服务型领导者将下属的需求优先于他们自己的需求，因此，他们更倾向于能够增强下属员工的团队认同感（Walumbwa et al., 2011; Lorinkova et al., 2013）。同时，社会认同理论表明，员工的团队认同将影响他们的离职意向（Liden et al., 2014）。但是，较少有研究实证检验和探索员工团队认同在服务型领导和员工离职意向之间的中介影响机制（Jaramillo et al., 2009）。此外，有学者进一步指出，领导力的影响作用发挥将受到特定的情境因素的影响（Wendt et al., 2009）。集体主义作为一种重要的文化价值观（Hofstede, 1980），将对领导风格产生重要影响。黑尔等（Hale et al., 2007）指出，服务型领导效能的发挥将会受到权力距离和集体主义等文化价值观的影响。综上所述，本书的第一个目的是通过实证方法分析服务型领导如何通过团队认同的中介机制来影响员工离职意向，以及集体主义文化价值观的调节作用。

服务型领导被学者认为与员工创造力积极相关（Neubert et al., 2008; Yoshida et al., 2014）。但事实上，最近的实证研究显示出模棱两可的结果（Vessey et al., 2014）。虽然上述实证研究证实了服务型领导与员工创造力之间存在正向积极关系，但其他研究发现这种关系并不显著（Newman et al., 2018）。这些不确定的结论及发现引起了学者对简单的服务型领导与员工创造力关系的质疑（Neubert et al., 2016; Newman et al., 2018）。服务型领导对员工创造力的研究结果的差异性说明两者的关系是复杂的，因此，有必要探索通过什么中介机制和在什么样的边界条件下，服务型领导作用于员工创造力。

一方面，学者们开始强调服务型领导和员工创造力之间的关系是复杂的和间接的，它们中间可能涉及一些中介机制（Neubert et al., 2008; Liden et al., 2014）。但是，从现有的研究来看，对于这两个变量的中介影响机制知之甚少（Liden et al., 2014; Neubert et al., 2016; Yang et al., 2017）。从理论和实践上来说，心理机制被认为是一种强大的作用机制来解释服务型领导和员工之间的关系（Yoshida et al., 2014）。但是，服务型领导和员工创造力之间的潜在心理机制仍然没有被完全理解。鉴于服务型领导可以影响员工对其领导和团队的心理联系（Walumbwa et al., 2010），而这种心理联系最终会促进员工创造力（Shalley and Perry-Smith, 2001），需要进一步明确联结服务型领导和员工创造力之间关系的潜在心理中介机制。学者 Walumbwa 等（2010）指出，可能有其他的中介机制，例如心理授权，可能影响到服务型领导和员工个体结果之间的关系。同时，已经有学者提出领导—成员交换（LMX）是领导者影响员工的重要心理过程（van Knippenberg et al., 2004; van Knippenberg et al., 2007）。

另一方面，文献进一步表明，领导力对个人结果变量的影响往往会受到员工个人因素及特定的情境因素的影响（Wendt et al., 2009; Ehrhart and Klein, 2001; Newman et al., 2015）。值得一提的是，一些工作—家庭的文献大力宣扬需要重视增加领导者对家庭的支持作用，以解决工作与家庭的问题（Byron, 2005; Michel et al., 2011）。学者哈默等（Hammer et al., 2011）提出需要进一步探索工作—家庭冲突的调节效应。此外，作为一个重要的情境因素，工作压力可能会限制服务型领导对追随者结果的影响。因此，本书的第二个目的是基于自我决定理论，实证考察服务型领导如何通过员工心理授权的中介机制来影响员工个人创造力，以及工作—家庭冲突的调节作用。本书的第三个目的是运用社会交换理论来检验 LMX 作为服务型领导影响员工创造力的重要心理中介机制，以及检验情境因素工作压力在服务型领导和 LMX 之间的调节作用。

基于领导风格对于员工个人创造力和团队创造力的重要影响作用，学者们呼吁"应进一步检验领导力对于不同层次的影响作用"（Gooty et al., 2010; Gong et al., 2013）。尽管已经有研究开始探讨不同领导风格同时作用于个人及团队结果变量的作用机理，但是较少有研究实证考察服务型领导同时作用于员工个人及团队创造力的影响机制（Yoshida et al., 2014）。自我效能感作为一个重要的中介变量对领导力和结果变量具备重要影响作用（Tierney and Farmer, 2002; Hu and Liden, 2011）。但是，很少有实证研究使用多层次方法调查个人自我效能感和团队效能感在服务型领导和个人及团队创造力关系之间的中介作用（Nielsen et al., 2009; Walumbwa et al., 2010）。因此，为了深入了解服务型领导和员工创造力及团队创造力之间的多层次影响机制，引入自我效能机制将是一个非常有益的探索。此外，服务型领导的有效性程度可能会受到权力距离文化价值观的限制（Hale and Fields, 2007）。所以，本书的第四个目的是通过利用自我效能理论（Bandura, 1995），运用多层次实证研究方法检验个人创新自我效能感和团队效能感在服务型领导和员工个人及团队创造力关系之间的中介效应，以及权力距离的调节效应。

第二节　研究问题和研究目标

本书将运用领导力理论和创造力理论等多理论视角，建立服务型领导、团队认同、心理授权、LMX、员工创新自我效能感和团队效能感对员工离职意向及创造力的多层次影响模型。本书期望能够进一步丰富领导力和创新管理的理论体系，并进一步深化现有的关于服务型领导对于员工离职意向、员工个人及团队创造力的作用机理的认识。因此，本书的研究结果将对完善适应我国实际情况的新型领导理论具备一定的理论价值。此外，从实践角度来看，本书对服务型领导的作用机制的实证分析将为卓越领导者的培养和现代领导力的提升提供些许实践借鉴意义。具体而言，主要包括以下研究问题。

（1）服务型领导对员工离职意向的影响研究。

（2）服务型领导对员工个人创造力的影响研究。

（3）服务型领导对个人及团队创造力的跨层次影响研究。

基于以上研究问题，本书的主要目标如下。

基于社会认同理论，本书将考察服务型领导是否会通过员工团队认同来影响员工的离职意向。同时，本书将检验集体主义文化价值观这一重要情境因素是否会调节服务型领导与员工团队认同的关系。

基于自我决定理论，本书将考察服务型领导风格如何通过影响员工的心理机制——心理授权，从而进一步影响员工个体创造力的作用机理。同时，本书还会进一步检验服务型领导与员工心理授权的关系是否会受到员工个人因素——工作—家庭冲突的调节作用。

基于社会交换理论，本书将检验 LMX 作为服务型领导影响员工创造力的重要心理中介机制。同时，本书还会进一步检验情境因素工作压力在服务型领导和 LMX 之间的调节作用。

基于自我效能理论，为了响应学者呼吁研究领导风格对于不同层次的影响作用机制，本书将探讨服务型领导如何通过员工个人创新自我效能感及团队效能感同时作用于员工个人及团队创造力的影响机制。同时，还将考察权力距离文化价值观是否会调节服务型领导与员工个人创新自我效能感及团队效能感的多层次关系。

第三节　研究方法和技术路线

文献研究法。本书通过收集和整理服务型领导、员工离职意向、员工个人及团队创造力的最新研究文献，基于演绎归纳和文献比较分析等方法，综述现有研究的现状及不足。同时通过厘清服务型领导与员工离职意向及创造力的跨层次影响关系，选取关键变量，构建了服务型领导、团队认同、心理授权、LMX 和自我效能对员工离职意向及创造力的多层次影响模型，并提出了相应的假设。

问卷调查法。本书采用通用量表，基于"回译法"编制成调查问卷，并对研究样本进行问卷调查，收集数据，对前面所构建的理论模型进行实证研究。

统计分析法。主要采用 SPSS、HLM 和 LISREL 等统计软件，对收集的数据进行验证和分析。具体而言：（1）采用 SPSS 统计软件对数据样本进行信度和效度分析，以保证研究数据具备较好的质量；（2）使用 LISREL 统计软件进行验证性因素分析，以检验本书的测量模型的结构效度；（3）基于逐步回归分析方法，对模型进行验证和分析，例如，分析服务型领导、团队效能感和团队创造力的关系，以及团队权力距离对于以上关系的调节效应等；（4）通过多层次线性模型分析方法，分析了本书的跨层次模型，例如，分析团队层面的服务型领导对个体层面的员工个人创造力和团队层面的团队创造力的同时作用机制等。

本书的技术路线如图 1-1 所示。

第四节 研究创新点

（1）运用社会认同理论、自我决定理论、社会交换理论和自我效能理论，系统整合多个理论视角全面分析和探索服务型领导与员工离职意向及创造力之间的中介机制。

学者们已经开始研究服务型领导和员工离职意向及创造力之间的关系。但是，部分学者开始强调这些变量之间的关系是复杂的和间接的，它们中间可能涉及一些中介机制。还有很多学者呼吁研究其他的中介变量，例如团队认同、心理授权、LMX 和自我效能机制在其中所发挥的重要中介作用。本书分别实证分析了团队认同、心理授权、LMX 和自我效能机制（包括个人创新自我效能感及团队效能感）在服务型领导与员工离职意向及创造力之间所起到的中介作用。因此本书有利于理解服务型领导对员工离职意向及创造力的影响机理。

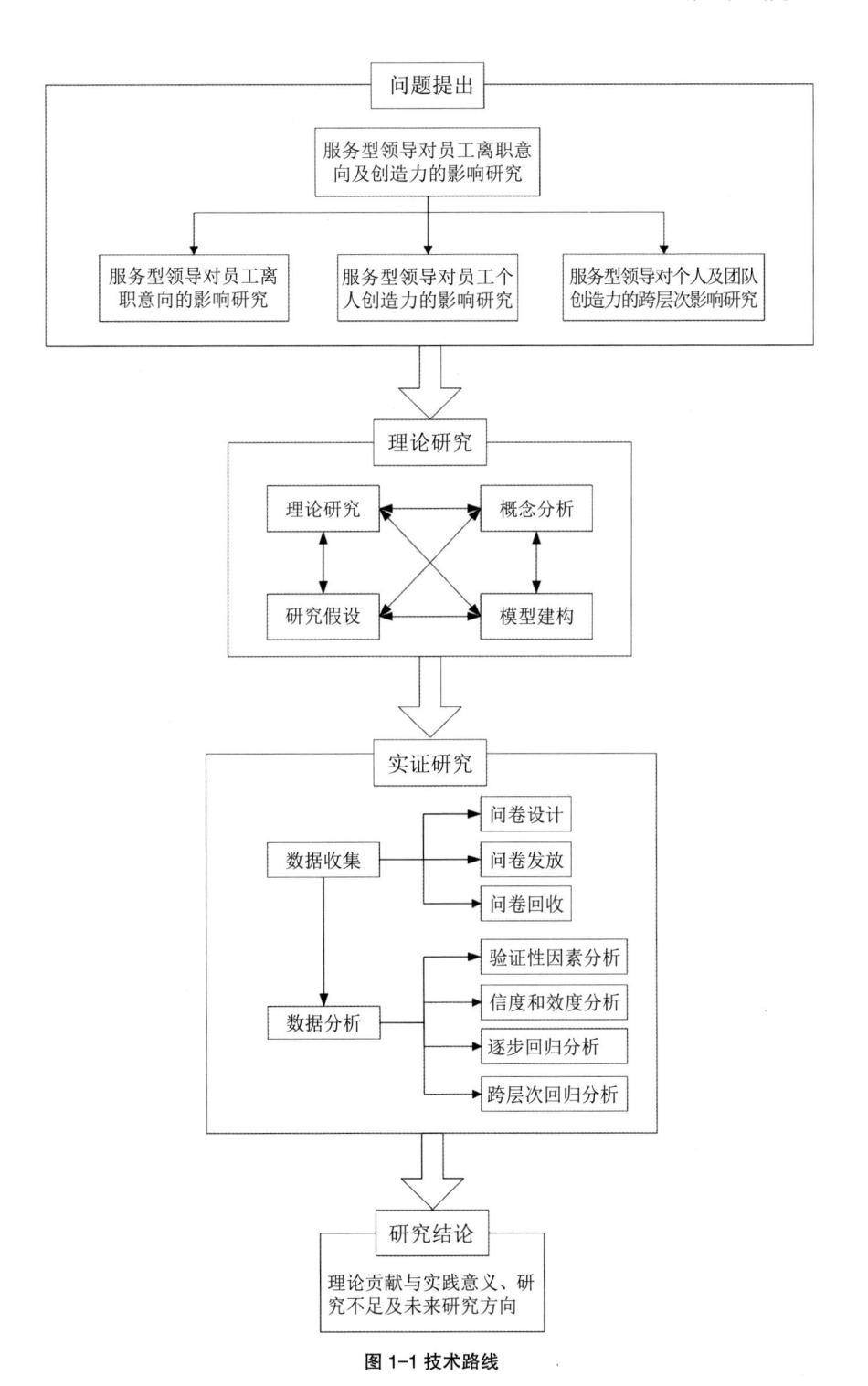

```
┌─────────────────────────────────────────────────┐
│                    问题提出                      │
│         ┌──────────────────────────┐            │
│         │ 服务型领导对员工离职意    │            │
│         │ 向及创造力的影响研究      │            │
│         └──────────────────────────┘            │
│    ┌──────────┬──────────┬──────────┐           │
│    ▼          ▼          ▼                      │
│ 服务型领导  服务型领导   服务型领导              │
│ 对员工离    对员工个     对个人及团队            │
│ 职意向的    人创造力的   创造力的跨层            │
│ 影响研究    影响研究     次影响研究              │
└─────────────────────────────────────────────────┘
                      │
                      ▼
┌─────────────────────────────────────────────────┐
│                    理论研究                      │
│       ┌──────────┐      ┌──────────┐            │
│       │ 理论研究 │◄────►│ 概念分析 │            │
│       └──────────┘      └──────────┘            │
│            ▲  ╲        ╱  ▲                     │
│            │    ╲    ╱    │                     │
│            ▼      ╳        ▼                    │
│       ┌──────────┐      ┌──────────┐            │
│       │ 研究假设 │◄────►│ 模型建构 │            │
│       └──────────┘      └──────────┘            │
└─────────────────────────────────────────────────┘
                      │
                      ▼
┌─────────────────────────────────────────────────┐
│                    实证研究                      │
│                        ┌────────────┐           │
│                     ──►│  问卷设计  │           │
│     ┌──────────┐    │  ├────────────┤           │
│     │ 数据收集 │────┼─►│  问卷发放  │           │
│     └──────────┘    │  ├────────────┤           │
│          │          └─►│  问卷回收  │           │
│          │             └────────────┘           │
│          ▼             ┌────────────┐           │
│                     ──►│验证性因素分析│          │
│     ┌──────────┐    │  ├────────────┤           │
│     │ 数据分析 │────┼─►│信度和效度分析│          │
│     └──────────┘    │  ├────────────┤           │
│                     ├─►│ 逐步回归分析│          │
│                     │  ├────────────┤           │
│                     └─►│跨层次回归分析│          │
│                        └────────────┘           │
└─────────────────────────────────────────────────┘
                      │
                      ▼
┌─────────────────────────────────────────────────┐
│                    研究结论                      │
│        理论贡献与实践意义、研究                  │
│        不足及未来研究方向                        │
└─────────────────────────────────────────────────┘
```

图 1-1 技术路线

（2）分析情境因素（集体主义和权力距离文化价值观、工作压力）及员工个人因素（工作—家庭冲突）对于服务型领导效能发挥可能存在的调节作用。

有研究指出，领导力效能作用的发挥受到特定的情境因素或者员工个人因素的影响。文化价值观（集体主义和权力距离）、工作压力和工作—家庭冲突作为重要的情境因素和员工个人因素，对服务型领导及其结果变量的作用过程可能产生一定的影响。本书将考虑在不同的集体主义文化价值观、工作—家庭冲突、工作压力和团队权力距离的作用下，研究服务型领导对员工离职意向及创造力的影响差异。本书将能够丰富领导力方面的研究，并进一步深化服务型领导对员工的心理及行为作用的边界条件。

（3）多层次实证分析服务型领导对员工个人及团队创造力的影响机制。

虽然个人创造力和团队创造力在本质上是相互依存的，但是这两者的关注点是不同的。团队创造力不是个人创造力的简单聚合，因为团队创造力涉及整个团队成员的交互和沟通过程。从而，服务型领导对团队创造力的影响机制不同于服务型领导对个人创造力的影响机制。本书探讨了服务型领导跨层次同时作用于个体层面的员工个人创造力和团队层面的团队创造力的影响机制。因此，本书建立了一个多层次理论模型，综合考虑团队层面和员工个人层面的因素，运用实证调研的研究方法探析了员工个人创造力和团队创造力的改善机制。

第二章 文献综述

在本章中,我们将对服务型领导研究、员工离职意向研究、个人及团队创造力研究、团队认同研究、心理授权研究、领导—成员交换(LMX)研究、创新自我效能感及团队效能感研究的相关文献进行综述。其将有助于我们进一步理解服务型领导及其结果变量的影响机制,为后面几章的理论假设做好理论铺垫。

第一节 服务型领导综述

一 服务型领导的内涵及特征

服务型领导又被称为公仆型领导或仆人型领导等,是组织管理领导研究领域涌现的新兴领导理论,并逐渐成为领导学和管理学的研究热点(van Dierendonck, 2011)。服务型领导理论认为领导者首先要为他们的追随者服务(Greenleaf, 1970)。根据这个理论,服务型领导反映出:领导者应坚持"服务第一"而不是"领袖第一"的领导力行为,并把下属的需求作为最高优先级需求(Greenleaf, 1977)[1]。服务型领导能够为下属提供鼓励和支持,通过授权、优先满足下属的需求,并不断地激励下属的潜能,从而提升员工的工作绩效和促进其参与创新性行为等(Liden et al., 2015)。

---

[1] R. K. Greenleaf, *Servant Leadership: A Journey into the Nature of Legitimate Power and Greatness*, New York: Paulist Press, 1977.

时代在变，我们对领导行为的看法也在变。鉴于当前对更具道德性、以人为本的管理的需求，从服务型领导理论中得到启发的领导可能正是组织现在所需要的。关心我们所处的社会已日益成为公司的一项政策，所以，想要获得长期利润的关键在于要关注利益相关者。目前，创新和员工幸福感受到高度重视，因此，根植于道德和关爱行为的领导力变得非常重要。在积极的组织行为这一相对较新的领域，领导力被认为是员工敬业度和组织兴旺的关键因素（Luthans, 2002; Macik et al., 2009）。在过去的十几年中，领导力研究显然已经从对变革型领导力的强烈关注转向对共享、关系和全球视角的更为重视，更为关键的是领导者和追随者之间的互动（Avolio and Weber, 2009）。Donaldson 和 Davis（1991, 1997）强调了将管理理论超越代理理论原则的重要性，并假设经济人是个人主义的、机会主义的，以及自我服务的治理，基于将个人视为有利于组织、自我实现和值得信赖的人。这与服务型领导理论对追随者个人成长的强调相似。1970年，Greenleaf 就已经提出了服务型领导，在这个时代，服务型领导可能特别重要，原因是服务型领导将社会责任的组成部分添加到变革型领导中（Graham, 1991）；此外，它比任何其他领导理论都更明确地强调追随者的需要（Patterson, 2003）。虽然影响力通常被认为是领导的关键要素，但服务型领导通过强调领导与追随者关系中的服务理想，改变了这种影响力的焦点。因此，它可能是一种极具潜力的领导理论。然而，尽管这一理论的引入已经有几十年，并且二十多年前就开始了实证研究（Laub, 1999），但对于服务型领导的定义和理论框架仍然没有达成共识。因此，学者们开始相继提出自己的定义和模型（Laub, 1999; Russell and Stone, 2002），或多或少地受到 Greenleaf 的启发。这产生了对服务型领导的诸多解释，体现了广泛的行为。另一个令人关注的问题是，关于服务型领导的大部分文章（包括学术性和非学术性的文章）都是规范性的，主要集中在理想情况下应该如何。只有少数文章是描述性的，并告诉我们在实践中发生了什么。因此，迫切需要在理论模型的基础上进行相关的实证研究。

服务型领导是通过在组织内创造机会来帮助追随者成长的（Luthans

and Avolio, 2003）。与以组织福祉为最终目标的其他领导风格相比，服务型领导真正关心的是服务于他们的追随者（Greenleaf, 1977），Stone 等（2004）也指出了这一点。这种以人为本的态度为组织内部安全和牢固的关系让路。此外，正如 Greenleaf（1998）所说，那些被选为领导者的人得到了他们员工的大力支持。这样就创造了一种氛围，鼓励追随者成为他们能做到的最好的。重要的是，根据 Greenleaf 的说法，服务型领导是"首要的平等者"（即平等者中的第一者），其权力不是用来完成事情，而是试图说服的。服务型领导负责组织的信任，他们扮演管理者的角色（Reinke, 2004）。这意味着服务型领导超越了私利。他们的动机是比权力需要更重要的东西，即服务的需要（Luthans and Avolio, 2003）。

应该指出的是，从服务的需要出发工作，并不意味着一种奴性的态度，即权力掌握在追随者手中，或者说领导者的地位较低。服务型领导与 Kantian 的领导观有相似之处，Kantian 的领导观强调领导者有责任提高追随者的自主性和责任感，鼓励他们为自己着想（Bowie, 2000b）。从价值观的角度来看，在行为上，服务型领导不同于其他领导方式，在对组织中的人的总体态度和成为领导者的动机上其与之也有区别。与人格主义（Whetstone, 2002）一样，人们强烈承诺尊重每个人，并意识到每个人都值得被爱。照顾自己的追随者不应纯粹是一种经济上的成功手段。服务型领导建立的组织是一个学习型组织，在组织里的每个人都可以具有独特的价值。因此，利用个人魅力或情感来影响追随者的行为，而不给他们任何参与性思考或决策的空间，这与 Greenleaf 所说的强调增加自主性、个人成长和幸福感相去甚远。

自服务型领导这一概念被提出以后，学者们首先围绕其维度与测量开展了大量的研究。2000 年以前主要围绕服务型领导的特征进行研究和分析（王碧英、高日光，2014）。Greenleaf 作为服务型领导理论的提出者，首先指出服务型领导主要具备以下十个主要特征：倾听、同情心、认知、治疗、善于说服他人、有远见、全局观、管家精神、服务者以及社区建设（Greenleaf, 1970、1977）①②。而 Spears（1995）则描述服务型领导主要包含以下十个特征，分别是：倾听、移情、治疗、认知、说服力、概念化技能、预见性、服务者、愿意培养他人以及社团建设。此外，其他学者也进一步发展了服务型领导的行为理论模型，指出服务型领导主要包括伦理、谦逊、情绪治疗、授权，以及强调下属的发展和服务社区等（Neubert et al., 2008; Hu and Liden, 2011; van Dierendonck, 2011）。服务型领导的这些特征使得其在领导方法中具备独特性，不同于其他的领导力风格，如变革型领导（van Dierendonck et al., 2014）。服务型领导力理论可能与变革型领导力理论形成了鲜明的对比（Hu and Liden, 2011）。例如，服务型领导者的首要焦点是服务于追随者，并关注他们的成长和发展；而变革型领导者主要关注于追求组织利益，并鼓励员工牺牲自己个人的利益去满足组织利益的需求（Piccolo and Colquitt, 2006）。

二 服务型领导的维度结构分析

2000 年之后，开始涌现一些实证研究，不仅关注于服务型领导的维度和特征，而且在定性分析的基础上也开始尝试开发服务型领导的测量工具（王碧英、高日光，2014）。Laub（1999）③ 的服务型组织领导力测评工具包括组织评价和领导力评价两大维度和六个子维度（重视人、发展人、建立社区、展现诚信、进行领导和分享领导），该量表是第一个通过实证研究得出的服务型领导量表。Page 和 Wong（2000）提出服务型领导包括人格（正直、谦逊、仆人心）、关系（关心他人、授权他人、开发他人）、任务（愿景、目标设定、领导）和过程（模仿、团队建设、共同决策）四个大维度和十二个子维度。Ehrhart（2004）开发了十四个项目的七维量

---

① R. K. Greenleaf, *The Servant as Leader*, Newton Centre, MA: The Robert K. Greenleaf Center, 1970.
② R. K. Greenleaf, *Servant Leadership: A Journey into the Nature of Legitimate Power and Greatness*, New York: Paulist Press, 1977.
③ J. A. Laub, "Assessing the Servant Organization; Development of the Organizational Leadership Assessment (OLA) model", *Dissertation Abstracts International*, Vol. 60, No. 2, 1999, p. 308.

表（与下属建立关系、授权下属、帮助下属成长和成功、行为符合道德规范、概念技能、把下属放在第一位、为组织之外的人创造价值）。该量表被后续的多个研究用以预测员工的组织公民行为或创新行为（Neubert et al., 2008; Walumbwa et al., 2010）。Liden 等（2008）开发了服务型领导的七维量表（概念技能、授权、帮助下属成长和成功、把下属放在首位、行为符合伦理规范、情绪抚慰以及为社区创造价值）。但略显遗憾的是，研究中主要在西方背景下开发的量表占主导，仅有少数学者尝试在中国组织情境下开发服务型领导的量表。例如，汪纯孝等（2009）开发了服务型领导的十一维量表（尊重员工、关心员工、帮助员工发展、构思愿景、平易近人、甘于奉献、清正廉洁、开拓进取、指导员工工作、承担社会责任、授权），是国内首个服务型领导的测量工具。

三 服务型领导与其他领导风格的比较

在对最近领导力研究现状的综述中，Avolio 等（2009）描述了领导力学者的关注点如何从仅仅是领导者转变为更广泛的背景，包括追随者、同事、主管、工作环境和文化。领导理论的研究越来越表明领导实际上是一个复杂的过程。尤其是在关注追随者和道德行为的情况下，服务型领导是继之前学术界关注变革型领导和魅力型领导之后新兴理论的一部分。与服务型领导有比较多相似之处的理论有七个，即变革型领导、真实型领导、道德型领导、第 5 级领导、授权型领导、精神型领导和自我牺牲型领导。

（一）服务型领导与变革型领导的对比分析

虽然一些学者认为服务型领导和变革型领导这两种领导风格在概念上有一些相似之处（Yoshida et al., 2014），但是服务型领导从理论上来说是不同于变革型领导的，服务型领导主要"通过理想化的方式影响于员工，而且不强调其自身的直接利益"（Demir, 2008）[①]。相关文献指出"变革型领

[①] K. Demir, "Transformational Leadership and Collective Efficacy: The Moderating Roles of Collaborative Culture and Teachers' Self-Efficacy", *Eurasian Journal of Educational Research*, Vol. 33, 2008, pp. 93-112.

导和服务型领导的主要区别在于领导的关注点不同"（Stone et al., 2004）[①]。服务型领导与创造力之间的中介机制是不同于变革型领导的。例如，服务型领导注重于下属的需求，而变革型领导更关注于组织目标（Liden et al., 2015）。服务型领导的这种关注能够帮助员工努力工作，进而提升员工创造力。与此同时，变革型领导强调直接指导员工，而服务型领导更侧重于激励和促进员工的服务精神和自我管理（Stone et al., 2004）。这种关注会使得服务型领导能够培养团队成员的幸福感和团队归属感，这将有助于促进团队创造力的提升（Walumbwa et al., 2010; Liden et al., 2014）。

（二）服务型领导与真实型领导的对比分析

第二种与服务型领导相似的领导理论是真实型领导。Avolio 和 Gardner（2005）将真实型领导定义为积极领导方法的根本概念。其一个基本的观点是，真实型领导者通过增强自我意识、关系透明度、内化透明度、内化道德视角和平衡处理来鼓励下属的真实性。与真实性密切相关的是表达"真实的自我"，用与内心想法和感觉一致的方式来表达自己（Harter，2002）。它专注于拥有个人经历，包括思想、情感、需求、愿望、偏好和信仰。通常的看法，真实性区分了外在行为和内在领域的意图、需要、兴趣、信念和欲望，它们被视为行为的决定因素。真实性也是一种具有累积性和整体目的性的生活方式（Heidegger，1962），对自己和他人都有强烈的责任感。一个人要为自己的生活和所做的选择负责。

虽然真实型领导力发展理论（Avolio and Gardener, 2005）被定位为一个广泛而全面的理论，但真实型领导力的核心方面是领导力"真实自我"的表达（Ladkin and Taylor, 2010）。在 Walumbwa 等（2008）的真实型领导力范围内，这一点在操作上被认为是专注于在与他人的互动中保持真实，真实地反映自己的内心想法，同时以一致的行为、开放的心态和改变的意愿来展示这一点。将这种真实型领导的操作性与服务型领导的六个特

[①] A. Gregory Stone, R. F. Russell, and K. Patterson, "Transformational Versus Servant Leadership: A Difference in Leader Focus", *Leadership & Organization Development Journal*, Vol. 25, 2004, pp. 349-361.

征进行比较，可以看出真实型与谦卑型这两个特征的重叠。由于真实型理论具有明确的理论根源，真实型本身显然更是一个真实领导的问题。在谦逊方面，只有学习的意愿才能在真正的领导中找到，退后并给他人空间的意愿在真实型领导的特征中是缺失的。

此外，服务型领导的其他四个特征都没有被明确定位或衡量为属于真实型领导的核心。因此，领导者也有可能真正从代理理论出发来提高股东价值，认为这是管理者的道德义务。这就限制了真实型领导力作为积极型领导力的核心理论。但是从管理的角度出发，考虑到所有利益相关者，这是服务型领导理论的一个明确要素。因此，可以将真实型领导纳入服务型领导理论，特别是其明确关注授权、管理和提供指导。

（三）服务型领导与道德型领导的对比分析

第三种与服务型领导相似的领导理论是道德型领导。Brown 等（2005）将道德型领导定义为"通过个人行为和人际关系展示规范适当的行为，并通过双向沟通、强化和决策向追随者推广此类行为"[①]。道德型领导比较关注的是组织中适当的行为问题，在爱民、诚信、守信、为全体人民谋利益等方面与服务型领导相似。

道德型领导更强调指导性和规范性的行为，而服务型领导则更注重追随者的发展。后者关注的不是根据组织的规范应该如何做事，而是人们自己想如何做事以及他们是否有能力这样做。Brown 等（2005）定义和实施的道德型领导力，强调员工直接参与、建立信任的重要性，最重要的是在行为上要符合道德规范。他们在一个简短的一维 10 项量表中对道德型领导力的操作揭示了重叠和差异。他们的项目集中在做出公正的决定、表现出道德行为、倾听，以及员工的最大利益；所有这些都适用于服务型领导。以道德型领导与服务型领导的六个关键特征为主要比较点，最主要的重叠出现在三个特征上，即赋予人权力和发展人、谦卑和管理。服务型领

---

① M. E. Brown, L. K. Trevino, and D. A. Harrison, "Ethical Leadership: A Social Learning Perspective for Construct Development and Testing", *Organizational Behavior and Human Decision Processes*, Vol. 97, 2005, pp.117-134.

导的其他三个关键特征（真实性、人际接受、提供方向）在道德型领导中相对不重要。

（四）服务型领导与第 5 级领导的对比分析

服务型领导也可以与第 5 级领导联系起来。Collins（2001）认为，在专业意愿方面的领导能力与个人谦逊相结合，是企业在长期组织绩效方面取得突破的关键因素。第 5 级领导的定义表明，在谦卑的需要方面，在退后能力和学习意愿方面，第 5 级领导与服务型领导有重叠。谦逊能够更好地区分好的领导者和伟大的领导者。它被定义为谦虚，避免公众的奉承，并强烈关注公司的成功。与服务型领导的重叠明显在于服务型领导的谦卑性和提供方向性。此外，第 5 级领导更注重组织的成功，而不是培养追随者（尽管服务型领导是在准备继任者时提到的）。真实性、人际接受和管理等要素在第 5 级领导的定义中明显缺失。

（五）服务型领导与授权型领导的对比分析

授权型领导是第五种与服务型领导比较近似的领导理论，其根源在于社会认知理论（Bandura, 1986）和参与性目标设定研究（Erez and Arad, 1986）。员工的观点和领导让他人参与决策的行为被视为核心。它强调员工的自我影响过程，并积极鼓励追随者引导自己走向自我导向和自我激励（Pearce and Sims, 2002）。很明显，授权型领导理论与服务型领导理论有较多重叠的地方。服务型领导的第一个特点是赋予人权力和发展人，这显然与赋予领导权力相似，因为它强调授权以增加内在动力，通过给人们明确的目标来强调责任，但同时也要求他们对实现这些目标负责且要求管理者分享知识和信息，以确保员工发展必要的技能。服务型领导理论关注这些要素，并通过包括其他五个特征来阐述这一特征，这些特征都不是作为授权型领导的一部分而明确规定的。因此，服务型领导理论可以被认为是一种更为详尽的领导观点。

（六）服务型领导与精神型领导的对比分析

精神型领导是第六种与服务型领导有相似之处的领导理论。最近对工作场所精神性的定义侧重于价值观和类似于服务型领导的组织实践

(Sendjaya et al., 2008)。服务型领导者设定目标，使工作有意义，并建立在追随者的力量之上。同样，工作中的精神辅导强调工作中的意义感，并侧重于组织价值观，这种价值观允许一种超越感和一种与他人联系的感觉（Pawar, 2008）。根据 Fry 和 Slocum（2008）的观点，精神型领导首先要创造一种能够体验到使命感的愿景，并建立一种有助于内在激励自己作为领导者和团队或组织中的人，帮助追随者找到意义。通过建立一种基于无私爱的文化，使追随者感到被理解和被欣赏。由此产生的组织文化给员工一种使命感，使他们感觉自己是社区或组织的一部分。尽管精神型领导在将生活体验作为一种召唤、感受被理解和欣赏的过程中，提出的结果与服务型领导有些重叠，但服务型领导理论似乎是一个更复杂的理论，它解释了领导者与追随者之间的关系。

（七）服务型领导与自我牺牲型领导的对比分析

自我牺牲型领导是最后一种与服务型领导比较相近的领导理论。Choi 和 Mai-Dalton（1999）将自我牺牲定义为"在（1）劳动分工，（2）奖励分配和（3）权力行使中个人利益、特权或福利的全部/部分放弃和/或永久/暂时推迟"[①]。从而带来更多的魅力、合法性和互惠性。最近的研究证实了这些观点，表明那些表现出自我牺牲行为的领导者的追随者表现出更高的积极情绪和更强烈的合作意愿（De Cremer, 2006），他们更倾向于亲社会行为（De Cremer et al., 2009），并认为他们的领导者更有效率（Van Knippenberg and Van Knippenberg, 2005）。然而，与服务型领导相反，自我牺牲型领导，其根源在于变革型领导，主要关注的是组织而不是追随者（Matteson and Irving, 2005）。然而，可以预期，类似的心理过程将出现在服务型领导的追随者身上。Singh 和 Krishnan（2008）认为，Choi 和 Mai-Dalton（1999）所定义的自我牺牲与利他主义密切相关，利他主义被定义为对组织中的其他人表现出亲社会（即"把他人放在首位"）。在两项关于

[①] Y. Choi, and R. R. Mai-Dalton, "The Model of Followers' Responses to Self-Sacrificial Leadership: An Empirical test", *Leadership Quarterly*, Vol. 10, 1999, pp.397-421.

社会支持和信任方面的个人关系质量的研究（Crocker and Canevello, 2008）中，也显示了与富有同情心的目标一起工作的互惠性。对于服务型领导环境来说，最相关的发现是，与有同情心目标的人建立关系的人，如果他们的目标不是自我导向的，那么就会创造一个支持性的环境。因此，这些关于自我牺牲型领导和在人际关系中与富有同情心目标的人一起工作的研究为 Greenleaf 的基本命题提供了研究证据，服务型领导的交互测试是追随者自己成为服务型领导。

总之，服务型领导理论与其他型领导理论既有相同的特点，也各有千秋。上述任何一种理论都没有包含服务型领导的所有六个关键特征，这使服务型领导处于一个独特的位置。此外，服务型领导理论明确地指定了一个组合动机，即一个需要服务的领导者，这是这些行为的基础，并且最明确地强调从属结果在个人成长方面的重要性而不一定是与组织成果相关。这也是服务型领导的独特性的一部分。

四　服务型领导的相关实证研究

目前，有关服务型领导的行为效果方面的研究，主要研究和考察了服务型领导对于员工工作态度（van Dierendonck, 2011; Chan and Mak, 2014）、组织公民行为（OCB）（Newman et al., 2015; Hsiao et al., 2015）和员工工作绩效（Neubert et al., 2008; Hunter et al., 2013; Liden et al., 2014）等的影响。例如，Chan 和 Mak（2013）研究发现，服务型领导行为与下属的信任和工作满意度积极相关。Newman 等（2015）验证了服务型领导与其下属的组织公民行为呈显著正相关。而 Liden 等（2014）则指出，服务型领导显著积极作用于员工绩效。

在管理学的研究中，个体层面所得出的研究结论不一定适用于团队层面。如果简单地将个体层面的研究结论运用到团队层面，将可能引导团队向错误的方向发展，从而导致团队有效性的降低（赵红丹和彭正龙，2013）。因此，学者开始关注于服务型领导对团队组织公民行为（Ehrhart, 2004）和团队绩效（Hu and Liden, 2011; Liden et al., 2014）等的影响。例如，Irving 等（2007）研究指出，服务型领导积极作用于团队效能。赵红丹和彭正龙（2013）验证了服务型领导对于团队绩效的正向影响。这些实证研究极大地丰富了人们对于服务型领导力的认识。然而，一些学者，如 Liden 等（2015）呼吁学者们更多地开发服务型领导的结果模型。因此，本书将会探索服务型领导对于员工离职意向、个人及团队创造力的影响机理。

先前的研究结果显示，学者们通常将服务型领导概念化为团队层面的变量（Liden et al., 2008; Hunter et al., 2013; Yoshida et al., 2014）。学者们指出，同一个单位的领导者将向其单位成员展示出相似的领导行为（Kirkman et al., 2009; Sun et al., 2012）。换句话说，同一团队的成员，他们会感知到相似的服务型领导行为（Sun et al., 2012）。Kirkman 等（2009）指出，"与不同组的成员相比，同一组的成员（向同一个领导者报告）所感知到的领导力会具备更高的相似性"[①]。因此，与先前的学者保持一致，在本书中我们将假设服务型领导为一个团队层面的现象（Liden et al., 2008; Hunter et al., 2013; Yoshida et al., 2014）。

同时，学者开始强调服务型领导和员工个人及团队结果变量的关系是复杂的和间接的，它们中间可能涉及一些中介机制。例如，Neubert 等（2008）提出程序公平氛围和服务型文化可能部分中介作用于服务型领导和个人组织公民行为之间的关系。Liden 等（2014）指出，服务型领导与服务型文化积极相关，进而能够提升员工绩效。Hu 和 Liden（2011）进一步表明，服务型领导通过提升程序公平氛围和服务型文化，从而进一步影响团队过程和团队结果。这些研究有助于我们更好地理解服务型领导对于个人或团队结果变量的影响机制。但是，其他一些学者，例如 Liden 等（2014）进一步指出，可能还有其他的中介机制存在于"服务型领导和员工个人及团队结果之间的关系"。因此，非常有必要进一步探索服务型领导与员工个人及团队结果变量之间的中介机制。

---

① B. L. Kirkman, G. Chen, J. L. Farh, Z. X. Chen, and K. B. Lowe, "Individual Power Distance Orientation and Follower Reactions to Transformational Leaders: A Cross-Level, Cross-Cultural Examination", *Academy of Management Journal*, Vol. 52, 2009, pp. 744-764.

此外，实践表明，领导力效能的发挥往往会受到员工个人因素及组织情境因素的影响（Ehrhart and Klein, 2001; Wendt et al., 2009; Newman et al., 2015）。Yoshida 等（2014）通过研究指出，团队层面的创新支持氛围会调节作用于服务型领导和员工个人创造力之间的关系，当创新支持氛围越高时，这两者之间的积极关系将会越强。同时，Neubert 等（2016）也提出非常有必要进一步探索服务型领导在什么情境下其积极效能将最大化。因此，本书将探索员工个人因素（工作—家庭冲突）和组织情境因素（集体主义和权力距离文化价值观）对于服务型领导及其结果变量之间关系的调节作用机制。

第二节　离职意向综述

一　离职意向的内涵及特征

离职意向是指组织成员准备离开组织的意愿或想法（Porter and Steer, 1973）[①]。已经有实证研究检验了离职意向与员工实际离职行为之间的关系（Joo and Park, 2010）。学者们通过研究指出，员工离职意向是员工实际离职行为的重要影响因素（Lee and Bruvold, 2003; Jaramillo et al., 2009）。离职可分为自愿离职和非自愿离职（Watrous et al., 2006）。离职意向归属于自愿离职的范畴（郝冬梅等，2016）。员工的自愿离职一般会给组织带来巨大的损失和不利影响（Mobley, 1982）。因为当员工离开组织时，他们的经历、知识和才能等也将随其离开组织，这将可能导致组织的混乱，不利于组织的稳定和发展（Abbasi and Hollman, 2000; 郝冬梅等，2016）。因此，如何减少员工的离职行为，帮企业留住人才，成为学者们及企业管理者实践中重点关注的问题。

学者们意识到，离职行为因为其测量难度高，且偶然性因素对其影响

[①] L. W. Porter, and R. M. Steers, "Organizational, Work, and Personal Factors in Employee Turnover and Absenteeism", *Psychological Bulletin*, Vol. 80, 1973, p. 151.

作用较大（Griffeth et al., 2000）。同时，学者郝冬梅等（2016）指出，"离职意向被认为是员工发生离职行为前的最后一个步骤"[①]。因此，有关于员工离职行为的研究大多数专注于对员工离职意向的研究。

二 离职意向的维度结构分析

离职意向并不能完全代表离职行为，在进行科学研究的过程中，离职意向可以通过心理学的方法从个体的主观认知获取到，但离职行为却很难测量。对于离职意向的研究，比较熟悉的是四个维度对离职意向的测量，这四个维度主要包括：第一，员工对于组织看法的恶化；第二，产生离职想法；第三，寻找其他岗位的行为；第四，成功得到其他工作岗位的概率。已经有学者使用四个测量项的单因子结构来测量离职意图。在现有的研究应用领域，Mobley（1978）开发的离职意向问卷，应该是运用比较广泛的代表。他的问卷的开发得益于观察员工离职过程中发生的一系列活动，包括员工一开始在企业工作中产生不满意的情绪到最终确定自己离开公司的想法，起初对于公司的整体印象从好到不好的态度转变，可能还会有员工在工作中产生的跳槽的想法等这一系列的活动最终导致员工选择离职的过程。量表的题项不多，从3个到5个不等，采用的是4级或者5级评分标准。在此基础之上，由于环境等因素的改变，其他学者对该量表进行了修改和翻译，由此衍生出许多关于离职意向的测量问卷，例如Aryee等（2002）开发的3题项问卷以及邝颂东等（2009）编制的5题项问卷等。

随着社会经济的不断发展，经济学家是最早站在宏观角度对离职问题展开研究的群体。从20世纪80年代起，对于离职的研究，部分工业心理学家开始站在微观的角度进行研究。这些心理学家认为，过去关于离职的研究由于将重心放在经济因素对于个体离职的影响，因此错过了关注非经济因素对于个体离职的影响，而这些影响也是十分关键的。因此，他们重

---

① 郝冬梅、赵煜、朱焕卿：《组织职业生涯管理与员工离职意向：情感承诺的中介作用》，《兰州大学学报》（社会科学版）2016年第1期。

新从微观视角出发，对个体离职进行研究，增加个体心理感受的维度，到现在已经产生了一系列成熟的模型。张勉和李树茁（2002）[①]通过对已有文献的整理，总结出四个具有代表性的离职模型，具体如下。

Steers 和 Mowday（1981）的离职模型：该模型于 1981 年提出。Steers 和 Mowday 两位学者通过大量的研究，找到影响员工离职想法的相关因素，并验证了这些因素与离职意向变量之间存在的关系。这个多维度的模型主要涉及员工组织归属感、员工工作投入度、工作满意度等变量。两位专家认为在一个企业组织里面，一个员工是否会有离职想法的产生的最重要也是最直接的因素即为员工感知到的归属感以及他对工作的满意度，而这些是与员工的绩效水平相关联。除此之外，该模型中还包含员工个体的性格特征和外部环境的影响等。

Sheridan 和 Abelson（1983）的离职模型：该模型于 1983 年建立。Sheridan 和 Abelson 两位学者在之前研究基础上建立了"尖峰突变"的员工离职模型，这也准确解释了员工个体为什么产生离职行为以及这个过程是如何发生的。以非线性的突变理论作为基础，该模型利用突变论的观点阐释了员工从开始的留职到最后的离职的行为变化。通过调查研究发现，员工的主动离职，一方面是个体对组织的承诺度下降和出现对工作的不满，另一方面，则由于工作紧张增加而产生压力。因此，他们指出，在企业中无论是员工对组织承诺度的持续降低，还是工作紧张压力的持续增加，这些都是容易导致员工产生离职意向甚至产生离职行为的重要因素。

Lee 和 Mitchell（1994）的离职模型：该模型于 1994 年建立，是基于映像理论的研究。映像理论认为人们会在先前经历过的事件中总结出一套做决策的程序（Teah, 1992），大多数人在做出一个行为或决策之前都会先走一遍这个程序，在这个程序无法解决当前困境的前提下，人们才会做出新的反应。这个离职模型与 Steers 和 Mowday（1981）的离职模型有很大的不同，最大的一点不同是，Lee 和 Mitchell（1994）假定每一个员工个

---

① 张勉、李树茁：《雇员主动离职心理动因模型评述》，《心理科学进展》2002 年第 3 期。

体都趋向于寻找稳定且挑战性低的工作。在这种情况下，离职意向是由一种工作中的"组织震撼"带来的，而组织震撼指的是在工作系统中对员工的工作行为造成刺激的因素。

Price-Mueller（2000）的离职模型：在过往研究的基础上，经历前期多次修改之后，Price 最终于 2000 年提出 Price-Mueller 模型。该模型最大的亮点主要有两个方面：一方面，这个模型吸收了许多领域关于离职的研究成果，比如经济学、社会学以及心理学。这是一个横跨多个领域的比较综合的研究成果，比之前的模型更具全面性。另一方面，这个模型为了能够在解释个体离职心理变化的过程中展现更好的预测能力，引入了个体变量、环境变量、结构变量以及过程变量。同时，该四类变量都是从大量实证研究中被辨识出来的，具有很好的关联度。Price-Mueller 模型认为员工是带着一定期望进入组织，与组织进行权益交换，并追求权益的最大化。如果这一期望被打破，则会增加员工离职倾向。

综上所述，我们可以看出，国外学者对于离职的研究起步较早，大部分与离职相关的模型主要还是起源于国外。从已有的离职模型方面看，其研究的核心还是在于对员工离职原因的分析和预测。从纵向研究来看，传统的离职模型仅仅关注经济因素对于离职意向的影响，而工作嵌入理论丰富了研究对非经济因素的关注。我们可以很清晰地认识到，随着研究的深入，学者们对离职原因的分析更加全面，关注维度也在不断扩展和丰富，为后续我们分析研究离职问题，拓展了更多的思路和方向。

三 离职意向的相关实证研究

从目前的研究文献可知，员工的离职意向受到许多因素的影响。学者 Price（2001）[①] 通过完善先前的离职模型，指出环境变量、个体变量、结构化变量和中介变量与离职意向相关。张勉和张德（2007）通过研究指出，

---

① J. L. Price, "Reflections on the Determinants of Voluntary Turnover", *International Journal of Manpower*, Vol. 22, 2001, pp. 600-624.

个人职业发展机会、转换成本及承诺倾向对员工离职意向具有重要的影响作用。Suliman 等（2010）通过实证研究方法检验了组织承诺及不同维度对员工离职意向的影响机制。翁清雄和席酉民（2010）探讨了职业能力发展等职业成长因素能够影响员工的离职意向。Ahmed 等（2013）实证检验了领导成员交换和组织支持感对员工离职意向具备显著影响作用。Elanain（2014）探讨了领导—成员交换与员工离职意向的反向关系。

此外，学者已经意识到，管理者对于员工的离职意向具有重要的影响作用（Jaramillo et al., 2009）。例如，Nonis 等（1996）研究指出，当员工不满意于他们的领导时，员工的自动离职意向会更高。Mulki 等（2006）指出，当员工觉得他们的领导不值得信任时，这些员工可能会具备更高的自动离职意向。相反，当管理者与他们的下属建立信任关系时，他们更易于引致员工的积极行为和降低员工的离职意向（Brashear et al., 2006）。例如，陈致中和张德（2010）实证考察了变革型领导对于员工离职意向的关系，以及组织承诺的中介作用。研究结果显示，变革型领导正向作用于员工的组织承诺，对员工的离职意向具有负向影响作用。张莉等（2013）实证检验了变革型领导与员工离职意向之间的关系。而服务型领导理论显示，这种领导力能够帮助创建一个积极的工作环境，有助于提升员工对于组织的依赖感及组织忠诚度（Liden et al., 2008）。

在对离职意向的影响因素研究中，主要有以下几类。

第一类是个体因素。个体因素包括个体的性别、年龄、婚姻状况、生活质量、受教育程度等一些由员工个体差异产生的因素。有不少研究已经通过实证的数据收集对个体因素差异产生的离职意向进行了验证。邓彦等（2008）以图书管理员为研究对象，研究证实了图书管理员的离职倾向与个人年龄、学历和健康水平等存在明显的相关性。受教育水平越高，离职意向越强烈，本科生甚至硕士博士研究生每年的离职率都要高于高中和中专学历的员工；年龄相对较小的员工的离职意向比年龄大的员工更强烈；健康水平高的员工比健康水平低的员工产生离职意向的概率要大。凌文辁等（2005）通过对珠江三角洲 8 家企业 440 份样本的研究证实了员工的个体特征会显著影响员工个体的离职意向。

第二类是与组织和工作相关的因素。除了个体因素会影响离职意向之外，与组织和工作息息相关的因素也会影响员工的离职倾向，这类因素主要包括组织发展前景、工作满意度、组织氛围、组织承诺、组织公平等。其中，工作满意度一直以来都被认为是员工产生离职意向最直接的因素之一，并且两者之间呈负相关关系。组织公平、组织承诺、组织氛围、团队工作压力以及团队凝聚力也是影响员工离职意向产生的重要因素。赵西萍等（2003）关于西安地区国企和民企的研究证实，与员工离职意向存在相关关系的变量包括组织承诺、工作满意度、工作发展前景、工作压力，这些都是导致员工离职的因素。其中，工作满意度与员工离职意向相关系数最高，而且呈负相关关系。张建琦和汪凡（2003）认为企业发展前景对员工的离职意向具有重要影响作用，两者呈负相关关系。蒋春燕（2007）的实证研究发现员工对组织公平的感知对员工离职意向产生影响。

第三类是社会环境因素。社会环境层面对离职意向的影响主要是指来自系统外部的客观环境，包括但不限于当下的经济发展水平、劳动供需状况、员工任职的企业性质等。赵西萍等（2003）通过对比三种不同企业类型（民营企业、外资企业和国有企业）的员工离职率发现，企业性质从外资企业到民营企业再到国有企业的顺序下，对应的员工个体离职率是越来越高的。赵映振等（2005）通过对275名雇员的实证研究发现，不同的企业性质、企业规模和行业性质对员工的离职意向有着不同的影响。

同时，对领导力和离职意向两者关系的研究开始倾向于关注各种中介因素，如心理氛围（Langkamer and Ervin, 2008）、组织伦理（Shapira-Lishchinsky and Rosenblatt, 2009）和工作满意度（Coomber and Barriball, 2007; Clemens et al., 2009; Harris et al., 2009）等在其间所发挥的中介效应。根据社会认同理论，服务型领导者将下属的需求优先于他们自己的需求，因此他们更倾向于能够增强下属员工的团队认同感（Walumbwa et al., 2011; Lorinkova et al., 2013）。同时，社会认同理论表明，员工的团队认同将影响他们的离职意向（Liden et al., 2014）。因此，本书将探讨员工团队认同在服务型领导与员工离职意向之间的中介影响机制。

第三节　个人创造力综述

一　个人创造力的内涵及特征

员工个人创造力，主要是指员工个体所产生的关于产品、实践、过程或程序等的新颖理念，同时对组织是潜在有效的（Amabile, 1996）[①]。员工的创新行为对组织有效性及其生存发展具有重要的影响作用（West et al., 2003）。随着现代经济的转型和商业环境的快速发展，是否能够获取竞争优势对于组织而言至关重要（Pieterse et al., 2010）。因为员工是实施创新性行为的主体，同时需要为实现创新而付出努力（Amabile, 1996）。因此，识别管理如何影响员工的创新性行为将帮助组织获得这些竞争优势（Pieterse et al., 2010）。

人格特质论、过程论和结果论是目前最常见的三种创造力理论。

（一）人格特质论

支持人格特质论的学者认为，创造力是人天生就有的一种独特的能力或特质，并且能够与产生新事物联系密切（Drabkin, 1996; 李进等, 2015）。这一类学者相信，基于个人特质能够将员工分成高创造力和低创造力两类（Nicholk, 1972; 张燕等, 2011）。这一范畴的定义侧重于分析影响个人创造力的因素，往往与影响因素和意义混淆，而不是为个人创造力定义。

（二）过程论

支持过程论的学者认为，个体创造力是在解决问题的过程中出现的能力，必须具有持续性、非传统性、独特性和新颖性等特征（Reber, 1985）。同时，Wallas（1926）认为作为一个过程思维的创造力，应该被划分为四个阶段：（1）准备阶段，即研究问题和要实现的目标；（2）酝酿阶段，即

[①] M. Teresa, Amabile, et al., "Assessing the Work Environment for Creativity", *Academy of Management Journal*, Vol. 39, No. 5, 1996, pp. 1154-1184.

思考如何去解决问题；（3）启发阶段，即领悟到解决问题的措施；（4）验证阶段，即将想法变为实际方案。过程论派学者坚信作为一种理性需要系统思考的工作是创造力的本质，而不是单纯的个人因素。

（三）结果论

对于结果论派的学者来说，创造力是个人参与创造活动的结果（Amabile, 1996; Cummings and Oldham, 1997）。这种观点对于个人创造力的评价比较具体客观。结果派学者认为个人创造力是有价值且有实际意义的，并且能够被他人接受。例如，Amabile（1996）发现一个新的增值产品或服务或过程是创造力的结果；Zhou 和 George（2001）发现，一个新的服务、产品或个人创造力创造出了独特的价值观念，从而联系起了生产和管理实践。这样一种理解个体创造力的观点，使得对个体创造力的定量评价成为可能，具有较高的可操作性，被认为是推进研究的有益途径。这种定义方法也备受学者推崇。

除了上述三大理论外，还有一种综合性观点认为，创造力是从智力开发工作的过程中产生的。例如，Simonton（1995）将教育和培训视为影响员工创造力的关键因素；Amabile（1997）认为形成个人创造力的重要因素是技术、技能和动机。

二 个人创造力的维度结构分析

（一）个人创造力维度

由于员工个人创造力的概念和内涵广泛，在其研究维度方面也分为了单维结构派和多维结构派。单维结构派如 Amabile（1996）、Farmer 等（1998）在研究创造历史时采用单维结构进行实证研究。多维结构派如 Unsworth（2001）则是通过对个人创造力进行"what"和"why"维度来分析理解的，其中"what"维度主要涉及状态问题，即到底是封闭的环境还是开放的环境能够更好地发挥创造力。"why"维度主要内容则是为什么要参与创造活动，即到底是外部因素还是内部因素能够推动个人创造力。Sternberg（1988）将个人创造力分为三个维度：智力维度、思维方式维度以及人格维度。然而，由于多维结构的研究还没有达到实证研究的水平，目前学术界对个人创造力的研究主要集中在单维结构上。

（二）个人创造力的测量

关于个人创造力的测量方法，陈晓（2006）[①]将其大致归纳为三类：创造力测验法、客观产品分析法以及主观评价法。

（1）创造力测验法。这是一种使用最广泛且最容易控制测量环境的方法，内容主要有人格测量、行为测量以及个案调查。人格测量是通过测试个体的人格来确定个体的创造力，要求被试者回答一系列相关问题（陈晓，2006）。目前人格测量可以分为普遍式人格测量和专项式人格测量，而专项式人格测量是专门针对个人创造力设计的。行为测量重在对一个人的思维测量，判断其思维是否具有很高的创造力，通常采用限时完成规定任务的方式进行测量。个案调查是通过对个体单独进行访谈、测量等，对其生活进行详细了解，从而判别其创造力的形成发展以及水平高低等情况。总而言之，创造力测验法能够较为稳定地全面反映个人创造力水平，但其测量的实质并不是学术研究中的创造力。

（2）客观产品分析法。一种从结果的角度对创意概念做出反应的方法，将对产品创意的评价与对个人创意水平的自我测试结合起来，重点放在定量测量上（陈晓，2006）。例如，在科技领域，通过计算论文被引用次数和引文索引来评价作者的创造力，但这种方法并不常见。

（3）主观评价法。该方法同样与过程论的概念相对应，主要是在一定的标准下，通过个人或群体的主观观察，来评估被观察者的个人创造力（陈晓，2006），目前多采用该产品所属领域的专家观察评价。如 Amabile（1983）就提出了一种主观评价法——"同感评估技术"，他认为尽管研究人员对创造力定义不同，但是同属于一个行业的专家对于同一个产品的看法基本一致，因此会有同感，这种同感就是同感评估技术的核心。

---

① 陈晓：《组织创新氛围影响员工创造力的过程模型研究》，硕士学位论文，浙江大学，2006年，第20页。

三 个人创造力的相关实证分析

对于员工个人创造力而言，员工首先需要有创新的动机，同时还需要为实现创新而付出很大的努力（Shalley and Gilson, 2004）。因此，研究和考察哪些因素将提升员工的个人创造力具有重要的理论意义和实践意义。从心理学研究角度来看，学者主要倾向于关注个人因素或个人特质对员工个人创造力的影响（Amabile, 1982）。例如，Shalley 等（2004）通过研究表明，员工的认知风格是员工创造力的一个重要影响因素，并且呼吁相关学者进一步深入研究这两个变量之间的作用机理。Gong 等（2012）通过实证研究方法分析了员工的主动性人格、心理安全及信息交换与员工个人创造力的作用机理。研究结果表明，高主动性人格的员工更乐于交换信息，建立彼此的信任关系，对员工个人创造力具有显著的积极作用。

而其他研究领域，尤其是社会学的学者，则倾向于关注更宏观的问题，比如环境因素对于员工个人创造力的影响（Ford, 1996）。例如，Martins 和 Terblanche（2003）考察了组织文化与员工个人创造力之间的关系，结果表明，鼓励创新性行为、及时沟通等组织文化能够有效提升员工个人创造力。钟卫东等（2007）通过实证研究检验了支持性环境对创新绩效的积极正向关系。Shalley 等（2009）实证检验了成长需求、工作复杂程度和支持性工作环境与创新的显著积极关系。

学者们逐渐认识到领导风格对于员工个人创造力具有至关重要的影响作用（Mumford et al., 2002; Zhang and Bartol, 2010）。现有研究文献显示，学者们主要关注于变革型领导风格对于个人创造力的促进性影响机制（Bass, 1999; 蔡亚华等, 2015）。例如，Gumusluoglu 和 Ilsev（2009）通过实证研究指出，变革型领导与员工个人创造力呈显著正相关。Pieterse 等（2010）实证检验变革型领导与员工个人创新性行为之间的关系。研究结果指出，当员工的心理授权高时，变革型领导与员工的个人创新行为呈显著正相关。而服务型领导这种领导行为作为一种新兴的领导力也逐渐受到学者们的关注（Liden et al., 2014; Neubert et al., 2016）。服务型领导强调领导者的道德行为，通过授权及优先满足下属的需求等来支持下属的发展

(van Dierendonck, 2011; Chan and Mak, 2013)。因此，本书准备进一步探索和考察服务型领导对于员工个人创造力的影响机制。

有关服务型领导和员工个人创造力之间的关系已经有学者进行了探索及分析，但是，关于研究这两者之间的中介影响机制较少（Liden et al., 2014; Neubert et al., 2016）。尽管有少数学者开始指出服务型领导和员工个人创造力的关系会受到促进焦点（Neubert et al., 2008）和认同（Yoshida et al., 2014; Liden et al., 2014）的中介影响，但是较少有研究探讨其他心理机制中介作用于这两者之间的关系。此外，学者 Walumbwa 等（2010）指出，可能有其他的中介机制影响到服务型领导和员工个体结果之间的关系。因此，本书将探讨员工心理授权和 LMX 在服务型领导与员工个人创造力之间的中介影响机制。

第四节 团队创造力综述

一 团队创造力的内涵及特征

团队创造力是指团队成员主要通过团队互动共同生产的创造性产品、工艺、服务或过程。（Shin and Zhou, 2007）[①]。Taggar（2002）还提出了从个体延伸到适合整个团队层面的理论模型，即多层级成分团队模型。该模型认为具有创造性的团队应包含四个成分：（1）与领域相关的技巧，包括相关领域的知识以及特殊技巧和天赋；（2）任务激励，该成分包括提醒团队成员聚焦于自己手上的任务而不是好高骛远偏离主题，以及团队承诺；（3）与创造力相关的过程，该成分包括准备材料，将团队内成员的想法汇总整理成一个方案，设定目标，制定战略规划和具体实现目标的措施，以及参与任务分配和接受团队的角色定位；（4）与团队创造性相关的过程，这一部分包括绩效管理、有效交流、心系他人并乐意为他人解答问题、能

---

① S. J. Shin, and J. Zhou, "When is Educational Specialization Heterogeneity Related to Creativity in Research and Development Teams? Transformational Leadership as A Moderator", *Journal of Applied Psychology*, Vol. 92, 2007, pp. 1709-1721.

正面面对冲突和问题并且积极寻找合适的方案去解决冲突等维度。West 和 Farr（1996）认为团队创造力是想法的共享发展和应用，这个过程不仅仅是创造新的想法，还应该通过发现新模式而发现更多的意义。他们强调团队凝聚力、关注性和直觉思考、对高质量完成任务的渴求、参与型领导以及在团队环境下对创新进行强规范。

学者们对团队创造力的定义各不相同，但可以从四个视角来理解：主体、行为、成果和氛围。

第一，主体视角。主体视角主要是以团队成员中的个体为研究视角，重点研究个体成员的特质并结合团队整体特性，基于主体视角的学者认为各个成员的个体创造力整合而成团队的创造力。对于研究考察的因素，既要包括对于员工个体能力、技能、知识等，也要包括团队规模、领导、团队认知等。国外主要以 Pirola 等（2004）为代表性学者基于主体视角进行研究，国内则以罗瑾琏等（2013）为代表性学者。从学科的角度对文献进行整理，可以看出国内外学者对个人和团队的相关要素与团队创造力之间的关系非常重视。与国外学者对团队创造力与其他相关变量关系的研究相比，我国学者对团队创造力的研究相对滞后，目前还集中在一对一关系研究（余吟吟和陈英葵，2014）。

第二，行为视角。基于行为视角的学者主要集中于研究团队创造力的行为过程。他们认为在这个过程中的各个环节，如准备、问题聚焦、思维碰撞、想法孵化、集体思考等过程因素是研究的关键点。有学者认为，从行动的角度看，团队创新是团队成员在创新过程中通过互动创造的创造性思维（Leonard and Swap, 1999; Barlow, 2000）。此外，一些学者认为团队的创造力是团队成员通过一系列创新和创造力产生结果的能力和想法（吴勇和朱东卫，2013）。基于行为视角的研究主要集中在成员如何影响团队创造力形成的创造过程上。在此观点下，国内外学者的研究基本一致，但具体侧重点不同：国外学者侧重于对过程本身的研究，而国内学者更注重在这个过程中团队成员的具体行为（余吟吟和陈英葵，2014）。

第三，成果视角。基于成果视角，学者们更多关注的是对于团队最终产出的创造性成果的量化衡量，比如创意想法、产品研发、专利数量、项目成果等。国内外学者基于成果视角通常也多是将这些可以量化的创造成果与团队成员的个体因素相结合进行研究并对团队创造力进行定义（Woodman et al.,1993;丁志华等，2005）。基于成果视角的文献梳理，早期的研究通常是以成果的量化结果来衡量个人和团队的创造力，而目前的研究则更多是以成果创造获得来研究如何提高团队创造力以及其作用机理。在研究对象方面，国外研究通常是面向社会企业，而国内主要是对在校大学生的研究，相比较于国内对在校大学生的研究，国外面向企业的研究对象更成熟和优秀，得到的结果会更可靠。

第四，氛围视角。基于氛围视角，学者将团队的创造力定义为以环境氛围为前提，综合考虑团队的主题、过程和能力。创意环境通常包括分享、信任、团队支持、挑战、外部压力和自由。目前，国外的研究以建立团队创造力的模型为主，研究团队创造力的个体与团队的关系以及团队的情绪水平。在国内，情绪因素主要是团队氛围，重点讨论了它对创造力的影响。例如，钟芳冰等（2011）研究了团队氛围对团队创造力的影响，但因为国内主要是基于西方已有的理论模型进行研究的，所以原创性成果不够显著。总而言之，基于氛围视角能够更全面研究团队创造力，因此越来越多的学者开始关注创造力氛围视角，注重氛围因素对团队创造力的作用。

关于创造力的研究领域，在员工个人创造力的研究领域取得了长足的进步，但也表明团队创造力在工作领域的研究起步相对较晚（Shalley et al.,2004）。有学者指出，由于团队在工作中的广泛应用，缺乏对团队创造力的研究是非常令人遗憾的（Jackson and Alvarez,1992; Shin and Zhou,2007）。有研究对学生团队进行调查，但很少有研究考察工作领域的哪些因素促进和提高团队创造力。这些不足促使学者进一步研究工作场所的团队创造力。

二 团队创造力的维度结构分析

（一）团队创造力维度

通过对文献的梳理，关于团队创造力的维度划分主要有两类：一是基于社会价值视角；二是基于发散性思维视角。

基于社会价值视角的研究主要关注的是团队创造力的成果所呈现的价值和社会属性（Amabile et al., 2005; Adarves et al., 2007）。基于发散性思维观视角的研究强调团队的创造性体现在创造性的过程和行为中，对结果有显著影响的思维属性，具体如表 2-1 所示。

表 2-1　　　　　　　　　　　团队创造力维度

研究视角	维度	定义
社会价值	新颖性	团队能够产生以前没有过的并明显区别于现在的想法，并研发出新的产品或技术等
	创新性	创造出的产品或想法符合社会、市场需要
	有效性	创造出的产品、技术或想法具有实际价值
发散性思维	灵活性	团队创造的想法或产品种类多样
	精确性	团队创造的产品或想法细致程度
	流畅性	团队创造新产品或想法的数量

资料来源：根据文献整理（余吟吟和陈英葵，2014）。

（二）团队创造力的测量

根据目前的文献梳理，团队创造力的测量方法主要有实验测量和量表测量两种。其中，实地研究多采用量表测量，由专家对团队创造力进行评价；实验环境下多采用小组训练和头脑风暴等方法。

在量表测量方面，学者也有不同的倾向，目前主要有以下几种（见表2-2）。而实验方法方面，部分学者认为，团队成员能够在互动交流、思维碰撞中相互启发而产生团队创造力，因此他们提出了通过模拟头脑风暴等来衡量团队创造力。例如，Kurtzberg 等（2005）认为通过对团队个体头脑风暴产生的想法进行流畅性评价，以此来代表团队的创造力水平。但是由于实验法得出的结论是否真实可靠，学术界目前还没有明确定论，所以该方法具有一定的局限性。

表 2-2　　　　　　　　　　团队创造力测量

开发者	时间	量表题项（项）	应用
Pirola and Mann	2004 年	11	由主管评估整个团队在工作中的创造性
De Dreu	2002 年	4	研究新团队创造力
Shin and Zhou	2007 年	4	探讨教育背景异质性对于研发团队创造力的影响

资料来源：根据文献整理。

三　团队创造力的相关实证分析

个体创造力和团队创造力在本质上是相互依存的（Yoshida et al., 2014），但是这两者的关注点是不同的（Taggar, 2002; Pirola-Merlo and Mann, 2004）。团队创造力不是个人创造力的简单聚合，因为团队创造力涉及整个团队成员的交互和沟通过程（Taggar, 2002）。因此，有学者开始关注影响团队创造力的因素及其作用机理（Carmeli and Paulus, 2015）。基于组织视角，影响团队创造力的因素主要有团队规模、团队任务特征、团队异质性和组织文化（氛围）等（Chen, 2006; 薛继东和李海, 2009）。例如，Pearce 和 Herbik（2004）研究指出，团队规模和团队创造力呈负相关关系。基于团队过程视角，影响团队创造力的因素主要有团队冲突管理、团队创新氛围、团队领导行为及团队反思等（Somech, 2006; 薛继东和李海, 2009）。例如，West 和 Hirst（2005）通过研究指出，组织创新文化（氛围）对团队创造力有显著影响作用。

为了综合考虑员工个人因素和团队整体属性对于团队创造力的影响，学者对团队创造力进行了多层次研究（Pirola-Merlo and Mann, 2004）。同时，基于领导风格对于员工个人创造力和团队创造力的重要影响作用，学者们呼吁应进一步检验领导力对于不同层次的影响作用（Gooty et al., 2010; Gong et al., 2013）。尽管已经有研究开始探讨不同领导风格同时作用于个人及团队结果变量的作用机理。例如，Li 等（2014）通过实证研究发现，在个体层面，变革型领导会通过影响领导—成员交换，从而进一步提升员工的知识分享；而在团队层面，变革型领导会通过影响团队创新氛围和公平氛围等，从而影响到团队知识分享过程。但是较少有研究探索服务型领导风格同时作用于员工个人及团队创造力的影响机制（Yoshida et al., 2014）。

同时，Chen等（2002）还强调，"效能信念在个体层面（自我效能感）与员工个体结果密切相关，在团队层面（团队效能）与组织结果密切相关"[1]。但是，很少有实证研究使用多层次方法调查个人自我效能感和团队效能感在服务型领导和个人及团队创造力之间的中介作用（Nielsen et al., 2009; Walumbwa et al., 2010）。因此，有必要通过实证研究方法来检验和考察自我效能感和团队效能感在服务型领导与创造力之间的跨层次中介影响机制。

第五节 团队认同综述

一 团队认同的内涵及特征

由于工作团队模式的兴起，团队认同的研究开始出现。在团队认同概念提出时，组织认同的概念和理论被大量借用，所以它也是对组织认同的进一步深化。团队认同是社会认同理论在团队背景下的应用（Ashforth and Mael, 1989），可以理解为团队中的成员对于自己与团队命运的心理编结的感知（Mael and Ashforth, 1995）[2]。与团队自豪感、团队凝聚的概念相似，团队认同反映了个体对于整个团队的一个承诺，把团队的成功视为集体成员成功的意愿（Pearsall and Venkataramani, 2015）。而当团队成员在面对即将分散的威胁时，这种团队认同可以将团队成员紧紧联结在一起，以此来保证团队的完整性（Kane et al., 2005; Van Vugt and Hart, 2004）。

基于三个假设，Tajfel（1978）提出社会身份理论：第一，个体会倾

---

[1] Chen, Gilad, and P. D. Bliese, "The Role of Different Levels of Leadership in Predicting Self-and Collective efficacy: Evidence for Discontinuity", *Journal of Applied Psychology*, Vol. 87, No. 3, 2002, pp. 549-556.

[2] F. A. Mael, and B. E. Ashforth, "Loyal from Day One: Biodata, Organizational Identification and Turnover Among Newcomers", *Personnel Psychology*, Vol. 48, No. 2, 1995, pp. 309-333.

向于建立自尊；第二，独立个体对于整个团队的感情将包括个体对团队其他成员的依赖；第三，每个个体如果在团队中得到团队成员的鼓励和认可，会更加自觉展示出为了团队的利益行动（汤超颖等，2013）。团队认同的概念最早来源于社会身份理论，对于它的定义，有两种不同的观点：其一，反映了团队成员对于团队环境的心理认同程度，包括是否认同团队的氛围、团队的管理和团队的目标（Ashmore et al., 2004，Ellemers et al., 2013）。其二，随着团队成员对团队的不断深入了解，团队成员不仅仅是对自我角色的认同，而且更加是对团队身份与自我身份统一的追求。更具体一点来讲，个体越是感知到与团队的同一性，对自己团队身份则更加认同，那么，个体在团队中的行为会更加受到团队管理的理念以及团队目标的影响（Ashforth et al., 2008; 汤超颖等，2012）。其三，如果将团队认同看作个体愿意为融入这个整体而做出的努力程度，那就更倾向于参与人际互动，而不是前面提及的个体对于团队的不同感知（Albert et al., 2000）。团队成员中有效的人际互动研究表明（Haslam, 2006; Cropanzano, 2011; Priesemuth, 2014），团队中各个成员如果擅长交际、互动比较频繁，那么将更有利于形成强有力的社交网络，这对于团队成员认同团队将起到帮助作用。早前的研究对于"团队认同"和"组织认同"的研究逻辑比较相似，区别在于认同的身份和如何划分对象。现实企业在如今知识多样性、密集型的环境下，越来越多跨界团队形成，所以学者对于跨界团队中的组织协作模式开始研究，他们使用新视角去定义团队认同，关注点也从个体慢慢转移成为群体研究（栾琨和谢小云，2014）。Van der Vegt 和 Bunderson（2005）提出的集体团队认同则更好地阐释了团队认同的集体效应，集体团队认同即团队身份的认同水平在团队内可以共享。也有研究表示对于团队集体层次的团队认同的团队身份概念（Somech et al., 2009），但不管怎么样，对于团队群体层次的认同研究大多数仍沿用团队认同的概念。具体如表 2—3 所示。

表 2-3　　团队认同内涵

概念	作者
自我角色的接受度与认可程度	Ashmore 等（2004）
自我身份统一，团队身份追求	Harrison 等（2008）；汤超颖等（2012）
注重融入程度达到有效人际互动	Cropanzano（2011）；Priesemuth（2014）

资料来源：作者整理。

二　团队认同的维度结构分析

一些学者选择使用组织认同的量表去测量团队认同，将组织认同的背景换成团队，因为团队认同可以看成组织认同的团队层面。例如，Dietz 等（2015）结合团队的背景特点对 Mael 和 Ashforth（1992）的组织认同的量表进行了一些修改调整，其量表的内部一致性系数 α 值为 0.87。还有一些研究沿用了情感承诺量表（Affective Commitment Scale, Allen and Meyer, 1990）中的题项，如 Van DerVegt 等（2003）[1]、Van Der Vegt 和 Bunderson（2005）[2]、Han 和 Harm（2010）[3]，采用其中载荷最高的 4 项，题项包括"在团队中感觉自己是其中一员""当团队遇到难题时感觉就是自己遇到了难题""与团队在情感上是息息相关的""在团队中能有较强的归属感"。而采用个体团队包含度来代表团队认同则与一般的李克特量表不一样，Tropp 和 Wright（2001）使用 7 个图形，每个图形包含两个圆圈代表自己和团队，而两个圆圈的重合程度从零开始慢慢逐渐增大。但不管选择哪一种方法，都说明了在测量时的模糊性。

---

[1] G. S. Van Der Vegt, E. Van De Vliert, and A. Oosterhof, "Infoanational Dissimilarity and Organizational Citizenship Behavior: The Role of Intrateam Interdependence and Team Identification", *Academy of Management Journal*, Vol. 46, No. 6, 2003, pp. 715-727.

[2] G. S. Van Der Vegt, and J. S. Bunderson, "Learning and Performance in Multidisciplinary Teams: The Importance of Collective Team Identification", *Academy of Management Journal*, Vol. 48, No. 3, 2005, pp. 532-547.

[3] G. Han, and P. D. Harm, "Team Identification, Trust and Conflict: A Mediation Model", *International Journal of Conflict Management*, Vol. 21, No. 1, 2010, pp. 20-43.

三 团队认同的相关实证分析

通过研究大量相关文献总结出团队认同的相关实证分析,包括:探究团队认同的影响因素研究、团队认同的结果变量研究、团队认同的中介效应研究。

(一)团队认同的影响因素研究

结合相关文献研究,团队认同受到三层因素的影响:员工个体方面、整个团队的人际互动方面、团队的整个组织环境方面(见表 2-4)。就员工个体层面而言,由于个体的自我分类、评价、依赖感等因素不同,对自己的团队身份的认识也不同,对团队认同会有差异(Ashmore et al., 2004)。就整个团队的人际互动层面来看,主要有两方面:一方面是前文提到的三个基本假设(Tajfel, 1978),团队认同的测量可以包括认知维度、情感维度和评价维度。这三个维度中,评价维度的含义在于由于团队成员在一个组织内,个体的认同会受到其他成员的影响,以此来追求成员对团队身份价值等的评价而做出的有利于团队绩效的行为。这个维度的含义完美地揭示了团队成员之间相互信任、相互评价对团队成员认同感的影响,团队内成员之间相互影响。而 Dimmock 等(2005)的研究也很好地印证了这一点。另一方面是团队里面的个体感知到的和团队领导的关系质量会在一定程度上影响团队工作,而领导—成员交换关系(LMX)质量的好坏也会影响到团队成员的团队认同感(宋婷,2015)。就团队组织环境而言,栾琨等(2014)[①]的研究表明,团队组织文化及团队工作氛围如果能够与团队成员的工作情境相吻合,也将进一步提升员工的团队认同感。

表 2-4　　团队认同的影响因素研究

分析视角	影响因素	作者
员工个体	自我认知、自我分类、依赖感等	Ashmore 等(2004)
人际互动	领导—成员交换关系	宋婷(2015)
人际互动	同事信任、互动及评价	Dimmock 等(2005)
组织环境	组织文化、工作氛围	栾琨等(2014)

资料来源:作者整理。

---

① 栾琨、谢小云:《国外团队认同研究进展与展望》,《外国经济与管理》2014 年第 4 期。

（二）团队认同的结果变量研究

通过整理相关文献总结如下（见表2—5）：学者们认为团队认同会影响员工的建言行为，员工的工作满意度等组织变量（Abrams, 2001；王璐，2011）。Vegt等（2003）[①]通过研究表明，团队认同感越高，个体建立自尊，感知的团队身份越积极，对团队的归属感也越强，从而增加知识分享等组织公民行为，创造良好的合作氛围。

员工对于团队的认同感越高，员工会建立自尊，从而员工感知到自己的团队身份就会越积极，这会增强员工自身对于团队的归属感，会把自己作为团队大家庭的一分子，分享自己的知识、经验、智慧，由此，更好的团队合作氛围就会被创造出来（Vegt, 2003）。团队创新也得益于团队认同，良好的团队文化氛围让员工之间更加亲近，形成亲社会氛围，冲突发生的概率将大大缩小，团队创新就更容易出现（Desivilya et al., 2010）。此外，学者进一步指出，成员感知到的团队认同感越高，更容易将团队的整体目标和自己的人生目标相结合，自身和团队荣辱与共，在这种"同搭一条船"思想的影响下，团队成员之间更容易出现合作，将会有利于团队的发展（Lee, 2011; Liu, 2011）。

近年来，随着"创新创业"的大力提倡，学者们逐渐将研究焦点聚焦于团队认同及组织认同对于员工创新行为的影响机制研究（刘逸等，2017）。根据相关的研究显示，团队认同显著作用于员工创新行为（Janssen and Huang, 2008）。相关研究还进一步指出，团队认同对团队的绩效呈显著正向影响作用。因此，可以得出团队认同是团队创新行为、团队绩效的重要影响因素。此外，学者也进一步指出，团队认同对员工的合作行为、员工角色内外绩效、员工内部动机以及员工的离职意向等都具有显著的影响作用（van Knippenberg, 2000; Kramer, 2006; Leish and Oxoby, 2011）。

[①] G. S. Van Der Vegt, E. Van De Vliert, and A. Oosterhof, "Infoanational Dissimilarity and Organizational Citizenship Behavior: The Role of Intrateam Interdependence and Team Identification", *Academy of Management Journal*, Vol. 46, No. 6, 2003, pp. 715-727.

表 2-5　　　　　　　　　　团队认同的结果变量研究

分析视角	变量	作者
个体层面	工作满意度、内在动机	Abrams（2001）；van Schie（2000）
	员工建言行为	王璐（2011）
	知识分享、合作行为	Vegt（2003）；Kramer（2006）
	员工创新行为	刘逸等（2017）
	角色内/角色外绩效	Olkkonen and Lipponen（2006）
	离职倾向、"搭便车"行为	Riketta（2005）
团队层面	团队冲突、团队互动	Desivilya 等（2010）
	团队（创新）绩效	Lee（2011）；Liu（2011）

资料来源：作者整理。

（三）团队认同的中介效应研究

通过整理相关文献得出，作为中介变量的团队认同主要包括个体和团队两个层面的研究（见表 2-6）。就个体层面的研究而言，当团队认同作为中介变量研究时，一般是团队认同会中介影响某些前因变量对于团队组织成员的行为的影响。例如，基于社会认同理论，团队认同中介作用于内领地行为与知识共享两者之间的关系（刘超，2016）。当然，也存在负向影响的情况，主要是消极的态度和行为。例如，基于社会认同理论，员工的社会身份差异会通过社会认同的影响对职场欺负感知有显著的负向影响作用（付美云等，2017）。

就团队层面的研究而言，大多数研究模型会从两方面引入团队认同作为中介变量。其一是对于团队绩效的相关研究，其二是对于团队创造力和团队凝聚力等的相关研究。学者们的研究成果大多都表明了在对团队创造力、团队绩效、团队凝聚力的影响研究中，团队认同起到了中介作用（宋婷，2015；卫寒阳等，2017；纪巍和毛文娟，2016）。

表 2-6 团队认同的中介效应研究

分析视角	中介过程	作者
个体层面	内领地行为—团队认同—组织公民行为	刘超（2016）
	员工的社会身份差异—团队认同—职场消极感知	付美云等（2017）
团队层面	多团队成员身份—团队认同—团队凝聚力	纪巍和毛文娟（2016）
	LMX—团队认同—团队（创新）绩效	宋婷（2015）

资料来源：作者整理。

第六节 心理授权综述

一 心理授权的内涵及特征

20世纪80年代，授权理论开始受到学者和企业界的广泛关注。长时间以来，由于研究视角的不同，学术界对授权一直没有统一的定义。心理授权源于授权，是由学者从动机的角度提出的有关授权的概念。早期的授权理论研究主要集中在自上而下的授权，只关注授权的过程，而忽略了授权的对象，即下级对授权行为的感知（Conger et al., 1988）。因此，将此作为一个突破点，从概念上将授权转化为"使之能够"。学者认为授权是员工对工作环境的认可和认同，通过正式的管理实践和非正式的信息，树立分权意识，从而扩大自我效能感。简单的授权并不一定能够提高员工的工作效率甚至绩效，以及在授权过程中的不当操作或控制也可能使权力失控，最终导致绩效下降。所以只有当员工从心理上感受到"授权"时，他们才可能出现态度或行为上的改变。换句话说，管理者的授权行为是否有效，被授权人的心理感受将起到关键作用。基于此，学者开始从微观的角度来研究组织授权行为，将授权视为一种内部激励，关注员工个人的心理状况，帮助他们对自己的工作及自己在组织中的角色进行清晰的认知。心理授权作为内在动机的一种形式，对内在动机理论进行了补充和拓展。

在此基础上，美国学者拓展了这一心理学视角，将心理授权视为权力的释放，即授权就是"能力"。其认为授权与认知相关，决定了员工的动机，发展了授权认知模型，进一步认为心理授权是授权个体体验的综合体，是个体对工作环境和其他对同一环境的主观评价所借用的综合体，从而产生对工作的自我评价，会影响工作行为。Thomas（1990）[①]研究指出，授权被视为存在于个体头脑中的心理状态，而认知模型强调个体的心理状态是如何通过对个体的感知来实现的。至此，心理授权的概念正式提出。学者们在 Thomas（1990）的研究基础上，对授权的定义进行了扩展。心理授权可以被定义为员工的一种内在工作动机，主要反映了个体对工作角色任务在四个方面的心理认知：工作意义、自我效能感、自主性及影响力（Spreitzer, 1995）[②]。学者认为，心理授权反映了员工对自己在组织中的工作角色的积极态度，表明员工希望主动塑造自己的工作角色，最终影响自己的工作环境。这一概念也得到了大多数学者的认可（Spreitzer, 1995）。

授权是组织管理实践中的一个重要挑战，也是学者研究的一个重要课题。授权研究的理论基础包括员工卷入理论和参与式管理理论。员工卷入理论主张授权下属员工积极参与影响他们的决策过程。同时，组织应为员工提供必要的信息资源、适当的奖励和学习机会。一些学者指出，适当的授权有利于组织的权力下放、组织层级扁平化和员工参与度的提高（Kanter, 1977）。参与式管理理论是以梅奥的"社会人"人性假设为理论基础，该理论是指在组织的管理和决策过程中，让员工不同程度的参与，并给予员工一定的决策权，使员工与企业高层管理者共同研讨组织中出现的重大问题，从而使员工感受到组织对他们的信任和支持，这将进一步让员工产生强烈的责任感和使命感，满足员工的社会需要和自我实现需要（Mintzberg, 1983）。

二 心理授权的维度结构分析

国内外很多学者都对心理授权维度的划分进行了研究，因为从不同的

[①] T. Thomas, "Psychological Factors jn the Relocation of the Aged", *Urban Policy & Research*, Vol. 8, No. 1, 1990, pp. 42-44.

[②] G. M. Spreitzer, "Psychological Empowerment in the Workplace: Dimensions, Measurement, and Validation", *Academy of Management Journal*, Vol. 38, 1995, pp. 1442-1465.

角度来看，研究结果并不相同。通过对以往文献的回顾和整理，发现心理授权的维度分为一维、三维和四维。总结如表 2-7 所示。

表 2-7　　　　　　　　　　心理授权的测量维度

维度层次	学者	维度名称
一维	Conger 等（1988）	自我效能感
三维	Fulfford 等（1995）	工作意义、自我效能、个人影响力
	Zimmerman（1995）	个体方面、行为方面、个体与组织环境方面
	Menon（2001）	组织胜任感内化、目标内化、控制感内化
	杨莹等（2002）	工作能力、影响力、工作意义
四维	Spreitzer（1995）；陈永霞等（2006）	工作意义、影响力、自我效能感、自主性

资料来源：作者整理。

Spreitzer（1995）[①]在 Thomas（1990）研究的基础上，验证了四维模型在工作情境中的有效性，提出了 12 项心理授权量表。在心理授权的研究中，该量表已成为应用最为广泛的测量工具。随后，Menon（2001）[②]将心理授权分为组织目标内化、组织胜任感内化和控制感内化三个维度。同时，其设计了一个包含 9 个项目的量表。陈永霞等（2006）[③]验证了心理授权的四维模型，并在中国文化语境下检验了四维量表的信度和效度。该量表由自主性、自我效能感、工作意义和影响力四部分组成。每个部分由 3 个项目组成。整个量表共有 12 项，均为正指标。结果表明，该量表在国内具有较好的适用性，可用于国内有关心理授权的研究。

综上所述，心理授权是员工在积极参与或被动参与组织管理过程中所产生的对组织领导权力使用偏好的心理感知状态，受到员工自身特点和

[①] G. M. Spreitzer, "Psychological Empowerment in the Workplace: Dimensions, Measurement, and Validation", *Academy of Management Journal*, Vol. 38, 1995, pp. 1442-1465.

[②] S. T. Menon, "Employee Empowerment:An Integrative Psychological Approach", *Applied Psychology*, Vol. 50, No. 1, 2001, pp. 153-180.

[③] 陈永霞、贾良定、李超平、宋继文、张君君：《变革型领导、心理授权与员工的组织承诺：中国情景下的实证研究》，《管理世界》2006 年第 1 期。

组织等因素的影响。在组织管理过程中，员工的心理授权受组织情境的影响，对组织管理的过程和结果也有负面影响。也就是说，组织工作类型、工作结构、组织结构指挥形式和组织授权氛围等因素对员工的心理授权具有重要的影响作用。同时，员工的心理授权对员工的工作满意度、工作意义和创新绩效等也有影响作用。

三 心理授权的相关实证分析

（一）心理授权的前因变量研究

从以往的实证研究结果来看，学者们对心理授权的先行变量进行了明确的分类，将影响个体心理授权的因素大致分为三类：个体差异、工作特征和组织环境特征。员工性格中的控制倾向和自尊与心理授权呈正相关关系（Spreitzer, 1995）。员工信息的隐私程度对心理授权有显著作用（Bradley et al., 2006）。当员工能够接触到其他人无法接触到的信息时，他们会感到更强大。受教育程度、性别、工作年限、工作类型和工作条件等也与心理授权显著相关（Hancer et al., 2003）。同时，组织氛围和授权氛围也会显著影响员工的心理授权水平。心理氛围可以预测授权水平、组织公平感和组织支持感等，与心理授权显著相关（Sally, 2003; Scott, 2004）。

（二）心理授权的结果变量研究

心理授权使被授权人感受到自己的潜在能力，从而促进创新行为，因此，心理授权与创新行为显著相关（Thomas, 2000）；自我决策和影响力维度与创新行为呈正相关关系（Spreitzer, 1995）；适当的心理授权可以提高被授权人的领导能力，使其表现出更积极的领导行为，采取创新行为，从而有利于创新结果的产出（Menon, 2001；杨英, 2013）；Spreitzer（1997）指出心理授权能够显著预测工作绩效和工作满意度；陈勇（2014）指出工作显著性和自主性对工作满意度有显著影响，而自我效能感和工作影响与工作满意度没有相关性。李万明（2016）研究指出，工作意义、自我决策、自我效能感和影响力与员工创新绩效呈正相关关系。

(三) 心理授权的中介效应研究

在心理层面上，心理授权是一个隐含变量。从心理学的角度研究授权对于组织行为的理论发展具有重要意义，有利于授权作为中介变量的研究。通过对研究文献的系统回顾可以看出，心理授权在工作满意度、员工创造力、工作绩效和创新行为的关系研究中起着部分或完全的中介作用。其中，工作满意度、创造力和创新行为是学者们的研究热点。

学者 Sally（2004）研究指出，心理授权中介作用于心理氛围与工作满意度的关系。Seibert 等（2004）指出，心理授权中介作用于授权氛围和工作满意度这两者之间的关系。Hepworth（2004）研究指出，心理授权在魅力型领导与工作侵权之间的关系中具有部分中介作用。心理授权中介作用于变革型领导和组织对创造力的支持这两者之间的关系，但对员工创造力没有显著影响（丁林，2008）。此外，陈璐（2013）研究表明，团队层面的心理授权在家长式领导和团队创造力之间具有完全中介作用。陈晨（2015）指出，心理授权在变革型领导与下属创新行为之间具有中介作用。具体而言，变革型领导通过心理授权显著作用于下属的创新行为，但是当工作复杂性较低时，该中介作用不显著。李永战（2018）进一步研究指出，心理授权的每个维度都在变革型领导和员工创新行为之间具有部分中介作用。

第七节 领导—成员交换综述

一 领导—成员交换的内涵及特征

领导—成员交换（LMX）理论最早是由 Graen 等[①] 于 1972 年提出的，通常被用作衡量和评价组织中领导和成员工作关系质量的指标。不同于传统均衡领导风格中认为领导对所有成员一视同仁，而成员对于同一领导方

[①] Graen, George, F. Dansereau, and T. Minami, "Dysfunctional Leadership Styles", *Organizational Behavior & Human Performance*, Vol. 7, No. 2, 1972, pp. 216-236.

式或行为会有相同的反应的假定。领导—成员交换理论表明，领导者与员工的关系是一分为二的。这意味着，领导者及其下属的沟通过程中因为投入资源质量及其数量的不同，因此，会致使其交换质量也存在差异。另外，Graen 和 Uhi-Bien（1995）[①] 将 LMX 理论视为领导者及其下属基于社会关系的交换，他们指出，因为组织内部资源的有限性，领导会优先发展符合自己期待的成员，通过建立亲疏远近关系来区别管理下属。

Graen 和 Uhl-Bien（1995）总结了近三十年来有关 LMX 理论的发展历程，将 LMX 理论归纳为四个阶段，每个阶段都是建立在其之前的阶段之上，从理论上阐明了 LMX 发展过程。

第一阶段主要是对不同圈子关系的研究。具体来说，这一阶段的研究起源于 VDL（Vertical Dyad Linkage）和工作社会化研究。研究表明，领导者及其下属之间存在着差异化的关系，这与主流（俄亥俄州和密歇根州）所提出的领导方法不同，后者假设领导者对其工作单位的所有下属表现出一致的行为（所谓的"平均领导风格"或 ALS 模型）。学者认为，领导者在与其成员交往的过程中，与符合他们要求的，即在"圈子"内的成员建立亲密关系，这些员工能够享受到更多的资源，也更能够得到领导者的支持和帮助，因此，这种情境下，领导者及其下属能够形成更高质量的领导—成员关系。相对的，还有一部分在"圈子"外的员工就与"圈子"内的员工形成鲜明对比。这些"圈子"外的成员只能和领导者保持工作关系，相当于雇佣劳动力，与领导者之间的关系泾渭分明。第一阶段，即 VDL 阶段，形成了领导—成员交换理论的初步模型，并通过建立领导和成员之间的交换关系来理解 LMX，目前这种概念在国内外经常被引用。

第二个阶段着重于领导者在工作单位内的不同关系和结果，并开始围绕 LMX 的结构进行分析和讨论。大多数关于 LMX 的研究都是基于第二阶段为重点研究方向而展开的（Graen and Uhl-Bien, 1995）。这一阶段关于

[①] G.B. Graen, and M. Uhl-Bien, "Relationship-based Approach to Leadership: Development of Leader-member Exchange（LMX）Theory of Leadership Over 25 Years: Applying A Multi-level Multidomain Perspective", *The Leadership Quarterly*, Vol. 6, No. 2, 1995, pp. 219-247.

LMX 的研究分为两类：一是研究 LMX 的特征；二是研究 LMX 和组织相关变量的关系。关于 LMX 的特征的研究主要集中在交流频率、领导和成员对于二者之间关系评价一致性、成对决策制定以及与 LMX 相关的变量因素关系研究。对相关变量的研究集中在分析不同的 LMX 关系如何影响组织相关变量，如 LMX 与组织绩效、工作满意度、组织氛围和职业过程等（Gerstner and Day, 1997）。第二阶段进一步说明了上下级关系不同，对于组织会有不同影响。上述两类研究依旧是目前 LMX 研究的热门。

第三个阶段的 LMX 研究方向转移到了领导力塑造模式（Graen and Uhl-Bien, 1995），并将重点从领导者对下属的区分转移到在一对一的基础上与每个人合作，并发展与他们的更高质量的关系（Graen and Uhl-Bien, 1995）。第三个阶段关于 LMX 的理解更倾向于质性研究。在 LMX 研究的第三个阶段，学者认为，领导者将会为其成员提供资源，而优质的领导成员关系将能够提高领导者的有效性和组织能力（Scandura, 1995）。这一阶段的研究多采用纵向研究，以访谈记录等方式记录整个 LMX 形成的过程，并且认为双方关系的建立有三个层次：陌生人、熟悉人、成熟关系。在陌生人层次，组织中的成员多以正式的经济形式保持联系，各自承担组织中的分工角色；在熟悉人层次，各成员会交换自己的信息和资源；在成熟关系层次，领导和成员还会涉及更高级的交换，如情感、信任、支持等。但是，并不是每个上下级关系都能达到成熟关系层次。第三个阶段的 LMX 内涵也有所改变，即低质量的 LMX 仅仅涉及经济交换，而高质量的 LMX 会更多地涉及责任、信任、回报感等（Liden et al., 1997）。

第四个阶段，学者们发现在规模较大的组织中会出现一个领导匹配多个下属成员的状态。这个最终阶段将范围从二元扩大到更大的集体，探索二元关系如何在组织系统内形成更系统的组织网络。学者们也开始关注高质量和低质量的工作关系如何共同发展，以及它们是如何影响组织的发展；当跨越学科或组织边界时，LMX 关系将怎样影响非成员的利益相关者。

综上所述，学术界对 LMX 理论的演变表现出高度的兴趣，但对这种方法的关注仍然存在一些局限性。一些学者对 LMX 理论的充分性持保留意见（例如，Dansereau et al., 1995; Dienesch and Liden, 1986）。

二 领导—成员交换的维度结构分析

在领导—成员交换理论提出后，其维度方面就一直有单维度和多维度两种观点。

在国外研究方面，早期的 Grane 和 Scandura（1978）认为 LMX 这个变量是单维度的，是一个从低质量关系转变为高质量关系的连续体，他们基于此还提出了有关 LMX 的单维度量表 LMX-7。而 Dieneseh 和 Liden（1986）则认为 LMX 这个变量应该是多维度的，LMX 会随着领导—成员交换内容的不同而变化，并指出 LMX 的多维度应该包括情感、忠诚信任和贡献绩效三个维度。Liden 和 Masly（1998）在后者的基础上又增加了一个新的维度——专业尊敬，开发出了相关量表。

在国内的相关文献中，大多数学者都采用了多维度结构，如表 2-8 所示。

表 2-8 国内 LMX 维度研究

学者	维度	研究方法模型	研究内容	研究结果
王辉和牛雄鹰（2004）	4	因子分析和线性回归分析	LMX 的概念维度与其对工作绩效之间的关系	情感、忠诚信任、贡献绩效与专业尊敬是 LMX 的四个维度，与单维度的 LMX 相比，多维度的 LMX 对于员工的工作绩效与情景绩效表现出更强的预测能力，充分说明了 LMX 多维度的概念结构特征
陈同扬等（2013）	多维	LMX 感知匹配模型	探究影响 LMX 感知匹配的因素	支持性的人力资源管理实践、领导支持感及二者的交互作用能够显著影响 LMX 的感知匹配，并建议通过实施支持性的人力资源实践，提高领导支持感来促进领导与下属形成融洽型 LMX
任真等（2014）	4	中西方文化差异视角、混合研究方法	探究中国情境下的 LMX 结构模型	建立了领导视角与部属视角的双视角 LMX 关系模型，并指出该模型为二阶四因素的结构，二阶即 LMX 积极关系与消极关系，四因素分别为关心支持、控制划派、忠诚贡献与抵触反对，实证结果还说明了本土化的 LMX 量表与西方量表相比在预测员工工作中心理健康指标方面具有更强的适用性

资料来源：相关文献整理。

由于 LMX 维度标准的不同，学术界对于 LMX 的具体测量方法也没有达成一个成熟的定论。关于测量量表的选择，Gerstner 等（1997）[①] 提出了"LMX 各维度内部一致性系数应在 80 以上，而且，各维度之间既要有高相关又能充分地作为单个维度进行测量"的选择标准。Schriesheim（1999）运用元分析技术进一步验证了关于 LMX 多维度结构的内在一致性，证实了 Graen 和 Uhl-Bien（1995）所提出的关于 LMX-7 的测量量表具有较高的效度和信度的观点。这个 LMX-7 的测量量表的具体题项分别是："上司了解下属在工作上的问题及个人需要的程度""上司对下属的潜能了解的程度""上司运用他的职权帮助下属解决问题的可能性""上司牺牲自己的利益来帮助下属的机会有多大""上下级之间工作关系的有效性""下属愿意为上司所做出的决策辩护和解释的可能性有多大""下属是否知道上司对他工作的满意度"[②]。然而，理论分析进一步表明，有关 LMX 关系的测量，不仅要测评员工对 LMX 的评价（简称 M-LMX），还要测量领导对 LMX 的评价（简称 L-LMX）。

如果 L-LMX 和 M-LMX 的测评结果高度一致，就表明组织内上下级领导及其成员之间的交换比较频繁和充分，这也进一步说明领导及其成员对于相关问题的认知及如何解决问题的思路和方法也具备较高的相似度。因此，这可以说明领导及其成员之间存在较高质量的 LMX。但是，有实证研究又进一步指出，L-LMX 与 M-LMX 之间的关系尚不清楚，具体而言，即使领导者与他们下属之间的关系很紧密，但是他们对 LMX 的评价结果会出现较大的不一致性。对于这一现象的解释主要有两种观点，第一种观点指出由于上下级地位及其背景的不同，领导者及其下属进行评价时应使用不同的测量量表。例如，Gerstner 和 Day（1997）[③] 揭示出当从下属

[①] C. R. Gerstner, and D. V. Day, "Meta-analytic Review of Leader-Member Exchange Theory: Correlates and Construct issues", *Journal of Applied Psychology*, Vol. 82, No. 6, 1997, pp. 827-844.

[②] G.B. Graen, and M. Uhl-Bien, "Relationship-based Approach to Leadership: Development of Leader-member Exchange (LMX) Theory of Leadership Over 25 Years: Applying A Multi-level Multidomain Perspective", *The Leadership Quarterly*, Vol. 6, No. 2, 1995, pp. 219-247.

[③] C. R. Gerstner, and D. V. Day, "Meta-analytic Review of Leader-Member Exchange Theory: Correlates and Construct Issues", *Journal of Applied Psychology*, Vol. 82, No. 6, 1997, pp. 827-844.

的角度进行测量时，LMX 的可靠性系数将会被提升。因此，学者指出领导者的 LMX 测量量表应该使用多维度结构的量表进行测量；而下属员工的 LMX 测量量表可以使用单维度的量表，其测量可以相对容易。另一种观点指出，这种差异是客观存在的，可以用样本权重进行聚合后再进行相关评价。相对而言，后一种使用聚合方法来进行评价的方法可靠性更高。

三　领导—成员交换的相关实证分析

（一）LMX 的前因变量

影响 LMX 的前因变量大致可以分为三大类：领导者的行为特质、下属的行为特质以及二者之间的关系研究。

（1）领导者的行为特质

现有研究指出，领导行为和认知是影响 LMX 变化的主要原因，这进一步表明 LMX 的质量往往更容易受到领导者而非下属的影响。领导者为了改善上下级关系愿意付出更多的代价，这将激励员工更多地投入到工作当中，给予领导者超过其预期的回报（Dulebohn et al., 2012）。目前，有关领导者行为特质方面的相关研究主要集中于变革型领导与权变奖励行为方面。

通过对变革型领导与 LMX 关系的研究，学者指出变革型领导在个体或社会认知中可以促进追随者对其角色外行为的接受程度，这将进一步提升 LMX 的质量。同时，高质量的 LMX 关系也将致使变革型领导对员工个人层面的结果变量具有重要的影响作用（Wang, 2005; Maslyn and Ulh-Bien, 2001; Lee, 2004）。Wang 等（2005）[①] 通过实证研究发现，变革型领导通过中介变量 LMX 进一步影响员工的工作绩效及其组织公民行为。此外，变革型领导与交易型领导相比，变革型领导的领导魅力更强，更易于促使员工接受社会交换，因此，这种类型的领导更容易与员工建立高质量

[①] H. Wang, K.S. Law, R.D. Hackett, D. Wang, and Z.X. Chen, "Leader-member Exchange As a Mediator of The Relationship Between Transformational Leadership and Followers' Performance and Organizational Citizenship Behavior", *Academy of Management Journal*, Vol. 48, No. 3, 2005, pp. 420-432.

的 LMX 关系。同时，变革型领导可以通过激发员工接受角色外行为、增强员工对领导价值观及信念的认可，进一步促使员工优化其工作绩效，从而获得更多的社会交换。Wayne 等（2002）[1] 研究指出，领导的奖励（分配正义和偶然奖励）和惩罚行为将是 LMX 重要的前提。具体而言，领导的权变奖励行为更易于使得员工感受到他们被认可和重视，因此，将会促进形成高质量的 LMX 关系。尽管领导的权变奖励行为与具备低质量 LMX 关系的交易型领导行为特征相似，但是，建立高质量的 LMX 关系过程中领导者的这种权变奖励行为是非常必要的（Wayne et al., 2002）。Avolio 等（1999）[2] 进一步指出，领导者给其员工提供的权变奖赏，如反馈、奖励或对成果的认同，这些都将致使员工清楚了解领导者的期望，从而促使员工付出更多的努力以满足领导者的期望，最后，将致使 LMX 关系的提升。

此外，一些学者提出，领导者的个人特质，如亲和力和外向性等，都将促进员工对领导者—成员交换关系的认知，并进一步增强上下级的 LMX 关系。具体而言，外向型的领导主要是指与外界环境对领导力的要求最一致的领导风格，这种领导能够提高领导效能（Judge et al., 2002）。Hogan 和 Holland（2003）[3] 研究指出，有亲和力的领导者更容易被员工接受，并让员工认为他们是可以靠近的，这样将会带来上级领导与下属员工更多的合作和交流互动行为。苏晓艳和范兆斌（2014）[4] 通过对在校的 105 位 MBA 学员和校友企业员工的实证研究发现，员工导向的领导风格能够显著促进 LMX 的提升，而以任务为主的领导风格反而会抑制 LMX 的发展。

---

[1] J. Wayne, Sandy, et al., "The Role of Fair Treatment and Rewards in Perceptions of Organizational Support and Leader-member Exchange", *Journal of Applied Psychology*, Vol. 87, No. 3, 2002, pp. 590-598.

[2] Bruce J. Avolio, B. M. Bass, and D. I. Jung, "Re-examining the Components of Transformational and Transactional Leadership Using the Multifactor Leadership", *Journal of Occupational and Organizational Psychology*, Vol. 72, No. 4, 1999, pp. 441-462.

[3] Joyce Hogan, and Holland Brent, "Using Theory to Evaluate Personality and Job-Performance Relations: A socioanalytic Perspective", *Journal of Applied Psychology*, Vol. 88, No. 1, 2003, p. 100.

[4] 苏晓艳、范兆斌：《领导风格差异对新生代员工进言行为的影响——以 LMX 为中介变量》，中国管理学年会——组织行为与人力资源管理分会场论文，广州，2014 年 11 月，第 170 页。

（2）下属的行为特质

Fairhurst 和 Chandler（1989）研究指出，下属的讨好行为将有利于提高领导与成员之间的交换关系。Waldron（1991）通过实证研究分析指出，发展领导—成员交换关系的重要意义在于双方应以持续沟通为目标，从而促进共识和情感上的共鸣。Li 等（2010）[①]对 54 个团队的 200 名员工进行了研究，发现越是具有积极人格特质的员工越能对高质量的 LMX 关系的形成产生积极的影响，同时，高质量的交流关系也直接影响到下属的工作。Richards 和 Hackett（2012）[②]在研究员工依恋倾向与情绪管理的影响机制时，发现依恋回避和依恋焦虑都将对 LMX 关系产生负向的影响。

（3）二者之间的关系研究

首先，领导者及其追随者的一致性（包括工作主动性、报酬、关系意识等）影响着二者关系的建立和发展，认知的相似性吸引着两者，从而促进一种高质量交换关系的实现（Maslyn and Ulh-Bien, 2001; Hwa and Jantani, 2009）。其次，领导与下属的双方情感偏好程度将积极影响 LMX。由于情感的感知会影响到领导及下属对彼此的评价，人们倾向于与自己喜欢的人建立良好的关系（Wayne and Ferris, 1990）。最后，信任、自我提升感及迎合程度等都与 LMX 呈正相关关系（Brower, 2009; Wayne and Liden, 1995）。

Maslyn 和 Uhl-Bien（2001）[③]通过实证研究指出，员工的努力程度会积极作用于 LMX：员工的努力程度越高，LMX 关系质量越高，并且双方相互努力的认可和评价也会对 LMX 产生显著影响。同时，该结果还进一步表明，如果领导及其下属对双方的努力和付出越认可，越有可能带来高质量的 LMX。

[①] Li, Ning , J. Liang , and J. M. Crant., "The Role of Proactive Personality in Job Satisfaction and Organizational Citizenship Behavior: A Relational Perspective", *Journal of Applied Psychology*, Vol. 95, No.2, 2010, pp. 395-404.

[②] David A. Richards, and R. D. Hackett, "Attachment and Emotion Regulation: Compensatory Interactions and Leader-member Exchange", *The Leadership Quarterly*, Vol. 23, No.4, 2012, pp. 686-701.

[③] John M. Maslyn, and M. Uhl-Bien, "Leader-member Exchange and Its Dimensions: Effects of Self-effort and Others Effort on Relationship Quality", *Journal of Applied Psychology*, Vol. 86, No.4, 2001, pp. 697-708.

Zhang 等（2012）[①] 学者采用多层次回归分析方法进行实证研究，发现当领导者及其员工具备一致的主动性人格（同时主动或同时都不主动）时，被认为能产生高质量的 LMX 关系，从而将进一步提升员工的工作结果。因此，LMX 部分中介作用于主动性人格和员工的组织结果变量之间的关系。此外，领导者的主动性人格还可以促进下属的主动性，使团队成为更积极的组织结果。

武艳茹（2016）[②] 通过对企业内 90 名主管和 249 名员工发放问卷，进行实证分析发现下属和领导者之间的个性匹配，即主动性人格契合度能够对 LMX 关系产生显著影响，且这种匹配契合度越高，就越能促进领导—成员交换关系的质量提高。

王智宁等（2016）[③] 发现上级在反馈方面如果表现积极，且能在言语或者行动上鼓励下属并拉近与下属的距离的话，能够有效提高 LMX 质量，而且对于员工的工作积极性和绩效也有显著积极影响。

（二）LMX 的结果变量

综合而言，LMX 的结果变量主要涉及组织绩效、工作满意度、员工行为及员工离职率等。

Gerstner 和 Day（1997）[④] 通过使用元分析检验了 LMX 与先前学者提出的结果变量的关系，即 LMX 与员工工作绩效、工作满意度、角色清晰度、组织承诺及员工能力等呈显著的正相关关系，与角色冲突呈负相关关系，但与员工的实际离职率关系不太密切，同时研究结果进一步指出 LMX-7 与各相关变量的关系最为显著，被认为是测量 LMX 的最实用的测量量表。

Schriesheim 等（1999）通过实证研究表明，LMX 与员工的被授权程

[①] Zhang, Zhen, Wang, Mo, and Shi, Junqi, "Leader-follower Congruence in Proactive Personality and Work Outcomes: The Mediating Role of Leader-member Exchange", *Social Science Electronic Publishing*, Vol. 55, No.1, 2012, pp. 111-130.

[②] 武艳茹：《员工—主管个性匹配度对工作绩效的影响》，《企业改革与管理》2016 年第 13 期。

[③] 王智宁、高放、叶新凤：《创造力研究述评：概念、测量方法和影响因素》，《中国矿业大学学报》（社会科学版）2016 年第 1 期。

[④] C. R. Gerstner, and D. V. Day, "Meta-analytic Review of Leader-Member Exchange Theory: Correlates and Construct Issues", *Journal of Applied Psychology*, Vol. 82, No. 6, 1997, pp. 827-844.

度、工作满意度及其工作绩效呈显著正相关。Ilies 等（2007）[①] 采用元分析方法实证验证了 LMX 与组织公民行为这两个变量之间的关系，研究结果表明，这两个变量呈显著正相关。同时，学者还指出 LMX 将有助于组织效益的提升，这是因为高质量的 LMX 关系会激励员工在角色外行为上有更多的表现。同时，学者们还研究了 LMX 对两种探索性反馈行为的影响（Lam et al., 2007; Chen et al., 2007）。研究表明，在高质量的 LMX 关系下，领导者与员工双方都希望能从对方那里获得更多的有关工作及情感等方面的反馈，特别是负面反馈，这将有助于角色内绩效的提升。

（三）LMX 的中介效应

在中介效应方面，LMX 将领导和员工的特征及其行为与组织结果变量建立联系，在这些变量的关系当中扮演了重要的桥梁角色。

Lee（2004）通过层次回归进行实证分析指出，变革型领导与 LMX 及组织承诺呈正相关关系，LMX 中介作用于变革型领导与组织承诺这两者之间的关系。研究结果还进一步表明，LMX 调节作用于公平感与组织承诺之间的关系。

Janssen 等（2004）对一家荷兰公司的员工数据进行了实证分析，结果显示目标导向型的员工工作更加有效，因为他们可以与领导者建立高质量的 LMX 关系，从而进一步促进角色内工作绩效、创新工作绩效及工作满意度的提升。换句话说，LMX 中介作用于以上正相关关系。

Dulebohn 等（2012）通过元分析结果显示，LMX 可以在自变量及其结果变量之间发挥重要的中介作用机制，并表明关系领导理论（Relational Leadership Theory，RLT）可以用来解释这其间的关系。具体而言，RLT 指出，领导者与员工的关系在影响其组织成员的行为上具有至关重要的作用（Brower et al., 2000）。

[①] Ilies, Remus , D. T. Wagner, and F. P. Morgeson, "Explaining Affective Linkages in Teams: Individual Differences in Susceptibility to Contagion and Individualism-collectivism" , *Journal of Applied Psychology*, Vol. 92, No. 4, 2007, pp. 1140-1148.

第八节 创新自我效能感及团队效能感综述

一 创新自我效能感及团队效能感的内涵及特征

（一）创新自我效能感的概念和特征

Bandura（1986）[①] 从社会心理学的角度出发，首次提出了自我效能的重要概念。自我效能感作为三元交互决定模型中的关键因素，对人的生理、心理及内在潜能发挥产生重要的影响。自我效能是反映个体主观自我反馈和自我评价能力的一个重要指标。具体而言，自我效能感主要划分为四类：创新、公共、创业和学习。

Tierney 和 Farmer（2002）将先前学者们有关创造力理论与自我效能感的研究相结合，进行了开创性的探索。"创新自我效能感"主要是指个体对其自身是否能获得创新成果的信念（Tierney and Farmer, 2002）[②]。此外，Amabile 和 Scott（1994）认为，作为一种实现创新成果的信念，创新自我效能感也是在工作中采取创新方式的信念。顾远东和彭纪生（2011）[③] 定义创新自我效能感为个人是否能够创造性地表达他们对工作的信念。这种对效率的信念既受到创新结果影响，同时还受到创新过程的影响。

（二）团队效能感的概念和特征

团队效能感是一种群体层面的自我效能感理论。Bandura（1997）认为，个体的自我效能感通过效能感的共享能够扩展到团队层面。团队效能感的定义是"一组共享的效能信念，是关于团队成员共同组织和执行达到特定成就的能力的信念"（Bandura, 1997）[④]。团队效能感不是个体成员效能信念的简单总和，其发展独立于个人的效能（Bandura, 2000）。

[①] A. Bandura, *Social Foundations of Thought and Action: A Social-cognitive View*, Englewood Cliffs, NI: Prentice-Hall, 1986.

[②] P. Tierney, and S. M. Farmer, "Creative Self-efficacy: Its Potential Antecedents and Relationship to Creative Performance", *Academy of Management Journal*, Vol. 45, 2002, pp. 1137-1148.

[③] 顾远东、彭纪生：《组织创新氛围对员工创新行为的影响：创新自我效能感的中介作用》，《南开管理评论》2010 年第 1 期。

[④] A. Bandura, *Self-efficacy: The Exercise of Control*, New York, NY: Freeman, 1997.

有关团队效能感的概念强调三点：首先，团队效能感能对团队运作能力进行判断和评价，而不是运作能力本身。其次，团队效能感不是对团队成员及个人能力的判断简单加总，而是取决于团队成员的能力。但同时也依赖于团队成员间的相互评价和互动以及合作的动态关系。团队效能感是成员集体能力集合的一种信念。最后，团队效能感能够作为判断组织在特定领域或任务中成功完成特定任务的能力的依据，而不是团队的一般能力。同时，Bandura（1997）进一步指出，团队效能涉及个体成员效能信念、工作动机和工作绩效的复杂交互及互惠的社会影响，远远超过个体成员单个自主性的影响，因此，团队效能是人类自身活动与外部环境的结合体。

二 创新自我效能感及团队效能感的维度结构分析

（一）创新自我效能感的测量和维度

Tierney 和 Farmer（2002）[1] 的创新自我效能感量表是目前最具代表性、应用最广泛的测量量表。Tierney 和 Farmer（2002）对自我效能感理论（Bandura, 1997）和创造力理论（Amabile, 1988）的文献进行了综述，并编制了自我效能感量表。此量表具备3个题项，并具备良好的信度和效度。同时，其他的学者也根据研究需要，使用其他创新自我效能感的测量量表。例如，Beghetto（2006, 2009）将学生作为研究对象，研究了创新自我效能感在教育领域的应用。Carmeli 和 Schaubroeck（2007）采用了 Chen 等（2001）使用的创新性自我效能感量表，根据一般自我效能感量表的内容，对其量表题项进行了修改和开发，增加了有关创新领域的题项内容。Malik 等（2015）[2] 选取了学者 Schwarzer 的一般自我效能感量表的其中5个题项进行修订，用于测量员工的创新自我效能感。修订后量表的

---

[1] P. Tierney, and S. M. Farmer, "Creative Self-efficacy: Its Potential Antecedents and Relationship to Creative Performance", *Academy of Management Journal*, Vol. 45, 2002, pp. 1137-1148.

[2] Malik, Muhammad Abdur Rahman, A. N. Butt, and J. N. Choi, "Rewards and Employee Creative Performance: Moderating Effects of Creative Self-efficacy, Reward Importance, Andlocus of Control", *Journal of Organizational Behavior*, Vol. 36, No.1, 2015, pp. 59-74.

Cronbach's alpha 值为 0.75。Malik 等（2015）修订的量表题项内容包含"当我面对一个问题时，我通常能找到一些新颖而独特的解决方案"。Yang 和 Cheng（2009）[①]修订了先前学者的创新量表，并以此来评价和测量信息系统分析师及程序员的创新自我效能。新的问卷量表包含 13 个题项，其中包括"相信你能提出新颖的建议来实现目标"等题项内容。

国内方面，洪素萍和林珊（2004）根据西方学者的研究内容开发了学生创新自我效能感量表。使用的刻度是李克特四点刻度。该量表主要包括创新战略信念、创新产品信念和反负面信念 3 个分量表，共 17 个题项。阳莉华（2007）以 Bandura 的自我效能基本理论为基础，根据大学生的创新活动情况，通过开放式的问卷调查，开发出了有关大学生的创新自我效能感量表。该量表主要包括 4 个因素：洞察力、敏感性、灵活性及独创性。李金德和余嘉元（2011）在洪素萍和林珊（2004）研究的基础上，对其编制的学生创新自我效能感量表进行了修订，此量表有 15 个题项，具备较好的信度和效度。

综上所述，从创新自我效能感测量的总体发展来看，其概念及其研究内容尽管得到了大部分学者的认可，但是该变量的测量总体上仍处于一般自我效能感的量表中，缺乏充分考虑不同文化背景的个体对于创新自我效能感的影响。

（二）团队效能感的测量和维度

Riggs 等（1994）根据自我效能理论选择了 7 个测量题项，评估了该量表的内部一致性问题（α 值为 0.88）。随后的学者（例如，Riggs and Knight, 1994; Zellars et al., 2001）也使用了这种测量方法来测量团队效能感。

Gibson 和 Dembo（1984）提出教师效能量表的四种形式：积极的团队能力评估、消极的团队能力评估、任务分析正向评估、任务分析负向评估。

[①] Yang, Heng Li, and H. H. Cheng, "Creative Self-efficacy and Its Factors: An Empirical Study of Information System Analysts and Programmers", *Computers in Human Behavior*, Vol. 25, No. 2, 2009, pp. 429-438.

Goddard（1999）基于 Gibson 和 Dembo（1984）[①]的教师效能量表内容，提出了有关教师团队效能感的测量量表，该量表属于测量教师团队效能感的量表，具备较好的信度。随后的学者也使用该量表对教师团队效能感进行了相关研究。

Lent 等（2006）开发了有关小组效能的测量量表，主要包括 9 个题项，使用的刻度是李克特十点刻度，选择的范围从"不自信"到"非常自信"。分数越高，表示越有信心，且此量表具备较好的可靠性。

有关测量团队效能感的方法，国外的学者提出主要包括以下三种：系统资源法、内部流程法和目标法。Shipper 等（1983）[②]研究提出系统资源法，将团队效能作为团队能力，主要是指团队能够开发环境并从中获得有价值的资源的能力，例如优秀的员工，吸引客户及是否能从老板那里获得更多财务支持的能力等等。Sundstorm（1990）则提倡使用内部流程法，指出团队效能主要是指支持对团队健康、自信、团队沟通及团队精神的所有因素。而目标法则比较侧重于明确目标的实现并评估其实现。

三 创新自我效能感及团队效能感的相关实证分析

（一）创新自我效能感的实证分析

创新自我效能感的影响因素主要分为三大类：员工个人因素、组织因素和领导因素。

在员工个人因素方面，主要包括外向（Karwowski, 2013）、受教育程度（Tierney and Farmer, 2002）、工作自我效能感和创新角色认知（Tierney and Farmer, 2011）等。王双龙（2015）的研究表明，从教学要素的角度来看，同情性指导对员工创新自我效能感有积极的促进作用，而权威性指导则不然，不利于自我效能感的提升。

[①] Gibson, Sherri, and M. H. Dembo, "Teacher Efficacy: A Construct Validation", *Journal of Educational Psychology*, Vol. 76, No. 4, 1984, pp. 569-582.

[②] Shipper, Frank, and Charles S. White, "Linking Organizational Effectiveness and Environmental Change", *Long Range Planning*, Vol. 16, No. 3, 1983, pp. 99-106.

在组织因素方面，顾远东和彭纪生（2010）将员工创新包括创造创新的想法和执行的想法。员工创造力的自我效能感在创造创新和实施创新方面都是一个优势。另外，有研究进一步表明，员工创新自我效能感中介作用于组织创新氛围和创新理念及创新氛围和实施创新理念这几者的关系。杨晶照（2012）发现，不同的文化类型在员工创新自我效能感程度上存在显著差异。杜鹏程等（2015）也从组织文化入手，通过实证研究表明，差错文化管理能够提高员工嵌入感觉，从而进一步显著提高员工的创新自我效能感。

在领导因素方面，员工在组织中的创新与其所处的环境紧密相关，并不是独立于员工自身而存在（Drazin et al., 1999）。因此，员工需要根据环境的变化来选择对其个人有用的信息，建立创新自我效能感，从而进一步提升创新信念和创新行为。领导在这一过程中具有重要的影响作用，他们可以通过自身的行动，为员工建立创新的标准，并鼓励员工创新和完成创新使命。同时，作为领导者，他们可以为员工提供创新所需要的资源，这将间接提升员工创新的潜力（Yang et al., 2017）。

创新自我效能感的结果变量通常和员工的创新行为、工作绩效及员工创造力等相联系。具体而言，创新自我效能感与员工创造力（周浩等，2011; Jaussi and Randel, 2014; Yang et al., 2017）、员工创新行动（Michael, 2011; 顾远东和彭纪生, 2010; 孙彦玲, 2012）、创新成就（Tierney and Farmer, 2004; 贾玉立, 2014）的积极作用被学者们广泛认可。

（二）团队效能感的实证分析

团队效能感的影响因素主要有以下几点。

（1）影响团队效能感的外部环境因素。首先，团队之间的领导和沟通，包括前一个团队的影响，是建立团队效能感的重要信息来源，当然，前一个团队的成就感会受到团队内外反馈机制的影响（Chen et al., 2002）。其次，领导者将直接影响到团队效能感，特别是高层领导者对团队效能感的直接影响明显大于团队成员自身效能感的间接影响。最后，团队之间的互动也可以提高团队效能感及其绩效（Mulvey et al., 1999）。

（2）与团队成员的沟通及合作。Tasa（2007）研究了团队合作行为与团队效能感的关系，结果显示，团体合作行为与团队效能感密切相关，团体合作水平越高，团队效能感越强。

（3）相互依赖是团队的一个重要特征，对团队效能感起着重要的影响作用。可以通过加强团队成员之间的互动与合作、建立共同信念和增强自信来提高团队效能感。

（4）团队规模大小。Seijts 和 Latham（2009）认为，随着团队成员的增加，团队中决策的自由性将会被提高，这将降低团队达成一致性的可能性，因此，团队成员之间进行沟通与合作的复杂性将会增加，进而影响到团队效能感。

除此以外，Watson 等（2001）通过研究发现，在员工个体层面，团队效能感的前因变量可能是乐观、过去的团队绩效和领导效能等。Lee 等（2002）通过实证研究发现，团队凝聚力和团队规范是团队效能感的两个前因变量，团队任务绩效和团队任务满意度是两个结果变量。

当团队成员重新评估他们的绩效和效率时，每个经验都会受到其他成员和团队过去绩效的影响。随着时间的推移，过去横向测量的团队效能感与团队结果之间的关系一度不能令人信服，因此，许多学者开始研究团队效能感的动态变化。例如，Baker（2001）、Watson 等（2001）、Lester 等（2002）、Pearce 等（2002）和 Goncalo 等（2010）根据团队的发展过程，验证了团队效能感的变化，解释了集体效能对于团队中出现的时间节点是非常重要的。

第三章　服务型领导和员工离职意向及创造力的模型构建理论基础分析

本章主要研究分析服务型领导和员工离职意向及创造力理论模型的四个重要理论基础：社会认同理论、自我决定理论、社会交换理论与自我效能理论。本书主要从这四个理论基础来推导服务型领导和员工离职意向及创造力的理论模型。

第一节　社会认同理论综述

一　社会认同理论简介

自20世纪70年代社会认同理论提出以来，它一直被认为是社会心理学的重要理论之一。它在教科书和读者中有着一致的代表性，在无数的实证研究中被用作理论框架，并为分析群体过程和群体间关系中的一系列主题提供了信息（Haslam et al., 2010a）。社会认同理论既有热情的支持者，也有强大的反对者，值得认真和批判性地考虑这一理论方法的价值。社会认同理论的中心前提是，在许多社会环境中，人们把自己和他人看作一个群体的成员，而不是独特的个体。这一理论认为，社会认同是群体间行为的基础，它与人际行为有质的区别。它描绘了社会身份可能变得重要的环境，从而使它们成为社会认知和社会行为的主要决定因素。该理论还规定了人们用来应对贬值的社会身份的不同策略。

社会认同理论是一种真正意义上的社会心理学理论，它把社会语境作为决定自我定义和行为的关键因素。因此，人们的反应被理解为对不同群体的主观信念和他们之间的关系，而不是物质上的相互依赖和工具上的关注，客观的个体和群体特征，或个体差异变量。在20世纪70年代最初被称为"群体间冲突理论"之后，该理论经历了许多扩展、完善和更新。它激发了大量的研究，并被应用于分析群体动力学和群体间关系中的一系列问题。

  与当时的许多其他社会心理学家一样，Tajfel是二战中在波兰出生的犹太幸存者，他的科学工作受到了他个人歧视和群体间冲突经历的启发。在早期的著作中，他解释说，他有动机去理解那些一直以邻居、同事和朋友的身份生活在一起的人是如何将彼此视为危险的敌人，即使没有理性或客观的理由这样做。然而，他并没有采取实地研究的方法（Sherif, 1967），而是试图通过使用科学严谨的方法在实验室研究群体，并通过探索基本的社会认知过程来理解这些问题，这些过程在他早期的一些对象分类研究中被证明是重要的（Tajfel, 1969）。这导致了一系列实验，后来被称为"最小群体研究"（Tajfel et al., 1971）[①]。这些研究的参与者被告知，他们是根据一个不相关的标准，或根据机会被分到两组中的一组。他们不知道还有谁在场，他们看不到他人，也无法与他人互动，他们所做的选择也不能以任何方式影响他们自己的结果。他们的任务是把分数分配给他们自己组的一个成员（不是他们自己）和另一个组的一个成员。这些"最小"条件最初是为了形成进一步研究的基线或对照条件。由于没有任何已知的理由来区分一个组的成员和另一个组的成员，参与者被期望在他们之间平均分配分数。

  这些研究的历史意义在于观察到，即使是这些极为微小的条件也足以诱发群体内的偏袒：一种倾向，即有系统地将更多的观点分配给自己群体的一个成员，而不是另一个群体的一个成员。后面这种效应被称为"单纯

[①] H. Tajfel, M.G. Billig, R.F. Bundy, and C. Flament, "Social Categorization and Intergroup Behaviour", *European Journal of Social Psychology*, Vol. 1, No. 2, 1971, pp. 149-177.

的分类"。这意味着，仅仅将个人分类为群体的行为就让人们从"我们"和"他们"的角度来看待自己和他人，对于群体内和群体外的成员，能够引导他们采取不同的行为。重要的是，这些发现与当时的科学认识相悖，后者主要是由现实冲突理论（RCT）提供的信息。RCT表明，不同群体成员之间的冲突源于对稀缺资源的竞争（Sherif, 1967），但是，如上所述，这些明显不存在于最小群体范式中。从最小群体研究中得出的研究结果则激发了大量的研究，这些研究试图仅仅研究分类效应的替代解释（Diehl, 1990; Rabbie et al., 1989）。而这些早期发现为社会认同理论的进一步发展提供了支撑。在一系列的出版物中，Tajfel引入了社会认同的概念，并解释了最小群体研究如何指出人们有时表现为群体成员而不是个人（Tajfel, 1974、1975、1978a、1978b、1978c），他与John Turner一起制定了社会认同理论，将其作为"群体间冲突理论"（Tajfel and Turner, 1979; Tajfel, 1982）。

社会认同，变量概念被定义为"个人自我概念的一部分，因为他知道自己是一个（或多个）社会群体的成员，以及该成员的情感意义"（Tajfel, 1974）[①]。社会认同理论的主要目的是理解和解释人们是如何通过这种社会（而不是个人）身份来接受和行为的。人们什么时候用"我们"而不是"我"来看待自己？为什么知道别人是代表"我们"还是代表"他们"很重要？这对我们的感觉、想法和行为有什么影响？社会认同理论试图回答这些问题，指出社会认同对个人的感知和行为的影响，并研究这种影响对个人和群体之间社会关系的方式。该理论的基本原则涉及三个主要问题。首先，它们描述解释了人们的社会身份与个人身份不同的心理过程。其次，它们区分了人们可以用来获得积极社会认同的不同策略。最后，它们具体说明了社会结构的关键特征，这些特征决定了在任何特定情况下，哪种策略最有可能被使用。

社会认同理论的整个心理过程包括：将不同的个体聚集成群体就是社会分类。社会分类被认为是一种常见的、功能性的心理过程，它提供了一

[①] H. Tajfel, "Social Identity and Intergroup Behaviour", *Social Science Information*, Vol. 13, 1974, pp. 65-93.

种应对复杂社会情境的方式。以有限数量的社会范畴来思考个体，提供了一种组织社会相关信息的方法，有助于理解和预测行为的过程。当个体被归类到同一个群体中时，他们被认为共享一些中心群体定义的特征，这将他们与其他不具备这个特征的人区分开来（Tajfel, 1978a）。例如，正如房间里不同的家具可以被归类为桌子或椅子一样，学校里的人也可以被归类为学生或教师。由于这种分类，我们倾向于关注同一类别内的个人之间的相似性，并将其视为具有一些代表性共同特征（例如，特定职业、宗教或国籍）的可互换要素。

同时，我们强调了被分为不同类别的个体（如心理学家或经济学家）之间的差异，以此来澄清情况的含义（Tajfel and Wilkes, 1963; Tajfel, 1978a、1978b、1978c）。因此，当人们被归类为群体时，他们会被看作是定义他们社会身份的特征性群体特征（经济学家使用数学模型），而忽略了定义他们独特性的个体特征（这个特定的经济学家采访人们的情绪）。社会比较是解释和评价群体特征的过程。由于没有客观的标准能让我们评估不同群体的价值，我们倾向于通过比较，并将其视为一个群体区别于其他群体的特征（Tajfel, 1978b、1978c）的特征（例如，特征、态度、行为），来决定一个群体在某件事情上是"好"还是"坏"。因此，与可能有助于确定个人价值的人际比较（Festinger, 1954）平行，还可以通过将群体及其特征与其他群体及其定义特征进行比较来评估群体及其特征（Levine and Moreland, 1987）。例如，社会学家可能认为他们自己比历史学家更"科学"，但比物理学家更不"科学"。不同群体特征的组合，以及这些特征与大多数其他群体特征的比较，决定了该群体的社会地位或可感知的声望。在社会分类决定个体如何被分类的情况下，社会比较定义了每个群体与其他相关群体的区别方式。

社会认同说明了为什么群体的人不同于客体范畴的一个关键原因：自我也可以被视为属于一个社会群体（Tajfel, 1974、1978a、1978b）。但是，使社会范畴不同于客体范畴的是社会认同的过程：认识到自我被包含在某些社会范畴中，而被排除在其他社会范畴之外。例如，如果不认识到其中一个范畴包括自我，就不可能对男人和女人进行分类和比较。因此，当特定的特征与一个社会群体相联系，或者当这些特征以某种方式被重视时，社会认同的过程决定了将如何反映自我。这可能意味着自我被认同于这个群体，并且可能与这个群体有共同的特征，或者导致自我与这个群体及其特征不同的结论。重要的是，社会认同不仅指一个人可以被包括在一个特定群体中的认知意识，而且还包括该群体成员对自我的情感意义（Tajfel, 1974、1978a、1978b）。只要人们关心他们所属的群体（即内部群体），他们就有动机强调这些群体的独特身份，维护、保护或提高给予这些群体及其成员的价值。有时，这可能以牺牲其他群体及其成员（即外部群体）（Tajfel, 1978c）为代价。

社会认同理论已经成功地应用于组织情境中（van Dick et al., 2008）。社会认同理论指出，"个体将受到其所在社会群体的影响，并产生自我意识"（Tajfel, 1978）[①]。当个体意识到自己成为某个特定群体的一员时，他们会意识到群体共同的价值观及情感对他们的影响和意义。

二 社会认同理论的相关研究

（一）社会认同的身份管理策略

社会认同理论将社会分类、社会比较和社会认同的过程设想为人们积极定义社会现实以及自己在现实中相对于他人的地位的方式（Tajfel, 1975, 1978b）。该理论明确地论述了社会情境的动态性质（Tajfel, 1974）。因为自我与群体有牵连，人们被激励去强调和确保他们的群体与其他群体有着积极区别的方式（Tajfel, 1978c）。那些属于通常被视为特权群体的人（如医生、律师）应该有动力增强和保持他们积极的社会身份。然而，很明显，社会上的许多群体（如失业者、移民）都在贬值，因此，这些群体的成员如何积极地定义自己的身份问题在理论上变得非常重要。在这方面，

---

① Henri Ed. Tajfel, *Differentiation Between Social Groups: Studies in the Social Psychology of Intergroup Relations*. Academic Press, 1978.

社会认同理论的一个核心特征是它规定了低地位社会群体成员可以采取的不同策略，以解决他们的处境，并试图提高他们的社会认同价值。这反过来又对高地位群体成员倾向于保护和确保其群体当前地位的方式产生了深远的影响（Tajfel, 1978c; Turner and Brown, 1978）。

个人流动是一种个人层面的策略。在这种策略下，人们可以寻求逃避、避免或否认属于贬值的群体，转而寻求被纳入（或试图"通过"成为）一个社会地位较高的群体（Tajfel, 1975）。例如，第二代移民可以通过接受教育或从事职业，使他们能够被视为高地位专业群体（如律师）的成员，而不是社会地位较低的族裔群体的成员，来寻求摆脱困境。因此，个人流动强调个人自我与其他群体成员的不同。但即使这有助于改善特定群体成员的地位，并为他们提供更积极的社会认同，个人流动也不利于其内部群体作为一个整体的地位。

社会创造力的方式。社会创造力是指群体成员通过用积极的而不是消极的特征代表内群体来重新定义群体间比较的过程。这至少可以通过三种方式实现：第一，关注群体间比较的其他方面（例如，比较群体的友好程度而不是物质财富）。第二，将其他群体包括在比较中。第三，改变低地位群体成员的含义。虽然这类策略可能有助于人们应对其在社会中贬值的地位，从而有利于心理健康，但实际上并不能解决或改变现状，也不能改善内部群体的客观结果。

社会竞争策略。即群体成员参与各种形式的冲突，旨在改变现状（以个人和社会创造力无法做到的方式）。例如，工人可以通过工会行动来改善他们的工作条件或生活水平，妇女可以通过推动平等权利立法来改善她们的职业前景。社会变革可以与个人流动性进行对比，因为它明确地处理了整个群体的情况，其中个人流动性只寻求提高特定个人的社会地位。社会变革也不同于社会创造力，因为它关注于实现对客观或物质结果的变化，而社会创造力主要关注于对现状认知的重新解释。同样重要的是，社会竞争涉及为实现变革而采取的协调一致的集体行动。在这里，群体在共享的价值维度上相互竞争，这直接反映了他们相互的社会地位。

（二）社会认同下群体特征

这个问题涉及人们在何种条件下会采取上述这些不同的策略来维持或改善社会身份。社会认同理论认为人们对群体环境的反应方式取决于对当前社会结构的感知特征。显然，法律和文化传统或客观可能性可能会对现实的各种形式的社会身份改善造成制约。然而，社会认同理论所指的社会结构特征被明确定义为关于机会的主观信念结构与个人和群体状态改善的有效动机（Tajfel, 1975）[①]。

渗透性。群体边界的渗透性与个体在特定社会系统中作为独立个体的可能性的主观信念有关。重要的是，这里主要关注的不是是否有可能摆脱核心或界定群体特征，如性别或民族。在这种情况下不可能完全改变集团成员。在这种情况下重要的是，人们是否认为，由于这些明确的群体特征，他们接触其他群体（以及与之相关的物质和心理结果）受到限制，或者他们是否相信自己能够在社会中获得一个反映其个人优点的地位，不管他们是谁。一方面，如果他们认为群体边界是可渗透的，他们将更倾向于追求个人流动性作为一个有吸引力和可行的战略。另一方面，如果边界被认为是不可渗透的，那么个人很可能会感觉到更多束缚。在这种情况下，改善地位的努力将倾向于在集团一级进行。

稳定性。群体地位的稳定性是指群体之间的某些差异被视为是流动的，是可以改变的，而其他的差异往往被认为是随着时间的推移而更加持久和稳定。在某种程度上，群体在实现某些结果所需的具体属性或能力上的差异通常被视为内在的，不太可能改变。然而，在许多情况下，人们认为不同的群体结果反映了历史发展或是偶然事件的结果，而不是群体价值或应得性的一些本质或内在差异。在某种程度上，地位差异被认为是稳定的，具有贬值社会身份的个人不太可能追求社会变革战略，而是倾向于追求个人流动战略。然而，不可渗透的群体边界，他们应该更喜欢追求社会

---

① H. Tajfel, "The Exit of Social Mobility and the Voice of Social Change", *Social Science Information*, Vol. 14, No. 2, 1975, pp. 101-118.

创造性战略。

合法性。当前地位关系的合法性是指决定改变动机的道德信念，其中的渗透性和稳定性表明了所感知到的改变机会。合法性可以指特定社会状况的若干不同方面。在第一种情况下，将个人包括在群体中的依据可以被视为是非法的，因为它是基于对群体定义特征的错误假设。例如，如果一名妇女的性别而不是职业资格被用来推断和归因于其职业身份，就可能出现这种情况。如果在没有客观证据表明这一点是有效的情况下，有选择地将确定地位的重要特征（如学术能力、专业能力）归于某些特定群体，而不是其他群体，则群体之间的地位关系也可被视为非法的。最后，将较高的价值归属于某些群体特征可以被视为不合法。例如，如果男性表现出的任务导向型领导行为比女性表现出的社会情感型领导行为更受重视，这种情况就可能发生。每一种形式的非法行为都可能促使人们寻求纠正现状的方法。重要的是，这不仅适用于那些个人遭受不公正待遇的人。受益于非应得利益的团体成员也可能会被激励去纠正过去的不公平，支持或赞助那些遭受不公平社会制度之苦的人的事业。例如，当一家公司的高级职位白人男性拥护旨在改善年轻女性或少数民族成员职业机会的措施时，情况就是这样。

（三）社会认同相关核心预测

在上述原则的基础上，一些核心预测随后在 Tajfel 和 Turner（1979）的社会认同理论最终声明中系统化（Tajfel and Turner, 1986）。这些预测得到了一系列跨群体背景的实证支持，并在使用多种不同方法的研究中得到了应用（Haslam et al., 2010）。第一，如果个人将群体成员内化为自我概念的一个有意义的方面，他将努力在这个群体和相关的外部群体之间进行有利的比较，以实现或保持积极的社会认同。第二，社会分类足以引起群体间的歧视和群体间的冲突（例如，由于历史上的对立，在资源分配或物质成果没有利益冲突的情况下）。第三，寻求积极的社会认同可以采取不同的形式（个人流动、社会创造力、社会竞争），取决于与社会共同理由（群体和个人结果的合法性）有关的社会现实的协商一致定义，以及对当前地位关系的认知替代（群体界限的渗透性和地位关系的稳定性）。

（四）社会认同的理论发展

在20世纪70年代早期发展出不同的思维元素后（Tajfel, 1974、1975），Tajfel 在1978年更系统地描述了激发社会认同理论的社会背景和心理机制（Tajfel, 1978a、1978b、1978c）。这些章节可以被视为代表了社会认同理论的思想渊源。其基本原则和机制以及这些原则和机制对社会行为的影响在1979年出版的《群际冲突的综合理论研究》一书中有进一步的说明（Tajfel and Turner, 1979）。如上所述，由于这整合并系统化了理论的核心思想，这通常被作为这一理论观点的决定性来源。Henri Tajfel 在其1982年的《心理学年鉴》一书中对社会认同理论的核心思想及其对群体间关系的影响进行了全面的概述。然而，多年来，一些研究人员报告说，他们发现社会认同理论模棱两可或不清楚（Elsbach and Kramer, 1996; Jost and Elsbach, 2001; Brown, 2000）。这反过来又促使其他人澄清理论陈述，试图纠正任何误解，并澄清哪些预测可以从理论中得出（Ellemers et al., 2003; Haslam and Ellemers, 2005; McGarty, 2001; Turner, 1985, 1999; Turner and Reynolds, 2001）。除此之外，一些研究人员和不同的研究小组也参与了社会认同理论的开发和推广，对其核心思想进行了测试和提炼。事实上，由于它启发了大量的研究，关于这一理论的各种说法都可以在相关文献中找到。这些问题往往强调理论的具体方面（例如，个人积极独特性的重要性）或侧重于理论中与具体问题有关的方面（例如，集体行动的决定因素）。由于它们的多样性，这些发展很容易让那些对学习社会认同理论感兴趣的人感到困惑，人们寻求解决这些不同问题的概述，并将大量最近的实证研究与单一的基础框架联系起来，发现很难确定核心资源。

三 社会认同理论的意义和启示

（一）社会认同理论的影响

社会认同理论可以被描述为一个"宏大理论"，它涉及个人内部的认知机制、人际和群体间的行为以及社会关系，并将这些不同层次的分析过程联系起来,从而提供一个广泛的理论框架,有助于理解一系列现象。在对该理论的回顾中,我们试图传达该理论的这种复杂性质,并展示了在其最初的表述之后,如何进一步发展和具体化不同的方面。从这个意义上说,这个理论并不是固定数量的陈述,而是更多地代表了一种"活的"生物,不同的理论家和研究人员多年来都在其中添加了他们的修饰、补充和提炼。同时坐姿的广泛性既可以看作是一种力量,也可以看作是一种弱点。一方面,在实证研究中引用的文献数量清楚地证明了它的解释力,并表明它可以应用于一系列问题。另一方面,这一理论不能提炼成一个简单的咒语,也不能用"总是有效"的有限数量的简单假设来概括,这意味着更广泛的思想体系不容易被检验或反驳。事实上,对动态变化和语境差异的强调,以及意识到不同的反应模式可能因具体情况而出现,很容易让人产生这样的印象:静坐可以用来解释任何事情,但只能在事实发生之后。同时,将理论简化为一个简单信息的压力(例如,"社会认同导致群体间歧视"的形式)促成了庸俗化的教科书摘要,对理论的核心特征造成了影响。那么社会认同理论的附加值是多少?我们认为,这个问题的答案至少部分在于人们认识到,它不同于社会心理学中的其他理论。它不是由一组有限的具体预测组成,而是代表了一种特殊的元理论方法,为社会认知和社会行为提供了独特的视角。也就是说,除了自我定义的个人层面之外,人们还可以在群体层面自我定义(并且可以在这些不同层面之间切换),这一概念有助于理解一系列仅从个人层面心理机制难以解释的现象。因此,社会认同理论提供了一种可能性,即考虑群体层面的方法是否有助于理解某一特定现象,如果是这样的话,它还提供了概念工具,可以有效地为这类分析提供信息和结构。重要的是,这并不是说社会心理学中的每一个问题都应该作为一个群体层面的问题来解决。如果只是出于理论上的吝啬,在适当的时候,应该倾向于更基本或个人层面的解释。然而,对于社会认同理论的发展和应用,一个重要的驱动因素是,学者通常更容易陷入相反的陷阱,忽视群体层面分析的适当性。正如 Turner 和 Oakes(1997)所观察到的,社会心理学并没有受到对个体心理学的低估,或者缺乏个体层面的理论影响。因此，如果说有什么的话，社会心理学似乎普遍倾向于从个体层面的机制来解释任何事物，从而忽视了群体对社会行为的告知和激励的力量，排除了群体层面自我的可能性。社会认同理论的重要贡献一直在纠正这种平衡，并为研究人员提供原本缺乏的分析选择。

（二）社会认同理论的社会应用

尽管最初的社会分类研究是非常独立和人为的，但它们所产生的理论明确地侧重于分析和解释世界范围内的社会关系。当它被开发出来时，社会认同理论汇集了许多知识和研究传统的见解，但仍然提供了一个重要的新视角，并关注真正革命性的群体间关系。通过研究社会情境的具体特征如何与个体认知过程相互作用，并解释自我概念化在群体层面的起源和后果，该理论阐述了与许多情境相关的一些关于社会心理功能的重要观点。鉴于 Tajfel 最初的目标是寻求理解群体间关系中冲突的出现，社会认同理论最初的公式关注的是群体间权力和地位的历史差异所定义的情境中的社会行为。然而，最小群体研究和自分类理论对基本认知过程的研究的突出性使得人们很容易忽略这样一个事实：社会认同理论经常被用来研究真实社会群体成员之间发生的互动。多年来，研究人员利用这一理论帮助他们了解种族、宗教或语言群体之间的紧张关系，并研究和预测对移民、改变劳动关系和群体动机发展的反应。当研究人员在不同条件下研究不同的群体类型时，他们意识到与理论核心预测相关的特定复杂性、调节变量和边界条件，这项工作有助于发展社会认同理论。随着这些工作的积累，它有助于验证社会认同理论的核心预测，即人们在何种条件下会追求特定的自我提升策略，并经历不同形式的身份威胁。这种支持存在于不同类型的组间比较和不同的组价值来源（Mullen et al., 1992），如权力、地位（Sachdev and Bourhis, 1991）或组规模（Simon and Brown, 1987）。

然而，社会背景下群体之间存在的这些真实和客观的差异也清楚地表明，群体成员努力进行积极的群体间比较并不总是现实的。当实现积极的组间比较不可行或会不适当地对抗外部组时，组成员可能会寻求与其他组的区别，特别是当他们之间的差异模棱两可或定义不清时（Jetten and

Spears, 2004; Jetten et al., 2004）。出于类似的原因，保持当前的群体间区别可能比试图增强或改善一个人的社会身份更为可取（Ellemer et al., 1992; Scheepers and Ellemers, 2005）。该理论依次处理各个层面的分析，以分析和理解与个人层面和群体层面行为相关的心理机制，研究同时考虑了组内和组间比较的影响。这项工作表明，对群体内异质性和个性的认识并不一定排除共同群体身份的形成（Doosje et al., 1999; Hornsey and Jetten, 2004; Ellemers, 2007），积极的社会认同既取决于群体中其他人对自我的评价，也取决于其他群体对群体的评价（Branscombe et al., 2002; Smith et al., 2003）。

最后，对更复杂和更丰富的组间情况的研究表明，人们并不总是进行组间比较其他人则邀请他们在现实生活中，从多个维度（Derks et al., 2007）、群体价值来源（Leach et al., 2007）和群体身份（Spears and Manstead, 1989）对自己的社会身份进行积极的定义和划分。虽然所有这些见解都是社会认同理论的重要延伸，但都与社会认同理论的核心前提保持一致。此外，社会认同理论的"宏大"性质及其对社会背景变量以及个体层面认知过程的明确考虑，使其与组织行为中的各种社会问题和问题明显相关（Ashforth and Mael, 1989; Haslam and Ellemers, 2005）。在这方面，最近，社会认同理论的见解被用于检查个人的幸福感和表现，记录了人们的社会身份对压力体验、工作成果以及身心健康的影响（Haslam and Reicher, 2006; Haslam et al., 2009; Scheepers and Ellemers, 2005）。社会认同理论在理解人际行为一致性方面也被证明是有用的，例如在参与政治活动或社会抗议时（Reicher, 1987; Simon and Klandermans, 2001; Wright, 2000）。按照相关的思路，该理论也被用于分析和改善群体间关系，例如从社会认同关注的角度考虑种族间冲突或性别歧视（Ellemers et al., 2004b; Ryan and Haslam, 2007）。社会认同理论与许多这方面的工作交织在一起，也被用来加深我们对重要群体动态的理解，特别是那些与社会影响和群体分化有关的动态（Postmes et al., 2005; Smith et al., 2003）。在组织环境中，这也促成了对领导过程（Hogg and Van Knippenberg, 2004; Reicher et al., 2005）、沟通（Postmes, 2003）以及工作动机和团队绩效（Ellemers et al.,

2004a）的重要洞察。

第二节 自我决定理论综述

一 自我决定理论简介

长期以来，社会心理学的研究焦点一直是社会环境对人们的态度、价值观、动机和行为的影响。毫无疑问，环境因素对这些结果有着巨大的影响。许多社会心理学理论倾向于或隐或显地看待学习，即获得态度、价值观、动机和行为，从社会环境的角度来教导个人思考、价值观、需要什么和去做什么。这一观点被称为"标准社会科学模型"，它是一种相对可塑的人性，由其社会背景塑造而成（Tooby and Cosmides, 1992）。自我决定理论关注社会环境对态度、价值观、动机和行为的影响，无论是在发展上还是在当前情况下；但是，它对这些问题采取了完全不同的方法。具体地说，自我决定理论假设人类有机体在进化过程中具有内在的主动性、内在的动力性，并通过综合过程朝着自然发展的方向发展。这些品质不需要学习，它们是人性所固有的。尽管如此，它们随着时间的推移而发展，在学习中发挥着核心作用，并受到社会环境的影响。为了使这些内在动机和整合的自然、积极过程有效地朝着心理健康的方向发展，人类需要特殊的营养物质，包括生物和心理营养物质（Ryan, 1995）。在相对缺乏这些营养物质的情况下，这些自然过程会受到损害，导致体验、发展和行为不太理想。在自我决定理论中，我们主要关注心理营养素及其在社会环境中的动态，尽管生物支持以及内在的个体差异也起着重要作用。根据自我决定理论，基于几十年的经验研究，至少有三种普遍的心理需求，特别是能力、自主性和关系性的需求，这些都是实现最佳发展和功能所必需的。与某些进化观点不同，我们将这些需求理解为行为适应性组织的基础，并得到许多个体适应性的支持，而不是它们本身是功能特定或模块化的"附加组件"（Deci and Ryan, 2000）。

自我决定理论是人类在社会环境中从经验中获得的一种动机和人格理

论，它将动机区分为自主性和可控性。导致这一理论的工作开始于研究外在奖励对内在动机的影响的实验。在前三十年左右的时间里，学者发展了五个小理论来解决相关但不同的问题：社会环境对内在动机的影响；通过内化和整合发展独立的外在动机和自我调节；一般动机取向的个体差异；基本普遍心理需求对成长、完整和健康的作用；不同目标内容对幸福和绩效的影响。随后，学者运用自我决定理论及其迷你理论来指导和解释许多新问题的研究，包括跨文化动机与健康、密切的关系、增加和消耗的能量和活力，以及有意识和无意识在行为调节中的作用。虽然许多自我决定理论是通过实验室实验发展起来的，但也得到了大量应用研究的支持，这些研究利用实地研究和临床试验来解决重大的社会问题。

自我决定理论的发展是从研究外在报酬对内在动机的影响发展而来的。在第一次发表的研究中（Deci, 1971）[①]，大学生们因为做了本质上有趣的谜题而获得报酬，而经济奖励削弱了他们做这项活动的内在动机。随后进行了100多个类似的研究（Deci et al., 1999），证实了一个有争议的观点，即奖励并不总是激励随后的坚持；事实上，奖励可以破坏内在动机。学者使用归因的概念来感知因果关系的轨迹作为描述这种影响和内在动机的其他变化的一部分，但也将内在动机与社会背景对其的影响联系起来，以满足人类对能力和自主性的基本需求。内在动机是人的内在特征，是心理自由或自我决定的原型。它可以被削弱或加强，这取决于社会环境是否支持或阻碍能力和自决的需要。如果奖励或其他外部事件，如威胁惩罚（Deci and Cascio, 1972）、正面反馈（Deci, 1971）、竞争（Deci et al., 1981）或选择（Zuckerman et al., 1978）预期会阻碍这些基本需求，据预测，这会引起外界对因果轨迹的感知，破坏内在动机；但如果事件被期望支持这些基本需求，则会促进内在因果轨迹的感知，增强内在动机。金钱奖励、威胁和竞争预计会阻碍自主性，而此类事件往往会破坏内在动机

[①] E. Deci, "Effects of Externally Mediated Rewards on Intrinsic Motivation", *Journal of Personality and Social Psychology*, Vol. 18, No. 2, 1971, pp. 105-115.

（Deci et al., 1981; Deci et al., 1999）。

相反，积极的反馈和选择被预测会增强能力和自我决定的体验，培养更大的内在动机，结果也证实了这一点（Deci et al., 1999; Zuckerman et al., 1978）。我们将环境因素与人类基本需求联系起来作为解释社会环境对内在动机影响的基础的理论假设，与其他研究内在动机的心理学家的观点形成了鲜明的对比。例如，Lepper 等（1973）[①]认为内在动机是一种行为后的自我归因，他们使用 Bem（1972）的自我知觉理论来解释有形回报对内在动机的破坏，也就是说，人们仅仅把较少的内在动机归因于自己，因为做这种活动有过多的理由。

随着研究的进展，越来越有必要考虑社会背景下自主性和能力需求的动态相互作用，以解释越来越复杂的实验现象，如绩效奖励的发现，在任务中表现出色的奖励（例如，表现值优于 80 百分位值），比在完成任务或完成任务时给予的任务或有奖励危害小（Ryan et al., 1983）。因此，Deci 和 Ryan（1980）[②]回顾了现有的文献，并引入了一个正式的小理论，认知评价理论，解释外在因素对内在动机的影响。认知评价理论规定了影响内在动机的两个过程。首先，如果奖励等事件导致外部感知的因果关系轨迹，并挫败自主或自决需要，则这些事件将破坏内在动机；而如果选择等事件导致内部感知的因果关系轨迹，并支持自主需要，它们将增强内在动力。第二个过程规定，通过支持能力需求而导致感知能力的正反馈等事件将增强内在动机，而导致感知能力不足的负反馈等事件将削弱内在动机。然而，积极的反馈必须针对自主动机的活动或在自主支持的背景下（Ryan, 1982）才能增强内在动机。

最后，认知评价理论明确指出，社会—环境事件，如奖励或反馈，与内在动机有两个方面的关系。第一是控制方面，它迫使人们以特定的方式

---

① M.R. Lepper, D. Greene, and R.E. Nisbett, "Undermining Children's Intrinsic Interest with Extrinsic Rewards: A Test of the 'Overjustification' Hypothesis", *Journal of Personality and Social Psychology*, Vol. 28, 1973, pp. 129-137.

② E.L. Deci and R.M. Ryan, "The Empirical Exploration of Intrinsic Motivational Processes", In L. Berkowitz (ed.), *Advances in Experimental Social Psychology*, Vol. 13, No. 2, 1980, pp. 39-80.

思考、感受或行为，从而引发外部感知的因果关系，降低内在动机，使动机主要受控制而不是自主。第二是在某种自主支持的背景下传递能力信息的信息方面。当这一方面肯定了人们对自主活动的能力时，它在一定程度上支持了能力需要和自主需要，从而增强了内在动机。然而，当它激发了被感知的无能并阻碍了能力需求时，它降低了内在动机。事实上，如果能力信息足够消极，表明人们太不称职，无法达到预期的结果，它可能会破坏内在和外在的动机，使个人失去动力。事件对内在动机的影响取决于两个方面的相对显著性。认知评价理论关于奖励的两个方面的命题解释了诸如有形奖励削弱内在动机和口头奖励（即积极反馈）增强内在动机等现象。它还解释了，例如，为什么绩效报酬显著地削弱了内在动机，却没有任务或有报酬那么有害：因为这两种报酬的控制方面同样显著，但信息方面在绩效或有报酬中比在任务或有报酬中更为突出（Ryan et al., 1983）。

二 自我决定理论的相关研究

（一）自我决定理论的发展基础

自我决定理论的灵感和基础来自几个心理学传统。当发现 Hullian 的驱动理论的概念不足以解释老鼠和猴子的探索行为时，内在动机的概念首次出现在实验心理学中（Harlow, 1950）[1]。它的发展引入了能力概念，将其作为一种基本动机和基本需求。从这些出发点出发，自我决定理论从一开始就完全在经验传统的范围内运作，Heider（1958）的归因理论为内在动机的实证研究提供了一条道路，而此时心理学的动机领域基本上处于垂死状态。尽管自我决定理论有实验社会心理学的经验根源（Heider, 1958），但它的理论根源延伸到更远的领域，包括组织学、自我心理学和现象学传统，它着重于人类经验和意义在决定行动中的极端重要性，以及生物学上固有的倾向走向综合功能（Ryan, 1995; Ryan and Deci, 2004）。换言之，我

---

[1] H.F. Harlow, "Learning and Satiation of Response in Intrinsically Motivated Complex Puzzle Performance by Monkeys", *Journal of Comparative and Physiological Psychology*, Vol. 43, 1950, pp. 289-294.

们在经验主义传统中工作时，与后一种传统共享元理论和理论的某些方面。例如，当精神分析传统中的自我心理学家放弃了性心理阶段作为其正常发展的主要理论时，无冲突的自我能量的概念成为一种内在的动机，而不是本我的衍生物，在内在动机中是明显的，是发展自我和健康自我的动机基础。

在自我决定理论中，内在动机及其对自主性、能力和关联性的潜在心理需求，激励着组织整合过程的运作。这个整合的过程，我们认为是内在的和自然的发展过程，由内在的动机激发，涉及态度、价值观、动机和情绪调节过程的内在化和整合，它与Loevinger（1976）的自我发展概念有很多共同点，这是她关于自我及其调节的结构阶段理论的核心。与Loevinger的理论一样，Piaget（1971）的认知发展理论也是一种组织理论，因为它也假设了一个内在的发展过程，朝向同化和整合。自我决定理论虽然不是一个阶段理论，但它与这些相关的组织理论有共同的脉络，它们呈现出自然的发展趋势。因此不必被环境"编程"，尽管正如自我决定理论所强调的那样，环境支持是综合过程有效运行的必要条件。

最后，人本主义理论（Rogers, 1963）也提出了一个内在的发展过程，这些理论往往称为自我实现。自我决定理论确实认识到与年龄相关的动机变化，但这里的重点是：（1）贯穿整个生命周期的基本整合过程；（2）激发自然发展过程的自主性、能力和关联性的基本心理需求；（3）不同的调节过程，尽管它们在反映成熟调控的程度上有所不同，但并不是通过老化阶段依次发展的。此外，与阶段理论不同，成年人在某种程度上受到内在动机和各种外在动机的调节——外在的、内向的、确定的和综合的——人们的动机特征会随着时间而变化，但不一定是单向的。最后，虽然自我决定理论是一种关于人的需要及其与综合功能的关系的理论，但它拒绝Maslow（1971）的需求层次，而主张三种基本需要涉及整个发展（Ryan et al., 2006）。也许自我决定理论与这些理论的主要背离点，除了它是基于经验的，还在于它对动机的关注。尽管其他理论都假设了内在的活动和发展的整体趋势，但它们只是简单地提出，这种趋势发挥作用，而没有解决内在需求与支持其发挥作用的社会条件之间的相互作用。解决这一问题的最重要原因之一是，它提供了一种预测发展进程最有效运作的条件的手段。具体地说，它将在满足能力、自主性和相关性需求的程度上有效地发挥作用。这允许对促进儿童健康发展、有效治疗改变、最佳学习、技能表现和亲社会行为等条件进行理论上的检查。

（二）自我决定理论的跨文化研究

自我决定理论强烈指出，这三种基本的心理需求是普遍存在的，因此满足与阻挠的心理需求会影响到所有人的心理健康。这个命题有两个重要的含义。首先，它要求该命题与进化的观点相一致。其次，满足需求与阻挠需求与幸福之间的关系必须在具有不同经济和政治制度以及不同文化价值观的各种文化中得到确认。在其他地方（Deci and Ryan, 2000），我们提出了一个论点，即对能力、亲缘关系和自主的普遍心理需求的命题确实与进化的观点相一致。此外，目前已有几项研究支持需求命题的跨文化相关性。这里我们简要讨论其中的两个研究。

在心理学中，亲缘关系的需求被广泛接受，而且几乎没有争论它是否与文化相关。此外，能力需求的观点与几个著名的理论是一致的，它与多元文化的相关性没有受到质疑。同时，对自治的基本的、普遍的心理需要的概念是非常有争议的，如Markus等（1996）坚持认为人们从其文化中获得需求，东亚文化不重视自主和独立，而是重视相互联系和相互依存。因此，这些学者坚持认为，自我决定理论的自治概念只与西方文化中个人主义的价值有关。当然，这意味着自治不是普遍需要。

从自我选择理论的角度来看，跨文化的自主性可以从两个方面体现出来。第一，自主的原型是人的本性所固有的内在动力，因此无论文化如何，它都应该是显而易见的。第二，自主性也应该体现在所有文化中，表现为由良好的内在和外在动机所激发的行为。大多数跨文化研究都集中在第二个方面。尽管如此，对于任何观察过任一文化中幼儿的人来说，都应该清楚，内在的学习和游戏动机无处不在。当然，对这些活动的支持程度和实施内在动机行为的机会在不同的文化中可能有所不同，但是，在任何一个没有被消除的地方，都可以找到自我动机去行动、欢笑和玩耍的现象。此外，有一些教育研究表明，内在动机受社会背景下的自主支持与控制的影响，内在动机引致日本、中国、韩国和其他集体主义背景下更有效的学习（Bao and Lam, 2008; Jang et al., 2009; Kage and Namiki, 1990），就像美国的情况一样。

在一项关于自治的跨文化研究中，Chirkov 等（2003）指出，西方或东方文化中的自主性可以从已完全内化的相关价值观中获得。例如，东方文化中的人在制定集体主义文化价值观时可以自主，就像西方文化中的人在制定个人主义文化时可以自主一样。在俄罗斯、土耳其、韩国和美国抽样调查一部分学生，他们完成了一份自我管理问卷，评估他们从事各种文化活动的原因。结果表明，被试对各种实践的价值观和规则的内化程度预测了他们的心理健康和幸福程度。这证实了自主对于韩国人的心理健康和美国人以及研究中的其他国家的人一样重要。他们进一步发现自主性与幸福感之间的关系不受性别的影响。这一点很重要，因为像 Jordan（1997）这样的理论家认为，自主是男性的特征，与女性的情感没有多大关系。在所研究的每一种文化中，这确实与男女都有关系。研究人员指出，造成这种截然不同立场的部分原因是 Markus 等人的研究。Jordon 倾向于将自主（意志）和独立（非意志）融合在一起，而不是像 SDT 研究和理论那样区分这些重要的结构（Deci and Ryan, 2000）。Deci 等（2001）调查了美国（拥有资本主义经济）和保加利亚（在收集数据时，保加利亚对大多数仍为国有的公司实行中央计划经济）的在职成年人。研究人员发现，这两个国家的员工认为他们的管理者积极地预测了他们在工作中对自主性、能力和相关性的需求的满足程度。反过来，需求满足感将积极预测工作投入和工作心理调整。Chirkov 等（2003）的研究和许多其他较新的研究（Lynch et al., 2009）采用不同的方法，支持以下观点：基本心理需求满足，特别是对自主需求的满足，无论人们更看重个人主义还是集体主义，都对跨文化的心理健康很重要。

三 自我决定理论的意义和启示

自我决定理论，也许和其他任何社会心理学理论一样多，已经被广泛应用于生活领域和社会问题。有些研究是纵向或横向的实地研究，有些是随机试验，有些是实验室试验。自我决定理论，特别是认知评价微型理论，已经确定了特定的环境事件，如奖励、期限、惩罚威胁、竞争和评估，以及控制人际环境，这些事件倾向于破坏内在动机，具有腐败的效果，即人们走最短的路获得结果，有时甚至当这条路不合适或不道德时（Ryan and Brown, 2005），以及与较差的启发性表现和幸福感有关。自我决定理论研究还发现了外部事件，如选择、积极反馈和承认情感，以及自主支持性的社会情境，这些都能增强内在动机、内化和心理健康。因为自我决定理论研究表明，社会背景和沟通方式会影响动机、绩效和幸福感，许多涉及现实世界背景和社会问题的研究都考察了自主支持和控制方式，因为它们会影响学习、社会化、健康行为、工作满意度等结果，各种治疗环境中的亲社会行为、治疗结果和康复。我们只讨论了这项工作的一小部分，提供了说明性的例子，而不是全面的回顾。

促进健康行为。个人每天做出的行为选择对身体健康有严重的威胁。例如，吸烟会导致严重后果，如心脏病和癌症；不健康的饮食和缺乏体育活动，将会导致肥胖、糖尿病和心血管疾病。自我决定理论研究测试了戒烟（Williams et al., 2002）、减肥（Williams et al., 1996）、糖尿病患者的血糖管理（Williams et al., 2004）等健康问题的过程模型，发现那些由医生或其他从业者提供的自主支持可以预测患者的自主动机和感知能力，进而预测维持健康的行为改变，以及具体的健康指标，如糖化血红蛋白或化学证实的停止。这种一致的发现模式导致了临床试验，包括基于自我决定理论的干预，旨在自主、胜任和相关支持。到目前为止，我们实验室和其他实验室的随机试验涉及戒烟和禁欲、改善饮食、锻炼和低密度脂蛋白胆固醇（Williams et al., 2006）、增加体力活动（Fortier et al., 2007）和改善口腔健康（Halvari and Halvari, 2006）。试验发现，与社区护理对照组相比，自主支持干预在6个月结束时能显著提高戒烟率，这一显著差异在18个月和 30 个月时仍然明显。重要的是，这些患者的社会经济地位相对较低，超过 50% 的患者在初次就诊时表示，他们不想在随后的 30 天内尝试戒烟，这与"准备就绪"阶段是治疗和改变的先决条件的想法背道而驰。

促进学习和适应。自我决定理论学者已经研究了课堂和家庭中的自主支持、学生的自主动机和感知能力，改善学习、成就和幸福感的结果之间的联系。例如，Deci 等（1981）发现自主支持性课堂导致内在的能力需求的动机和满足；Grolnick 和 Ryan（1987，1989）发现了从自主支持到外在动机和幸福内化的联系；Chirkov 和 Ryan（2001）在俄罗斯发现了这些关系；Reeve 等（2002）发现以自主支持方式给出的行为的基本原理引致更充分的内化和更多的学习参与；Benware 和 Deci（1984）以及 Grolnick 和 Ryan（1987）都将自主支持与增强深度学习和概念理解联系起来；Vansteenkiste 等（2004）发现内在而非外在的学习目标引致了更深入的学习。这包括刚才提到的调查结果在内的一系列调查结果促进了以可持续发展理论为主要理论基础的改革干预措施的发展（Deci, 2009）。自我决定理论方法与该国最近对激励、问责和高风险测试的关注形成鲜明对比，后者的假设是管理者、教师，学生需要对自己的表现负责（通常被评估为国家管理考试中的学生分数），压力下的责任制和各种激励措施的使用（即高风险）将激励各级教育阶层的个人更有效地表现。自我决定理论的观点是，与周围压力有关的高风险往往会削弱教学的自主动机，促进各种类型的"游戏"，其中最极端的可能是"操纵"考试成绩和学生记录（Ryan and Brown, 2005）。相比之下，基于自我决定理论的学校改革包括了 Feinberg 等（2007）的研究，他们在以色列采用自主支持的方法，向行政人员和教师传授特殊和差别待遇的基本原则，然后促进学校人员制定和实施改进战略的过程。在美国，James Connell 提出的学校改革方法是一种综合性的结构化方法，包含许多与自我决定理论相关的要素，包括通过在学校内建立较小的单元来改善师生关系，提供更多的选择，使教学更具挑战性和吸引力。对这一方法的评价结果对提高出勤率、毕业率和成绩非常有希望（Gambone et al., 2004）。

心理治疗与行为改变。在大多数心理治疗中，客户被鼓励去解决并经常改变不适应的行为、有问题的关系或其他呈现的问题。反过来，这些客户可以选择是否进行自我反思和改变。成功的心理治疗需要人们真正愿意参与一个改变的过程，特别是如果预期效果会持续到治疗之后（Deci and Ryan, 1985b; Ryan and Deci, 2008）。自我决定理论特别指出，治疗性改变的维持和转移，无论是行为的还是心理的，都需要内在化和自主动机的支持（Pelletier et al., 1997）。这反过来表明了治疗师为变革提供自主支持环境的重要性。自我决定理论提供了一个广泛的、与治疗相关的框架，用于概念化对心理病理学的各种发展影响（Ryan et al., 2006）。它还具体说明了心理治疗实践方法的主要要素，认为心理和行为变化所带来的成长和动机过程需要从业者了解基本心理需求的动态及其人际支持（Ryan and Deci, 2008）。自我决定理论已应用于从自杀（Britton et al., 2008）和抑郁症（Zuroff et al., 2007）到药物和酒精康复（Zeldman et al., 2004）等问题。事实上，自我决定理论不仅是一种心理治疗方法，而且也可以适用于任何现有的干预措施，其激励和实施变革过程的方法会影响客户的参与和意愿。

尽管自我决定理论与生活领域的许多其他社会问题相关，但我们仅非常简短地提及另外三个问题。第一，人们在工作场所体验工作满意度和幸福感，同时有效地工作。例如，Baard等（2004）在银行业中发现，从管理者那里获得更多自主支持的员工也报告说，他们对自主性、能力和相关性的基本心理需求更满意，反过来，他们的绩效评估更高，幸福感更高，病态感更低。事实上，许多研究都指出，基本需求支持对于生产性、运转良好的工作场所具有相关性（Deci et al., 2001）。第二，涉及亲社会行为。Weinstein和Ryan（2010）最近的研究表明，当参与者被给予选择而不是帮助行为时，反过来，他们体验到更大的需求满足感，表现出更大的心理幸福感。同样重要的是，这一研究和其他研究表明，受助者受益更多，心理上受到的威胁更少，当他们获得的帮助是自主的时候，他们会更加感激。第三，另一个有趣的研究领域是虚拟世界中的动机。自我决定理论研究已经证明了需求满足在激发电子游戏中的作用，以及基本需求与电子游戏中的过度使用和攻击等问题之间的关系（Przybylski et al., 2009; Ryan et al., 2006）。如前所述，我们最多可以对基于自我决定理论的扩展应用工作进行部分的回顾。事实上，在可持续性（Pelletier and Sharp, 2008）、养育子女（Grolnick, 2003）、宗教（Ryan et al., 1993）和幸福的本质（Ryan and Deci, 2001）等领域，自我决定理论的研究非常多。我们认为，这是哲学上有充分根据和经验性的理论基础的结果，也是对人类经验中的核心问题及其对动机和福祉的影响的关注。

第三节 社会交换理论综述

一 社会交换理论简介

20世纪60年代，社会交换理论兴盛起来，逐渐从西方传向全球范围，成为一种广为人知的社会学理论。社会交换理论基于特定的人性假设，认为一切社会活动和社会关系都是基于奖励和报酬的。对于社会交换理论的理解，主要以Homans和Blall两位学者的社会交换理论为基础。

（一）Homans的社会交换理论

Homans（1961）[①]将社会交换定义为至少两个人之间的活动交换，无论是有形的还是无形的、有益的或是昂贵的。其成本主要是根据所涉行为者放弃的其他活动或机会来看待的。从20世纪60年代早期流行的行为主义中衍生出的强化原则被罗马人用来解释交换关系的持久性。行为是报酬的函数，无论报酬是由非人类环境提供的，还是由其他人类提供的。Homans（1961）解释了社会行为和社会互动产生的社会组织形式，通过展示A的行为如何强化B的行为（在A和B两个角色之间的关系中），以及B的行为如何反过来强化A的行为。这是在"次级机构"一级解释的持续社会互动的明确基础，他的研究也给出了现有的历史和结构条件。价值

---

① G. C. Homans, *Social Behavior and Its Elementary Forms*, New York: Harcourt, Brace and World, 1961, p.13.

由参与者的强化历史决定，因此在进入交换关系时也被视为给定值。

　　Homans（1961）的研究主要焦点是社会行为，这是由于社会过程中的相互加强。其关键命题是从奖励和双关语的角度构建了社会行为的研究框架。一般来说，得到奖励的行为仍在继续（直至实际效用递减的极限）。Homans（1961）的第一个命题，成功命题，指出产生积极后果的行为很可能会重复。成功命题客观地将行为与报酬建立了联系，但不同主体对同一行为的成本感知以及对同一报酬的价值衡量不同，使得同一行为和报酬之间的关系的紧密程度随个体变化而变化。但是，报酬对于行为的预测能力不论是怎样的个体差异，都是不能被抹去的。第二个命题，刺激命题，指出过去在这种情况下得到奖励的行为将在类似的情况下进行。刺激命题建立起了不同刺激与不同行为之间的差异性关系。研究何种刺激能引出何种行为是极具实践意义的，而个体的差异也会影响不同刺激与不同行为之间的关系。第三个命题，价值命题，规定了一个行为的结果对一个行为人越有价值，这个行为就越有可能被执行。价值命题给出了刺激物价值大小对于行为的影响，也说明了人在行为选择方面会根据报酬的不同而不同。第四个命题，剥夺与满足命题，对引入边际效用递减的一般理想的刺激命题进行了限定：一个人最近因某一行为而获得特定奖励的次数越多，该奖励的附加值就越小。这个命题指出，特定的人对于特定的刺激物的价值感官不是一成不变的，而是边际递减的。第五个命题，攻击与赞同命题，规定了个体对不同奖励情境的情绪反应。当人们得不到预期的东西时，他们会变得愤怒和咄咄逼人。第六个命题，理性命题，人类的行为不是一种单纯的刺激—反应，而是一种理性行为。这一命题表明，在充分考虑了行动产生报酬的价值，以及获得这种报酬的可能性之后，一个人才会选择是否采取行动。如果报酬的价值大，但获得此种报酬的可能性不大，人们依然会倾向于不采取行动；反之，如果报酬的价值大，且获得报酬的可能性也大，才会提高行动的可能性。

Homans（1974）[①]进一步研究指出，当员工没有获得公平的回报率时，他们可能会变得愤怒，因此，Homans在分析二元交互时引入了分配正义的规范概念及公平原则。他认为，在社会交换中，人们必须判断出成本与报酬、投资与利润的具体分配比例。人们总是希望获得的回报和利润与付出的成本和投资成正比。从长远来看，任何人都不能自愿进行"亏损"交易。社会交换中的成本报酬比是否"公平"，是社会交换参与者主观判断的重要结果。判断标准具体为，一个是社会交换参与者的过去经历，另一个是社会交换参与者的比较群体。两种公平是有差异的。前者指的是，在确定一项交易是否公平时，主要是根据个人过去的经验。换言之，当一个人在过去的某一行为中取得成功时，他总是用成本与报酬、投资与利润的比例来衡量当前或未来的类似行为。如果当前或未来的行动导致其报酬或利润比过去低，员工将感受到不公平待遇。后者是指当人们决定一项交易是否公平时，将他们自己的收入和与他们相似的或联系紧密的人进行对比。

（二）Blau 的社会交换理论

Blau（1964）认为社会交换是社会生活中具有核心意义的一个过程，是群体之间以及个人之间关系的基础。Blau（1964）[②]指出："社会交换是指个人的自愿行动，其动机是他们预期会带来的回报，而且通常确实会从别人那里带来回报。"社会交换过程导致社会地位和权力的分化，其基础是一些行为者在提供有价值的商品和服务方面依赖于另一些行为者，因此，Blau 的研究内容重点主要集中在社会交换的结构和出现（Blau, 1986）[③]。

Blau 在 Homans 的研究基础上进行了以下突破，第一是从个体研究转向了交换双方的研究，第二是研究了不满足公平原则的交换活动，并且给出了一些重要的原则和准则。

互惠性。在公平原则下，交换行为体现了互惠性。互惠是指一种交换行为对另一种交换行为有益（或有价值），然后这种有益行为是互惠的，

[①] G. C. Homans, *Social Behavior and Its Elementary Forms*, New York: Harcourt, Brace and World, 1974.

[②] P. M. Blau, *Exchange and Power in Social Life*, New York, NY: John Wiley and Sons, 1964, p.91.

[③] P. M. Blau, *Exchange and Power in Social Life*(*2nd Printing*), New Brunswick, NJ: Transaction Books, 1986, p.5.

即一种行为对另一种交换行为有益。Blau 认为，社会交换是互利行为的互动。显然 Blau 将有害行为（或称负向刺激）从交互行为中剔除了。

理性原则。Blau 指出，交换是以期待回报并获取回报为基础的行为。因此参与社会交换的人总是按照"行动 = 价值 × 可能性"来进行各种行动。

内部报酬和外部报酬。Blau 将交换的奖励定义为报酬，并将报酬分为两类：内部报酬和外部报酬。内部报酬是通过社会交换活动本身获得的奖励，即社会交换行为本身，并不重视交换的结果，如享受、感激、社会认可等。而外部报酬主要是指通过金钱、商品、建议、邀请、帮助和服从等非社会关系获得的报酬。

不均衡原则。在社会交换中，如有一种交换关系长期保持稳定和均衡，那么其他的交换关系从长期看就会越倾向于不稳定和不均衡。

权力的产生。Blau 认为，社会交换是相互的，交换的结果可能导致不平衡的结果。如果交换中的某一方无法支付同等价值的东西时，那么这一方就可能需要选择放弃其自身的权力，因此，社会中便出现了支配与被支配两种类型的人，Blau 认为这便是权力的来源。

二 社会交换理论的相关研究

（一）交换关系与权力

从 Blau（1964、1986）和 Emerson（1962、1972a、1972b）的早期理论工作开始，交换研究始终关注社会结构与权力使用之间的联系。Blau（1964）认为，不平等和权力分配是正在进行的社会交换关系的紧急性质。他认为，不平等可能产生于交换，因为某些行为者比其他行为者控制了更多的高价值资源。因此，他们承担的社会债务最容易通过其社会债务人的从属地位来清偿。Blau（1964）认为，这种征服和支配的关系具有自我延续的性质，并形成了权力不平等的微观基础。

研究社会交换的学者一致认为，交换关系网络中的相对地位决定了权力的相对使用差异，具体表现为社会网络中不同位置的报酬分配不均

(Cook and Emerson, 1978; Markovsky et al., 1988)。尽管在过去二十年中,有关网络结构与权力使用联系起来的微观理论出现了好几种相互竞争的不同理论,但是都集中于一个观点,"行为者之间的权力差异与行为者在交换网络中的地位差异有关"(Skvoretz and Willer, 1993)[1]。

Molm 等(1999)提出了社会结构与权力使用之间关系的不同概念。Molm 从 Emerson 的两个中心命题开始:权力是关系,力量是一个从属函数。然而,Molm 的研究计划与其他社会交换立场理论有着不同的定位。首先,Molm 关注的是不经协商的交换中偶然给予的互惠行为(Molm, 1990、1994、1997a、1997b)。在相互交换中,参与者不会就有限的资源池进行交易,也不只是对有价值的资源或服务的简单设想。随着时间的推移,交换关系通过重复的互惠作用而发展。

(二)交换关系与公平

在交换关系中,对权力行使的规范性约束通常包括对公平性、义务感和人际承诺的评估。Homans(1961)和 Blau(1964)在其理论表达中包含了公平交换的概念。就 Homans 而言,当回报与投资一致时,其分配正义就实现了,除非参与交易所涉及投资范围以外的成本。考虑到成本,Homans(1961)提出,当两个参与者的报酬减去成本相等时,其分配正义就获得了。

(三)交换关系与情感

最近关于情绪在社会交换中的作用的研究,与传统的关注交换结果的结构决定因素的研究截然不同,尽管它回到了早期交换理论家工作中的一些主题,包括与交换关系中的公平性相关的情绪。在过去二十年中,许多关于交换的实际经验工作专门调查社会结构如何影响交换的结果,如权力使用和承诺。这项研究的大部分已经表明,仅仅追求自身利益的行为体在不知不觉中会在资源分配和模式交换关系上产生不平等,从而使机会结构中的某些关系比其他关系更受青睐,几乎没有或根本没有创造任何结果的

---

[1] John Skvoretz, and David. Willer, "Exclusion and Power: A Test of Four Theories or Power in Exchange Networks", *American Sociological Review*, Vol. 58, 1993, pp. 801-818.

自觉意图。这项新的研究开始探索社会交换过程的情感后果，以及某些情感在交换关系网络结构中所起的作用。Lawler 和他的合作者（Lawler and Yoon, 1993、1996; Lawler et al., 2000）发展了一个理论，他们称为关系衔接理论对交换关系的情绪反应影响交换结果。Molm 等（1999、2000）也开始探索情感在交换中的作用，但更多地把情感作为交换的结果，而不是引导因素交换结果。Blau（1964）特别关注交换关系的新特性。他认为，随着时间的推移，社会交换的持续关系发展了交换伙伴的内在价值，这是关系凝聚力理论的核心关注（Lawler and Yoon, 1996、1998; Lawler et al., 2000）。此外，Emerson（1972b）明确地将信任、喜欢和承诺作为成功的交换关系的新兴结果理论化。

（四）交换关系与承诺

Cook 和 Emerson（1978）[1]最初将社会交往中的承诺描述为"一种人际依恋，导致人们与同一个伙伴反复交流"。对他们来说，承诺是用纯粹的行为术语来定义的，作为相对于所有可用交换机会与给定合作伙伴交换的频率。他们发现，权力使用和承诺是负相关的。此外，承诺还被证明是整个交换网络中权力分配的一个函数（Markovsky et al., 1988; Lawler and Yoon, 1998）。

Rice（2002）还通过审查承诺与其他交换结果之间的关系，例如跨关系和全网络资源分配，扩大了关于交换中的社会不确定性的工作。他认为，承诺减少了不相称网络中的权力使用，从而使网络不同部分的资源分配更加平等。在参与者之间权力不平等的网络中，拥有权力优势的参与者比权力较少的伙伴会有更多的沟通和交流机会。这些优越的选择是权力优势者权力的基础。除了这些机会成本之外，Rice（2002）还进一步指出，承诺在宏观层面上也可能产生意想不到的负面后果。

---

[1] Karen S. Cook, and Richard M. Emerson, "Power, Equity and Commitment in Exchange Networks", *American Sociological Review*, Vol. 43, 1978, pp. 721-739.

三 社会交换理论的意义和启示

社会交换理论研究的是人的社会性行为之间的交换，它是社会心理学或社会学领域的理论成果（Homans, 1958; Cook and Rice, 2005）。社会交换理论，被定义为"至少两个人之间有形或无形、或多或少有回报或代价的活动交换"（Homans, 1961）[①]。社会交换理论根植于社会心理学，它将社会变化解释为人与人之间的互动交换过程（Blau, 1964; Cropanzano and Mitchell, 2005）。社会交换理论的基本原则是社会关系中互惠的"规范规则"（Blau, 1964）。互惠原则表明，那些受到他人友好对待的人可能会觉得自己有义务或责任做出善意的回应（Blau, 1964; Cook and Rice, 2003; Awee et al., 2014）。社会交换理论提出，个体被激励着对那些重视他们和他们的贡献的个体表现出积极的态度和行为（Blau, 1964; Gu et al., 2018）。

社会交换理论作为将领导行为与员工绩效联系起来的理论框架，在当前的实证研究中得到了广泛的应用（Chen et al., 2014）。LMX，即员工与他们领导者之间的交流，被认为是社会交换的核心机制，解释了领导者如何影响追随者的结果，包括创造力（Wang et al., 2005）。

第四节 自我效能理论综述

一 自我效能理论简介

自我效能理论是基于社会认知理论建构起来的新理论，这种理论假设了一种三元交互决定模型，其中行为、认知和环境都以动态方式相互影响（Bandura, 1977、1986）。Wood 和 Bandura（1989）[②]指出："自我效能是指人们对自己调动动机、认知资源和行动过程以满足特定情境需求的能力的信念。"其他学者基于自己的研究也强调了这一定义的三个方面（Bandura, 1988a; Bandura and Wood, 1989）。第一，自我效能感是一种对执行特定任

[①] G. C. Homans, *Social Behavior and Its Elementary Forms*, New York: Harcourt, Brace and World, 1961.

[②] R. E. Wood, and A. Bandura, "Impact of Conceptions of Ability on Self-regulatory Mechanisms and Complex Decision Making", *Journal of Personality and Social Psychology*, Vol. 56, 1989, pp. 407-415.

务的感知能力的综合概括或判断。在组织环境中，个人、工作环境和工作任务以及其他人的信息都能帮助个人提高这种感知能力。第二，自我效能感具有动态的结构。随着获得新的信息和经验（有时在实际任务执行过程中），效能感知会随着时间的推移而改变。第三，效能信念包含动态变化成分，自我效能反映了一个更为复杂和生成过程，包括构建和协调适应变化环境的适应性表现（Bandura, 1989）。因此，拥有相同技能的人可能会根据他们在不断发展的环境中对这些技能的利用、组合和排序而有不同的表现。

具体来说，Bandura（1986）的自我效能理论主要包括以下三个方面。

（1）自我效能与心理功能

在心理功能方面，自我效能主要有四部分内容。首先，自我效能会影响人们的行为选择（Bandura, 1986）。自我效能感使人们倾向于选择超出他们能力范围的工作任务。因为他们有信心执行并完成这些他们觉得可以处理的活动。自我怀疑感会导致人们减少改善环境和行为的行动。而为了进一步防止自我效能感转化为自我怀疑感，对自我效能感的准确评估对于成功具有重要的价值。对自我效能感的错误判断无论在哪里都会产生不利的后果。那些高估自己的人的活动，对他们来说是完全不可能的。结果是他们遭受不必要的失败，甚至可能造成无法弥补的损失。然而，那些低估自己能力的人不能充分发挥他们的个人潜力，因此，也将失去许多本来应该得到奖励的机会（Bandura, 1986）。

其次，自我效能感在人们努力的程度以及努力持续的时间上起着决定性作用（Bandura, 1986）。具体而言，自我效能感越强，人们就越有动力和毅力继续努力下去。如果怀疑自己的能力，那么他们就会放松自己的努力，甚至完全放弃。没有坚强的毅力，就无法取得很高的成就，这样将不能实现知识和能力的发展。

再次，自我效能感能对人们的思维方式以及归因方式会产生影响（Bandura, 1986）。当那些认为自己无能为力的人在与环境打交道时，他们会仔细考虑个人的缺陷和理解上的潜在困难。它们被认为比实际情况更难以克服。这使他们无法关注如何做得更好。但它只涉及个人的失败和可能的困难。这就产生了压力。这种情况下，将削弱他们个人能力的有效利用。相反，自我效能感强的人总是关注环境要求和困难的解决方案（Bandura，1986）。自我效能感也影响归因方式。比如在寻求解决问题的时候，自我效能感较高的人往往会把失败归咎于自己没有努力。而那些自我效能感低的人却总是将失败归结为其自身技能的缺乏。

最后，自我效能感能改变人们对于困难的看法和态度（Bandura，1986）。那些自我效能感高的人敢于面对困难，在困难面前勇往直前，并在克服困难中获得快乐。与之相反的，自我效能感低的人，即使是精力充沛的，当遇到困难，他们会放松自己的努力，只看到自己的缺点，遇到困难退缩，这会使得他们在解决问题时注意力分散，使得他们的希望减少，承受更多的焦虑和压力。这种焦虑和压力会影响任务的完成，造成巨大的痛苦。研究表明，自我效能感高的人有一个重要的特点：他们相信自己能够改变和创造自己的未来而不仅仅是简单预测自己的未来（Bandura，1986）。

（2）自我效能感与行为

Bandura（1986）认为，自我效能感和行为是有机联系在一起的。首先，自我效能感与个体的某种行为有关。人们很少表现出空洞的自我效能感，因为在那些不理想的行为中，人们不愿意把自己看成是高效能感的人。其次，人们虽然有强烈的自我效能感和各种行为技能，但在没有动机的情况下，他们不会选择去做这些行为。再次，如果缺乏充分实施行动的必要基础和资源，自我效能感就无法充分表现出来。然后，在几个重要行为的范围内，效能判断是不同的。学者指出它们可能有不同的层次（王德华，1992）。在人们安排一定的行为时，有些人有信心完成简单的任务，有些人有能力完成中等难度的任务，有些人可以完成最困难的任务，自我效能感也普遍不同。最后，自我效能感在真空中不起作用（Bandura，1986）。当行为绩效目标明确时，自我效能感可以作为员工工作绩效及其行为的有效调节者。但是，如果目标不明确，人们不能正确地检视自己的绩效及行为，从而致使他们无法知道需要付出多少努力，需要付出多长时间，以及何时对其现行战略进行调整。

（3）自我效能感的信息来源及认知加工

Bandura（1986）认为，个人自我效能感的建立依赖于四个信息来源，分别是绩效成就、替代经验、言语咨询及心理状态。绩效成就是绩效信息的主要来源，因为它主要基于实际经验。成功能改进效能评估，而重复的失败会降低效能评估，特别是在事情刚刚开始的时候。如果人们经历过多次成功，并且有了相当牢固的期望，那么即使有一点挫折，他们也不会感到太痛苦。自我效能感一旦建立，就有迁移的倾向。迁移的影响最有可能出现在类似自我效能感的行为中。Bandura（1977）认为，有一种更普遍的效能感，远远超出了特定的效能项目。

效能判断的另一个来源是替代经验。看到别人在做可怕的事情，而没有看到这种可怕背后预期后果，会让观察者提高他们对自我效能的期望，使得他们相信，如果他们加倍努力，坚持不懈，就一定能够战胜困难。当一个人判断自己的效能时，他会使用社会比较的方法，通过将他人作为参照物来进行比较从而评价自己。通过比较，观察者还可以获得许多其他有效信息，比如工作的难度、环境的可控性及可预测性等。

言语咨询也是改变人类行为的常用方法，因为比较简单方便。这种方法是基于描述性的建议，使人们相信他们可以成功地克服困难及失败。但是，言语咨询是比较脆弱和短暂的。因为一旦面对长期的失败或令人畏惧的事情，它将会再次消失。因此，言语咨询的缺点是没有实际的成功经验作为基础。心理状态（包括情绪状态、焦虑状态及动机状态等）也会影响人们对自我效能感的判断。

二 自我效能理论的相关研究

自 Bandura（1986）提出自我效能感概念以来，国内外学者就对自我效能感变量在组织行为和自我效能感领域的应用进行了大量的实证分析，验证了自我效能与其他变量的关系（见表3-1）。

表 3-1　自我效能相关研究

作者	研究内容和结果
Conger and Kanungo（1988）	通过回顾以往的文献，发现组织因素、监督、奖励制度、工作性质等多个因素都会影响自我效能感，从而提高行为实现工作目标的可持续性
Gist and Mitchell（1992）	提出了一个商业环境下的自我效能模型。个人的自我效能越高，对一份具体的工作就越有信心，在工作中就越积极和持久
Redmond（1993）	在营销环节的自我效能感越强，越容易在销售中发挥创造性作用
Redmond, Mumford and Teach（1993）	个人自我效能感与创造力呈正相关
Ford（1996）	提出了个人创新行为的理论模型，认为自我效能感是个人创新行为模型的重要激励因素，并认为自我效能感会影响员工的创造力
Bandura（1997）	在三元交互决定论中，组织情境因素、认知和个人因素、行为因素三者相互影响，组织情境因素影响自我效能感。另外，自我效能感是创新生产力的必要条件，因为它不仅影响执行行动的能力，而且影响参与特定任务的能力
Royle et al.（2005）	研究表明，自我效能感强的人表现出更多的组织公民行为和责任感，而自我效能感弱的人表现出随着责任感增强而减少的公民行为。责任感和自我效能感的交互作用对组织政治和组织公民行为有相反的影响。也就是说，对于自我效能感较强的人来说，责任感的增加会减少组织政治。另一方面，自我效能感较弱的人，责任感越强，政治行为越高
Stajkovic, Lee and Nyberg（2009）	个人情感和心理活动影响自我效能感，进而影响行为选择和工作绩效
陆昌勤等（2004）	以管理者的自我效能感为研究对象，探究特定自我效能感与一般自我效能感之间的关系。研究结果表明：（1）管理者自我效能感和一般自我效能感对管理者的工作绩效均有显著影响，但前者的影响更为显著；（2）管理者的自我效能感对管理者的工作态度有重要影响，但一般自我效能感的影响不显著
周文霞（2006）	介绍了自我效能感的特征维度和作用，自我效能感在教育、职业选择和组织管理等领域的应用研究
冯旭等（2009）	内部动机对个体创新行为有直接影响，内部动机作为中介因素，中介外部动机对个体创新行为的影响。自我效能感对个体创新行为有直接且显著的影响。同时，自我效能感也在员工的内外部动机及员工的个体创新行为之间发挥中介作用

数据来源：根据文献整理。

三　自我效能理论的意义和启示

Bandura（1986）[①] 的自我效能理论提出了自我效能的三个意义。

[①] A. Bandura, *Social Foundations of Thought and Action: A Social Cognitive Theory*, Englewood Cliffs, NJ: Prentice Hall, 1986.

首先，行为、坚持和努力的选择取决于自我效能感。人们倾向于做自己认为能做到的事，如果不能适应，会选择避开。自我效能感强的人通常会选择有挑战性的工作，他们在这种工作过程中会更能意识到自己的工作成就和巨大的成功潜力，从而努力工作并坚持不懈。

其次，人们遇到困难的态度取决于自我效能感的强弱。通常情况下，越自信的人的自我效能越高，所以当他们遇到困难或挑战时，他们可以通过努力克服。因此，他们坚信自己有能力去面对困难和挑战，而那些自我效能感较低的人会怀疑自己的能力，因此会逐渐失去信心，甚至彻底放弃。

最后，情绪变化对活动的影响。当一个人很活跃时，较高的自我效能感也会提高他的自信。同时，一个人可能经历的焦虑和紧张程度也会受到影响。自我效能感高的人更容易成功，因为他们经常表现得很愉快。而自我效能感低的人则不同，遇到困难会分散他们的注意力，无法利用自己的能力来实现目标。因此，当自我效能感低的人陷入困境时，他们成功的机会也更有可能被减少。

第四章 服务型领导对员工离职意向的影响研究

第一节 引言

服务型领导是基于这样一种前提,领导者能够最大化地激励员工,因为他们优先于满足追随者的需求,而较少地关注于满足自己的个人需求(Greenleaf, 1970)[①]。这种关心其他人胜过关心自己的领导者是谦卑的,他们的谦卑能够增强与员工的友好关系,并鼓励追随者全身心地投入到工作当中(Owens and Hekman, 2012)。鉴于服务型领导的这种帮助下属激发其全部潜能的行为,服务型领导代表了一种积极的组织行为(Cameron and Spreitzer, 2012)。虽然其他的领导力方法也包括支持追随者的行为,但是服务型领导的独有的特征使得其不同于其他的领导力,如变革型领导力(van Dierendonck et al., 2014)。具体而言,变革型领导者通过将员工的个人价值观与组织目标相联结,更注重于将鼓励员工作为实现组织目标的一种手段(Bass, 1985),而服务型领导者则更多地强调追随者个人的成长和发展(Walumbwa et al., 2010)。

服务型领导这种亲社会的领导风格,越来越受到学者的关注(Neubert et al., 2016)。实证研究已经开始探讨服务型领导对追随者态度和行为的积极影响(例如,Ehrhart, 2004; Neubert et al., 2008)。虽然学者已经探讨了服务型领导能够影响员工的离职意向(Jaramillo et al., 2009; Liden et al.,

---

[①] R. K. Greenleaf, *The Servant as Leader*, Newton Center, MA: The Robert K. Greenleaf Center, 1970.

2014），但是，Liden 等（2014）指出，非常有必要进一步探索服务型领导和员工个人及团队结果变量之间的中介机制。

基于服务型领导理论和社会认同理论，我们提出团队认同作为中介变量将影响服务型领导的影响机制。从社会认同理论的定义来看（Tajfel, 1972），团队认同一般发生于当员工认为自己是团队的成员时（Ashforth and Mael, 1989）。从本质上来看，Ashforth 等（2008）指出，当个人的身份和命运与团队交织在一起时，员工将成为团队的一个缩影。根据社会认同理论，服务型领导者将下属的需求优先于他自己的需求，因此他更倾向于能够增强下属员工的团队认同感（Walumbwa et al., 2011; Lorinkova et al., 2013）。同时，社会认同理论表明，员工的团队认同将影响他们的离职意向（Liden et al., 2014）。但是，较少有研究实证检验和探索员工团队认同在服务型领导和员工离职意向之间的中介影响机制（Jaramillo et al., 2009; Liden et al., 2014）。本书认为，有必要开展实证研究探讨员工团队认同在服务型领导与员工离职意向之间的中介影响机制。

学者进一步指出，领导力的影响作用发挥将受到特定的情境因素的影响（Wendt et al., 2009）。集体主义作为一种重要的文化价值观（Hofstede, 1980），它将对领导风格产生重要的影响。在个体层面，集体主义主要是指个人将自己视为多个或某个集体的一分子，集体主义者通常认为自己和集体是相互依存的（Erdogan et al., 2006）。Hale 等学者已经指出，服务型领导效能的发挥将会受到权力距离和集体主义等文化价值观的影响（Hale et al., 2007）。但是，从现有的文献了解可知，较少有学者实证研究集体主义文化价值观在服务型领导及其结果变量之间的调节效应。因此，我们探索集体主义文化价值观因素在服务型领导与员工团队认同之间所起到的调节作用将具备重要的理论意义和实践意义。

基于上述讨论，本书基于社会认同理论，希望能够探索服务型领导对员工离职意向的影响机制。具体而言，本书旨在描绘一个跨层次模型来研究团队层面的服务型领导风格通过影响员工的团队认同，从而进一步影响员工的离职意向。我们认为，员工团队认同可能会中介作用于服务型领导和员工个人离职意向之间的关系。同时，我们想检验集体主义在服务型领导和员工团队认同之间的调节作用。此外，我们的研究将会研究集体主义文化价值观两个维度（水平集体主义和垂直集体主义）。因此，本书的目的在于探讨水平集体主义和垂直集体主义这两个变量在服务型领导和员工团队认同之间的不同调节效应。此外，我们将使用多层线性回归模型（HLM 6.08）来检验我们的跨层次假设。

第二节　理论假设

一　服务型领导与员工离职意向

学者已经意识到，管理对于留住员工起着至关重要的作用（Jaramillo et al., 2009）。之前的研究显示，员工的离职与员工—领导关系的质量紧密相关。例如，当员工不满意于他们的领导（Nonis et al., 1996）或觉得他们的上司不值得信任时（Mulki et al., 2006），这些员工可能具备更高的自动离职意向。相反，当管理者与他们的下属建立信任关系时，他们更易于导致员工的积极工作态度及工作行为，从而降低员工的离职意向（Brashear et al. 2006）。服务型领导是这样一种领导力，他们非常关心下属的利益和需求，超过对他们自己个人利益和需求的关心，这将提升他们下属的心理安全感（例如，归属感、工作意义和认同感等）和对工作环境的信任（Yoshida et al., 2014）。同时，服务型领导优先于满足他们下属的需求，并为其下属的事业成功和职业发展提供支持和鼓励，这将增强追随者们的认同感（Liden et al. , 2014）。因此，我们认为，服务型领导将有利于降低员工的离职意向（Brashear et al., 2006; Jaramillo et al., 2009; Liden et al., 2014）。

同时，一些学者指出，服务型领导对员工个人离职意向的影响可能是间接的。例如，Jaramillo 等（2009）指出，组织承诺中介作用于服务型领导和员工离职意向之间的关系。Liden 等（2014）的研究也表明，服务型领导通过服务型文化和员工个人认同感作用于员工的离职意向。因此，有必要探索服务型领导和员工离职意向之间的中介机制。

二 员工团队认同的中介作用

社会认同理论已经成功地应用于组织情境中（van Dick et al., 2008）。社会认同理论指出，"个体将受到其所在社会群体的影响，并产生自我意识"（Tajfel, 1978）[①]。当个体意识到自己成为某个特定群体的一员时，他们会意识到群体共同的价值观及情感对他们的影响和意义。从社会认同理论的定义来看（Taifel, 1972），团队认同一般发生于当员工认为自己是团队的成员时（Ashforth and Mael, 1989）。团队认同主要是指团队成员如何考虑将团队目标作为自己的目标，并且感受到"从心理上与团队命运交织在一起"（Mael and Ashforth, 1995）[②]。从本质上说，"当个人的认同和命运与其团队交织在一起时，他或她将成为该团队的一个缩影"（Ashforth et al., 2008）[③]。

McAllister 和 Bigley（2002）指出，个人的自我意识会受到他们所感知到的其他人的影响，因此员工的自我认知受到他们所感知到的团队的影响。鉴于领导者在团队内所发挥的重要作用，他们同时也代表着整个团队。因此，领导者的行为可能是团队认同的一个重要前因变量（Zhang et al., 2012）。它传达了一个信号是否尊重或者重视员工（Jian et al., 2012）。随着团队认同感的增强，员工会为了实现团队目标而主动工作（Mael and Ashforth, 1992）。

（一）服务型领导和员工团队认同

社会认同理论指出，领导者的行为可能是员工团队认同的一个重要前因变量（Zhang et al., 2012; Liden et al., 2014）。先前的研究文献表明，服务型领导的行为（如为下属的发展提供指导和支持）、意愿（如为他人牺牲的意愿）和价值观（如采用道德的方式）将带来下属员工的尊重和忠诚

[①] Tajfel, Henri Ed, *Differentiation between Social Groups: Studies in the Social Psychology of Intergroup Relations*, Academic Press, 1978.

[②] Fred A. Mael, and E. Ashforth. Blake, "Loyal from Day One: Biodata, Organizational Identification, and Turnover Among Newcomers", *Personnel Psychology*, Vol. 48, No. 2, 1995, pp. 309-333.

[③] Blake E. Ashforth, H. Harrison Spencer, and G. Corley. Kevin, "Identification in Organizations: An Examination of Four Fundamental Questions", *Journal of Management*, Vol. 34, No. 3, 2008, pp. 325-374.

(Liden et al., 2008; Yoshida et al., 2014)。而这些有关服务型领导行为的积极评价将增强服务型领导对员工的信念、情感和行为的影响（Kark et al, 2003; Shamir et al., 1993; Sluss and Ashforth, 2007）。同时，服务型领导通过关心下属的利益和需求，能够帮助提升下属的心理安全感和对工作环境的信任（Yoshida et al., 2014）。随着员工心理安全感和信任的提升，服务型领导更易于提升员工对于其团队的认同感（Walumbwa et al., 2011）。此外，服务型领导拥有一种关系型领导风格，他们非常关心员工，会为下属的发展提供鼓励和支持。服务型领导的这些鼓励和支持将促使员工认为他们与领导具备较好的人际关系（Yoshida et al., 2014）。而员工与服务型领导的这种良好的个人关系会帮助他们明白自己对于团队工作的意义和价值，从而提升员工的团队认同感（Tyler, 1997; Liden et al., 2014）。因此，我们可知服务型领导与员工的团队认同积极相关。

（二）员工团队认同和离职意向

社会认同理论表明，员工的团队认同将影响他们的离职意向（Liden et al., 2014）。当员工对于团队的认同感较高时，员工个人与团队将会具备一致性较高的价值观和目标，这将促使员工更多地参与有利于团队的行为。相反，当员工的团队认同感较低时，员工可能觉得他们个人脱离了工作团队，这可能会促使他们去寻求其他的热情友好的和支持性的工作环境（Mael and Ashforth, 1995）。这是因为大多数人具备社会属性，会通过在工作中发展关系而寻求满足归属感的需求（Maslow, 1943）。因此，我们认为当员工的团队认同感低时，他们的离职意向将更高。同时，以往的研究结果也已经表明，员工团队认同负向作用于员工离职意向（Riketta and van Dick, 2005; Liden et al., 2014）。的确，对于具备高团队认同感的员工而言，让他们离职相当于让他们舍弃与社会认同相关的心理安全、一致性和自尊感等。因此，我们认为员工团队认同和离职意向呈负相关关系。

（三）员工团队认同的中介作用

虽然服务型领导可以直接影响员工的离职意向（如前所述），但是他们也可以通过团队认同间接作用于员工离职意向。根据社会认同理论，我们认为服务型领导积极作用于团队认同,而团队认同将进一步减弱员工的离职意向(Liden et al.,2014)。也就是说,服务型领导可以通过员工团队认同来影响员工离职意向。同时,我们的模型也取决于这样一个假设,相比团队认同,服务型领导行为被视为是更远端的影响变量(Hackman,1992)。因为服务型领导行为是针对一个团队的所有成员(Liden et al.,2008; Yoshida et al.,2014)。相反,相较于服务型领导,团队认同的感知因为个体的不同而将具备较大的差异性。因此,相对于团队层面的服务型领导,个体层面的团队认同是员工行为的更近端的影响因素。本书认为,员工团队认同在服务型领导与员工离职意向关系中可能起到中介作用。因此,本书提出以下假设。

H4-1:员工团队认同在服务型领导与员工离职意向之间具备显著的中介作用。

三 集体主义的调节作用

(一)集体主义

集体主义作为一种重要的文化价值观(Hofstede, 1980),在先前的研究中主要将其放在社会层面作为文化特征而进行相关研究(李宗波、陈红,2015)。随着文化价值观的研究发展,学者逐渐认识到可以在个体层面对文化价值观进行相关研究(Hofstede, 2001; Kirkman et al., 2006; Farh et al., 2007)。在个体层面,集体主义是指个人将自己视为多个或某个集体的一分子,集体主义者通常认为自己和集体是相互依存的(Erdogan et al., 2006)[①]。一些学者指出,具备高集体主义文化价值观的员工认为个人利益应该服从于集体利益,以实现集体的目标和群体和谐为总体目标(Earley,1989; Triandis et al., 1988)。现有研究已经开始对集体主义的调节作用进行相关探讨。例如,Erdogan 等(2006)指出,集体主义调节作用

---

① Erdogan, Berrin, Robert C. Liden, and Maria L. Kraimer, "Justice and Leader-member Exchange: The Moderating Role of Organizational Culture", *Academy of Management Journal*, Vol. 49, No. 2, 2006, pp. 395-406.

于互动公平性和 LMX 之间的关系。Schaubroeck 等（2007）也表明，团队权力距离和集体主义调节作用于变革型领导和团队效能之间的关系。

近期，学者已经发现，集体主义这个维度是非常宽泛的，需要通过其属性对其进行更具体的研究（Triandis, 1996）。Triandis（1998）① 将集体主义分为两个维度，分别为水平集体主义和垂直集体主义。水平集体主义倾向于认为个人属于集体中的一员，在水平方向上认为自己与其他成员拥有平等的地位，更注重与集体其他成员的合作和致力于保持集体内部的和谐（Komarraju, 2008）。相比之下，高垂直集体主义者意识到集体内部具备层级性，愿意牺牲自身的利益和集体内部和谐去满足集体权威的需求以实现集体的目标（Komarraju, 2008）。研究显示，高水平集体主义者倾向于以实现集体和谐为目标，而高垂直集体主义者倾向于将集体利益（如满足集体权威要求）作为首要目标（Triandis, 1998）。

（二）集体主义的调节作用

对于高水平集体主义员工而言，保持集体的和谐是最重要的，而低水平集体主义员工则倾向于将自己个人的感受及实现放在首位（Erdogan et al., 2006）。当员工水平集体主义倾向较高时，这些员工更强调与集体其他成员的团结和合作，他们更强调集体的共同目标，并致力于保持集体内部的和谐（Komarraju, 2008）。而集体内部的和谐包括集体内员工之间的人际和谐，同时也包括领导和员工之间的友好人际关系的建立，因此，这在一定程度上有助于员工更多地感受到服务型领导的支持和鼓励，使得服务型领导能够更好地帮助员工明白他们对于团队工作的意义和价值，从而提升员工的团队认同感（Tyler, 1997; Liden et al., 2014）。此外，基于社会认同理论，因为高水平集体主义员工想成为集体中的一员，他们也会更愿意与集体内其他成员进行交流和互动。而集体成员之间的这种交流和互动同时也会促进和加强员工的团队认同过程（Tajfel and Turner, 1986; Vignoles

---

① H. C. Triandis, R. Bontempo, M. J. Villareal, M. Asai, and N. Lucca, "Individualism and Collectivism: Cross-cultural Perspectives on Self-ingroup Relationships", *Journal of Personality and Social Psychology*, Vol. 54, No. 2, 1988, p. 323.

et al., 2006)。从而，服务型领导对员工团队认同的积极关系将被增强。综上所述，本书提出以下假设。

H4-2：水平集体主义会调节服务型领导和员工团队认同的关系。当员工水平集体主义倾向越高时，服务型领导和员工团队认同的关系会越强。

对于高垂直集体主义员工而言，满足集体利益（如满足集体权威要求）是最重要的。当员工垂直集体主义倾向较高时，这些员工愿意牺牲自身的利益和集体内部和谐去满足集体权威的需求以实现集体的目标（Komarraju, 2008）。换句话说，高垂直集体主义员工倾向于将集体中权威的要求当作集体利益，同时为了集体利益他们可能会"不择手段"，甚至包括牺牲集体内部的和谐（Komarraju, 2008; 杜旌等, 2014）。同时，高垂直集体主义员工为了满足集体权威的需求，需要将更多的精力投入维持上级权威的指令和需求，而投入较少的精力去维持他们与集体内其他成员的和谐关系。因此，随着集体成员之间的交流和互动的减少，以及随着集体成员之间和谐关系的减弱，这将同时削减员工的团队认同过程（Tajfel and Turner, 1986; Vignoles et al., 2006）。此外，学者通过研究还进一步指出，相对于低垂直集体主义倾向的员工而言，高垂直集体主义员工更认同等级观念，所以更顺从于权威的指令和需求（Triandis, 1998; 马君、殷红, 2011）。因此，高垂直集体主义员工往往更倾向于接受权威型领导，并将服从于权威型领导的指令和需求。在这种情况下，这些员工会认为服务型领导并不是非常有效的，这将导致他们对服务型领导者的不信任（Hale and Fields, 2007; Lin et al., 2013）。同时，高垂直集体主义员工也会更少地依赖于他们的领导，不太在意服务型领导者所给予的支持和鼓励。因此，服务型领导对员工团队认同的影响作用将会被减弱。综上所述，本书提出以下假设。

H4-3：垂直集体主义会调节服务型领导和员工团队认同的关系。当员工垂直集体主义倾向越高时，服务型领导和员工团队认同的关系会越弱。

根据上面的两个研究假设，理论框架如图4-1所示：

图 4-1 研究模型

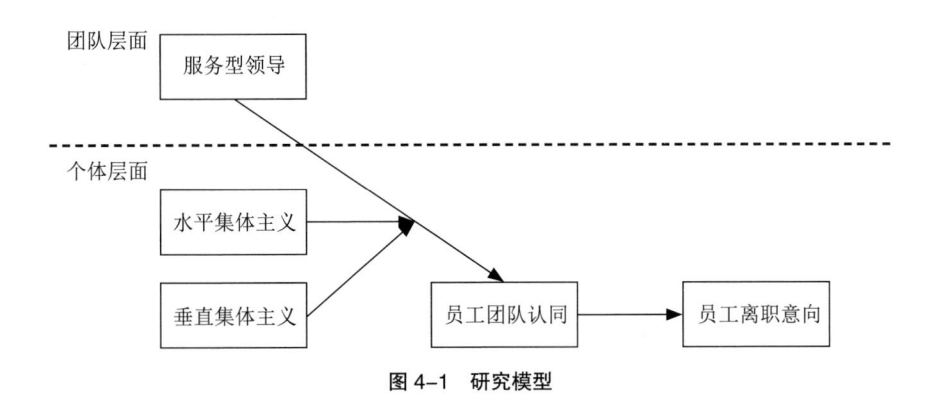

第三节 研究设计

一 样本选择

本书通过问卷调查的方式，从我国 11 家银行收集数据用来检验我们的假设。这些银行都是市场的领先者，在创新方面有较高的声望。本书采用的是方便抽样。研究团队直接联系这些银行的高管，向他们介绍研究目的。最终我们成功邀请了 28 家营业网点参与本书的调查。每家营业网点由 3 个不同的业务团队组成。具体来说，这三种业务分别是公司金融服务、个人金融服务和会计结算业务。本书团队一开始向 28 家营业网点、84 个团队发放了调查问卷。团队领导和员工被邀请参与调查。为了帮助参与者更好地了解我们的研究，研究团队向参与者介绍了本书的目的和相关概念。参与调查的人员是匿名填写的本书调查问卷。而且，为了保证能够追踪数据来源，我们将同一个团队的领导问卷及员工问卷放进同一个信封，并进行相应的编码。此外，为了提高问卷的回复速度，我们还采取了电话跟踪和邮件提醒。最终，回收的样本数据为 83 个团队，其中包含 83 名团队领导（回复率为 98%）和 466 名团队员工（回复率为 83%）。

样本数据显示，平均团队规模为 6 人（范围是 3—10 人），而且团队规模最小不能少于 3 人。团队领导的调查数据显示，团队领导者中 54% 是女性，而男性领导者为 46%。团队领导者的年龄区间为 21—30 岁

（13%）、31—40岁（57%）和41—50岁（30%）。团队领导者的受教育程度情况为96%的领导者为本科或本科以上学历（均值为0.29）。并且有一半以上的团队领导者在银行工作年限超过11年（均值为2.39）。团队员工的调查数据显示，团队员工中58%是女性，而男性员工为42%。员工的年龄区间为21—30岁（74%）、31—40岁（20%）和41—50岁（5%），只有一个员工的年龄在20岁以下，5个员工的年龄超过50岁。员工的受教育程度情况为90%的员工都是本科或本科以上学历（均值为0.49）。员工的银行工作年限平均值为5年（均值为3.10年）。

二 变量测量

为确保本书量表的信度和效度，我们采用的是已使用过的成熟量表，均来自于以往的文献。原始量表都是英文量表。基于"回译法"（Brislin，1980），我们邀请了3名独立的且懂中英文双语的学者组成翻译委员会，首先将英文版本的原始题项翻译成中文题项，然后，再将中文量表翻译成英文量表。接着3位学者将新翻译的英文量表与原始量表进行比对，对存在明显差异的题项进行逐条讨论和修正，并通过交流达成一致意见。同时，我们还采取了局内人和局外人观点的方法来同步确保量表的内容效度。我们邀请了4名银行业内人员（包括2名团队领导和2名团队员工），以及另外2名学者对已翻译的问卷内容进行讨论，根据研究目的和研究情境对中文问卷再次进行适当的修改和调整。因此，本书保证了调查问卷的良好内容效度。

（一）因变量

员工离职意向　该变量的测量采用Bharadwaj和Anandhi（2000）开发的量表，共4个题项，例如，"我计划明年去其他公司发展"和"我明年可能会去其他公司寻找工作机会"（1=完全不同意；5=完全同意），该量表由团队员工自评。该量表在本书中的信度系数为0.77，这表明该量表具有良好的信度。

（二）自变量

服务型领导 该量表的测量采用 Ehrhart（2004）的量表，有 14 个题项。由团队员工测评整个团队中所展现的服务型领导的程度。例如，"我所在团队领导花费时间与员工建立良好的人际关系"和"我所在团队领导决策受到了员工的影响"（1=完全不同意；5=完全同意）。服务型领导的 Cronbach's α 值为 0.91。这表明该量表具有良好的信度。学者指出，"与其精确指出个人之见的相互影响行为，团队员工对于整个团队的领导行为的感知对预测团队运作结果可能更为重要"（Gockel and Werth, 2010）。因此，与以往文献一致（Ehrhart, 2004），本书将团队作为一个整体，采用的团队成员整体测评其所感知到的团队中所展现的服务型领导行为（Chan, 1998）。

团队认同 该变量的测量采用 Hirst 等（2009）开发的量表，共 4 个题项。该量表由团队成员采用李克特 5 点量表进行自评（1=完全不同意；5=完全同意）。例如，"我很高兴能成为我所在团队的一员"和"我认同团队的其他成员"。团队认同的 Cronbach's α 值为 0.88。

集体主义 该变量的量表采用 Li 和 Aksoy（2007）的集体主义量表，共 8 个题项。该量表包含两个方向的维度。由团队成员采用李克特 5 点量表进行自评（1=完全不同意；5=完全同意）。例如，"当我与其他人合作时，我感觉很好"和"即使牺牲我想要的，我也有责任照顾我的家庭"。集体主义的 Cronbach's α 值依次为水平集体主义（α=0.88）和垂直集体主义（α=0.79）。

控制变量 本书将团队成员的性别、受教育程度和银行工作年限作为个人层面的控制变量，因为以往文献已经指出它们可能会影响到个人的创新结果（Tierney and Farmer, 2002）。同时我们将团队规模作为团队层面的控制变量，因为研究文献已指出它可能会影响到团队创新过程及团队创新结果（De Dreu, 2006; Shin and Zhou, 2007）。性别变量为虚拟变量（0 表示男，1 表示女）。受教育程度由团队成员填写自己的受教育程度（1=专科以下；2=专科；3=本科；4=硕士及以上）。个人银行工作年限为连续变量，为团队成员的实际银行工作年限的数值。团队规模由团队领导填写所在团队的实际人数。

三 分析策略

为了评估服务型领导的个体层面的数据是否能够聚合到团队层面，本书采用两种方法来检验。首先，基于单边随机方差分析，服务型领导的 ICC（1）得分为 0.18，ICC（2）得分是 0.55。这些结果表明服务型领导在不同团队之间有显著差异。其次，为了进一步确认服务型领导是否可以聚合成团队层面的变量，本书还检验了数据的组内内部一致性（James et al., 1984）。结果显示，服务型领导的平均 Rwg 得分为 0.90，具备较高的组内内部一致性。因此服务型领导可以聚合成团队层面的变量。

第四节 数据分析结果

验证性因素分析

我们使用 LISREL 来进行验证性因素分析，以检验本书测量模型的结构效度。我们检验了假设测量模型的 5 个变量（即服务型领导、员工团队认同、员工离职意向、水平集体主义和垂直集体主义）的 CFA。五因素测量模型提供了一个比较好的数据结果，$\chi^2(df=390)=1316.58, p<0.001$，RMSEA = 0.071，CFI = 0.96。结果表明，所有测量题项的因子载荷值符合标准。我们将假设的五因素测量模型与双因素测量模型进行对比。双因素测量模型将个体层面的 4 个变量，即员工团队认同、员工离职意向、水平集体主义和垂直集体主义的冲突载荷作为一个因素，将团队层面的变量服务型领导载荷作为另一个因素。结果显示，双因素测量模型的数据结果不好，$\chi^2(df=404)=3684.74, p<0.001$，RMSEA = 0.132，CFI = 0.88。综上所述，这些结果证明本书假设的五因素测量模型的结构效度较好，支持了我们的测量区分效度。

（一）信度和效度检验

各个变量的均值、标准差、相关系数和内部一致性系数如表 4-1 所示。

表 4-1　研究变量的均值、标准差、相关系数和内部一致性系数

变量	均值	标准差	1	2	3	4	5	6	7	8	9
1. 团队规模	11.49	2.17									
2. 性别	0.42	0.49	-0.06								
3. 受教育程度	3.03	0.49	-0.13**	0.05							
4. 银行工作年限	4.71	3.10	0.17***	-0.08	-0.24***						
5. 服务型领导	3.91	0.48	-0.16**	-0.03	0.03	-0.05	(0.91)				
6. 水平集体主义	4.03	0.47	-0.19***	-0.07	0.03	-0.01	0.47***	(0.88)			
7. 垂直集体主义	4.10	0.50	0.01	-0.04	0.02	0.01	0.22***	0.45***	(0.79)		
8. 员工团队认同	4.19	0.49	-0.10*	-0.05	0.08	-0.04	0.51***	0.51***	0.38***	(0.88)	
9. 员工离职意向	2.04	0.64	0.12**	0.01	-0.02	0.04	-0.31***	-0.44***	-0.28***	-0.43***	(0.77)

注：N=83 个团队，包含 466 名员工，信度系数 α 值在对角线的括号内。
$*p<0.05$; $**p<0.01$; $***p<0.001$.

（二）共同方法偏差分析

因为数据来源的单一性，研究中常见的一个问题是共同方法偏差（CMV）。我们采用了一些程序性方法来减少 CMV，同时也使用了统计方法来评估研究的 CMV 值。首先，根据 Harrison 等（1996）的研究，我们使用多个测量题项来测量变量以减少 CMV。其次，在调查问卷中设置了一些反向题项，以避免潜在的 CMV。最后，在研究中使用 Harman 的单因素检验，通过 SPSS 中的探索因子分析检验 CMV。数据结果表明，有六个因素的特征值大于 1，解释了总变化的 71.2%，其中特征值最大的因子解释了总变化的 19.5%。因此，CMV 在本书中不是一个严重的问题。

（三）跨层次的分析结果

本书采用的多层线性回归模型（HLM）检验的多层次的假设（Gumusluoglu and Ilsev, 2009）。首先，对个人层面的预测变量进行组内平均，清晰区分跨层次的交互项和组间交互项（Hofmann and Gavin, 1998）。然后，再对团队层面的预测变量进行总体平均，以减小截距和斜率的协方差，从而最终减小多重共线性的潜在概率（Wang and Rode, 2010）。

H4-1 假设是一个跨层次中介模型，且中介变量是低层次的变量（cf. Mathieu and Taylor, 2007）。H4-1 假设团队认同会中介作用于服务型领导和员工离职意向的关系。首先，作为使用 HLM 的一个必要前提，我们先测试个人层面的因变量员工离职意向是否会受到团队层面因素影响。根据零模型数据，我们发现组间方差结果是显著的（$\chi^2 = 280.85, p < 0.001$）。这些结果证明我们可以使用 HLM 来检验我们的跨层次假设。

对于 H4-1 的跨层次中介假设检验，本书将检验三个条件：（1）服务型领导对员工离职意向的影响是显著的；（2）服务型领导对团队认同的影响是显著的；（3）团队认同对员工离职意向的影响是显著的。表 4-2 总结了 H4-1 的 HLM 分析结果。第一步，服务型领导会显著负向影响员工离职意向（$\gamma = -0.67, t = -4.06, p < 0.001$）。第二步，服务型领导正向影响员工团队认同（$\gamma = 0.47, t = 4.33, p < 0.001$）。第三步，当服务型领导代入回归方程时，团队认同负向影响员工离职意向（$\gamma = -0.47, t = -8.68, p < 0.001$），但是，服务型领导与员工离职意向的关系系数显著性减弱了，由 -0.67（$p < 0.001$）变化为 -0.45（$p < 0.01$）。所以，H4-1 成立。

表 4-2 跨层次的中介分析结果

变量	相关系数	标准差	t 值
第一步，DV= 员工离职意向			
个体层面变量			
性别	0.05	0.05	0.87
受教育程度	-0.01	0.06	-0.25
银行工作年限	0.01	0.01	0.97
团队层面变量			
团队规模	0.01	0.01	0.44
服务型领导	-0.67***	0.17	-4.06
第二步，DV= 员工团队认同			
个体层面变量			
性别	-0.06	0.04	-1.38

续表

受教育程度	0.07	0.05	1.38
银行工作年限	0.01	0.01	1.32
团队层面变量			
团队规模	-0.01	0.01	-0.72
服务型领导	0.47***	0.11	4.33
第三步，DV= 员工离职意向			
个体层面变量			
性别	0.02	0.05	0.34
受教育程度	0.02	0.06	0.39
银行工作年限	0.02	0.01	1.61
员工团队认同	-0.47***	0.05	-8.68
团队层面变量			
团队规模	0.01	0.02	0.14
服务型领导	-0.45**	0.14	-3.14

注：N=83 个团队。
** $p<0.01$; *** $p<0.001$.

H4-2 和 H4-3 水平集体主义和垂直集体主义（个体层面变量）会调节服务型领导（团队层面变量）与员工团队认同（个体层面变量）的关系。遵循以往的研究，在检验交互作用时，我们先将自变量标准化，然后再构造乘积项（Lechner et al., 2010）。如表 4-3 所示，水平集体主义和垂直集体主义会调节服务型领导与员工团队认同的关系。结果显示，水平集体主义是正向调节服务型领导和员工团队认同的关系（$\gamma = 0.55, t = 3.25, p < 0.01$）。因此，H4-2 成立。同时，垂直集体主义是负向调节服务型领导和员工团队认同的关系（$\gamma = -0.36, t = -2.37, p < 0.05$）。因此，H4-3 也成立。

表 4-3　　　　　跨层次的调节分析结果（团队认同）

变量	相关系数	标准差	t 值
个体层面变量			
性别	-0.02	0.04	-0.58
受教育程度	0.06	0.04	1.32

			续表
银行工作年限	0.01	0.01	1.09
水平集体主义	0.36***	0.07	5.30
垂直集体主义	0.21***	0.05	3.82
团队层面变量			
团队规模	-0.01	0.01	-0.71
服务型领导	0.48***	0.11	4.48
跨层次乘积项			
服务型领导 × 水平集体主义	0.55**	0.17	3.25
服务型领导 × 垂直集体主义	-0.36*	0.15	-2.37

注：N=83个团队。
* $p<0.05$；** $p<0.01$；*** $p<0.001$。

依照 Aiken 和 West（1991）步骤，我们进一步描绘交互图，使用最后一个方程中未标准化的回归系数和截距绘制交互作用图。图 4-2 显示了服务型领导与水平集体主义的交互作用对员工团队认同的影响，H4-2 得到验证。

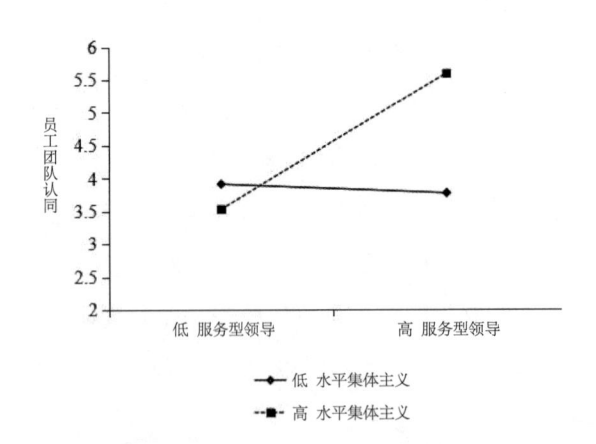

图 4-2　服务型领导与水平集体主义的交互作用对员工团队认同的影响

同时，图 4-3 显示了服务型领导与垂直集体主义的交互作用对员工团队认同的影响，H4-3 得到验证。

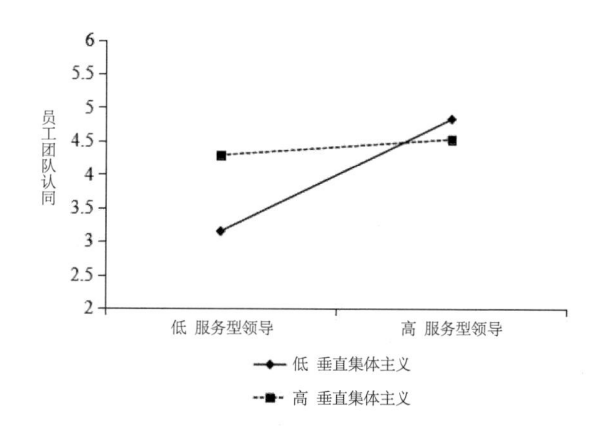

图 4-3　服务型领导与垂直集体主义的交互作用对员工团队认同的影响

第五节　结论与讨论

基于社会认同理论，本章探讨了服务型领导如何通过团队认同的中介机制来影响员工离职意向。我们发现员工团队认同部分中介作用于服务型领导和员工离职意向之间的关系。本书的结论为学者 Liden 等（2014）所提出的论点"可能有其他的中介机制作用于服务型领导和个人及团队结果变量之间的关系"提供了实证依据。

此外，本章进一步检验了集体主义文化价值观在领导力和员工个体结果之间的调节作用。分析结果与我们的假设一致，结果表明，水平集体主义和垂直集体主义（个体层面）都跨层次调节作用于服务型领导（团队层面）和员工团队认同（个体层面）之间的关系。具体而言，水平集体主义会强化服务型领导对员工团队认同的积极作用，而垂直集体主义会弱化服务型领导对员工团队认同的积极作用。我们的研究结果拓展了集体主义这一文化价值观的重要角色作用，同时也深化了服务型领导对员工态度及行为作用的边界条件研究。

第五章 服务型领导对个人创造力的影响研究
——心理授权的中介效应

第一节 引言

作为当代研究中一个有影响力的领导理论,服务型领导已经越来越受到学者的关注(Ehrhart, 2004; Neubert et al., 2008; van Dierendonck, 2011; Hu et al., 2011; Liden et al., 2014; Yoshida et al., 2014)。服务型领导拥有这样一种领导力,他们的关注点主要在于帮助下属的发展,并致力于激发追随者的潜能(Liden et al., 2015)。服务型领导这种领导行为,更加强调领导者的道德行为,通过授权及优先满足下属的需求等来支持下属的发展(van Dierendonck, 2011; Chan and Mak, 2013; Liden et al., 2015)。实证研究已经探讨了服务型领导对个体结果的影响,如工作态度(van Dierendonck, 2011; Chan and Mak, 2014)、组织公民行为(Ehrhart, 2004; Walumbwa et al., 2010; Newman et al., 2015; Hsiao et al., 2015)、工作绩效(Hunter et al., 2013; Liden et al., 2014; Chiniara and Bentein, 2016)和员工创造力(Neubert et al., 2008; Yoshida et al., 2014)。

虽然学者已经开始研究服务型领导和员工个人创造力之间的关系(Neubert et al., 2008; Yoshida et al., 2014),但是,对于这两个变量的中介影响机制知之甚少(Liden et al., 2014; Neubert et al., 2016)。尽管有少数研究指出服务型领导和员工创造力之间的关系可能受到促进焦点(Neubert et al., 2008)和认同(Yoshida et al., 2014; Liden et al., 2014)的中介影响,但是较少有研究探索这两者其中可能存在的其他心理机制和积极影响员工的创新性行为。另外，学者Walumbwa等（2010）[1]指出，可能有其他的中介机制，例如心理授权，可能影响到服务型领导和员工个体结果之间的关系。

心理授权可以被定义为员工的一种内在工作动机，主要反映了个体对工作角色任务在4个方面的心理认知：工作意义、自我效能感、自主性及影响力（Spreitzer, 1995）[2]。实证研究表明，心理授权的员工个人对自己执行新的或困难任务的能力更加有信心，在面对工作目标障碍时将展示出更强的持久性（Spreitzer, 1995、2008; Bandura and Locke, 2003）。因此，心理授权的员工往往会更具有创造力。此外，根据自我决定理论（Gagné and Deci, 2005），服务型领导与心理授权的关系可以被认为是一个自发的动机过程。但是，较少有研究通过实证方法揭示和证实心理授权在服务型领导和员工创造力之间的中介作用机制（Liden et al., 2008; Walumbwa et al., 2010; Newman et al., 2015）。本书认为有必要开展实证研究探讨心理授权在服务型领导与员工创造力之间的中介影响机制。

文献进一步表明，领导力对个人结果变量的影响往往会受到员工个人因素的影响（Ehrhart and Klein, 2001; Newman et al., 2015）。作为一个重要的个人因素，工作—家庭冲突已经受到越来越多的学者和管理者的关注和重视（Greenhaus and Beutell, 1985; Hoobler et al., 2009; Michel et al., 2011; Hammer et al., 2011）。工作—家庭冲突是指"一种来自工作和家庭领域的内在角色冲突，在某些方面是互不相容的"（Greenhaus and Beutell, 1985）[3]。自从工作—家庭冲突概念被人们所认知后，已经有大量文献研究了工作—家庭冲突的前因变量和结果变量（Byron, 2005）。尤其值得一提

---

[1] F. O. Walumbwa, C. A. Hartnell, and A. Oke, "Servant Leadership, Procedural Justice Climate, Service Climate, Employee Attitudes, and Organizational Citizenship Behavior: A Cross-level Investigation", *Journal of Applied Psychology*, Vol. 95, No. 3, 2010, pp. 517-529.

[2] G. M. Spreitzer, "Psychological Empowerment in the Workplace: Dimensions, Measurement, and Validation", *Academy of Management Journal*, Vol. 38, 1995, pp. 1442-1465.

[3] J. H. Greenhaus, and N. J. Beutell, "Sources of Conflict Between Work and Family Roles", *Academy of Management Review*, Vol. 10, No. 1, 1985, pp. 76-88.

的是，一些工作—家庭的文献大力宣扬需要重视增加领导者对家庭的支持作用，以解决工作与家庭的问题（Byron, 2005; Michel et al., 2011）。此外，Hammer 等（2011）提出需要进一步探索工作—家庭冲突的调节效应。为了解决上面所提到的这些问题，在本书中我们认为服务型领导和追随者心理授权的关系可能受到个体层面的工作—家庭冲突的调节影响。

在上述讨论的基础上，本书基于自我决定理论，希望能够探索服务型领导对员工创造力的影响机制。具体而言，本书旨在描绘一个跨层次模型来研究团队层面的服务型领导风格通过影响员工的心理授权，从而进一步影响员工个体行为。因此，我们认为员工心理授权可能会中介作用于服务型领导和员工个人创造力之间的积极关系。同时，我们想检验工作—家庭冲突在服务型领导和心理授权之间的调节作用。此外，我们将会研究工作—家庭两个方向。学者已经认识到工作—家庭冲突是由工作对家庭的冲突和家庭对工作的冲突这两个截然不同的概念组成（Mesmer-Magnus and Viswesvaran, 2005; Byron et al., 2005）。本书的目的在于探讨工作对家庭冲突和家庭对工作冲突这两个变量在服务型领导和心理授权之间的不同调节效应。此外，我们将使用多层线性回归模型（HLM 6.08）来检验我们的跨层次假设。

第二节 理论假设

一 服务型领导与个人创造力

学者们已经开始重点关注服务型领导对员工创造力的影响机制（Neubert et al., 2008; Liden et al., 2014）。服务型领导通过为下属提供支持和鼓励，并不断激发下属的潜能，从而能够进一步提升员工的工作绩效和创造力（Liden et al., 2015）。此外，服务型领导非常关心下属的利益和需求，超过对自己个人利益和需求的关心，这将提升他们下属的心理安全感和对工作环境的信任（Hu and Liden, 2011; Yoshida et al., 2014; Liden et al., 2015）。随后，这种真诚关心的感觉将提升下属的创造力。Hale 和 Fields

(2007)也指出,服务型领导非常关注下属的发展,目的在于帮助下属提升其承担创造性方法的能力。因此,我们认为服务型领导能够帮助员工提升个人创造力。

然而,一些学者指出,服务型领导行为对于员工个人结果变量的影响可能是间接的。例如,Neubert 等(2008)表明,程序正义氛围和服务氛围部分中介作用于服务型领导和员工的组织公民行为。Liden 等(2014)也指出,服务型领导积极作用于服务型文化,进而提高员工的角色内绩效。本书认为,非常有必要进一步探索服务型领导和员工个人创造力之间的中介机制。

二 心理授权的中介作用

自我决定理论是一种普遍的人类动机理论,它在教育、体育、卫生健康和组织等领域已被成功地应用于研究人类行为的影响(Vansteenkiste et al., 2010)。这一理论将自主性动机区别于控制性动机(Sun et al., 2012)。自主性动机主要是指"一个被自我兴趣或价值观所激发的动机过程和被自我内化的监管活动"(Sun et al., 2012)[①]。一些学者指出,心理授权是一种自主性动机,其概念平行于自主性动机的定义(Pieterse et al., 2010; Sun et al., 2012)。根据自我决定理论(Gagné and Deci, 2005),心理授权主要来源于员工对自己以下几方面的感知:是否对启动和监管行动具备决定权,是否有能力完成好工作(即自我效能感),是否能够对环境具备影响力,以及对工作是否具备重要意义(Spreitzer, 1995; Pieterse et al., 2010)。

(一)服务型领导和心理授权

自我决定理论指出,支持自主性的领导者更能够促进员工的自主性动机(Gagné and Deci, 2005)。服务型领导通过展示对员工需求的关心和关注员工的个人发展等能够增强员工的心理授权(Liden et al., 2008;

[①] L. Y. Sun, Z. Zhang, J. Qi & Z. X. Chen, "Empowerment and Creativity: A Cross-level Investigation", *The Leadership Quarterly*, Vol. 23, No. 1, 2012, pp. 55-65.

Walumbwa et al., 2010; Yoshida et al., 2014; Neubert et al., 2016）。根据自我决定理论，服务型领导与心理授权的关系可以被认为是一个自发的动机过程（Gagné and Deci, 2005）。具体而言，服务型领导可以通过加强员工心理授权的 4 个方面（工作意义、自我效能、自我决定感和影响力）来授权于下属。

工作意义，主要是指员工根据自己的价值观标准，对其工作重要程度的认知（Hackman and Oldham, 1980）[1]。服务型领导是基于这样一种前提，他们致力于激发下属的潜能，并通过无私地为他人服务而建立信任关系（Greenleaf, 1977; Liden et al., 2008）。服务型领导真诚地关心他们下属的需求和非常尊重他们的下属，而且其目的并不是利用下属去满足自己的利益需求（Demir, 2008; Liden et al., 2015）。因此，服务型领导具备潜能去帮助下属进一步理解他们对于工作的意义（Newman et al., 2015）。

自我效能感，主要是指员工对于自己能够成功完成工作任务及目标的效能信念（Bandura, 1989）[2]。服务型领导能够提供发展性支持和鼓励，帮助下属提升其工作技能，并支持他们实现创新性工作目标（Walumbwa et al., 2010）。有了这些支持和鼓励，服务型领导能够提升员工的自我效能感，使得下属对他们的工作能力更有信心，从而能够成功地完成创造性工作任务（Walumbwa et al., 2010; Newman et al., 2015）。

自我决定感，主要是指员工对于自己在工作行为方面的自主性感觉（Thomas and Velthouse, 1990）[3]。服务型领导通过授权，使得下属具有更多的参与权与自主权（Winkle et al., 2014）。当个体感知到被授权时，其自我决定感将会被提升（Winkle et al., 2014; Liden et al., 2015）。具体而言，服务型领导通过授权为下属提供参与决策的机会和允许员工自主地

---

[1] J. R. Hackman, and G. R. Oldham, *Work Redesign. Reading*, MA: Addison-Wesley, 1980.

[2] A. Bandura, "Human Agency in Social Cognitive Theory", *American Psychologist*, Vol. 44, No.9, 1989, pp. 1175-1184.

[3] Kenneth W. Thomas, B. A. Velthouse, "Cognitive Elements of Empowerment: An 'Interpretive' Model of Intrinsic Task Motivation", *Academy of Management Review*, Vol. 15, No.4, 1990, pp. 666-681.

完成工作目标，这将有助于提升下属的自我决定感（Greenleaf, 1977; van Dierendonck, 2011; Newman et al., 2015）。

影响力，主要是指员工个体对于其对组织活动、管理和工作结果的影响程度（Spreitzer, 1995）[①]。服务型领导鼓励员工更多地参与决策过程，这同时也加强了员工个人对于任务控制及完成工作目标的认知（Newman et al., 2015）。因此，服务型领导更能够让员工明白他们对工作的重要影响作用（Seibert et al., 2011）。综上所述，我们认为服务型领导与员工心理授权呈积极相关。

（二）心理授权和员工创造力

自我决定理论表明，心理授权将影响员工创造力（Gagné and Deci, 2005; Sun et al., 2012）。一些学者指出，当员工个人在他们的工作中拥有相对较高的自主权和控制感时，员工创造力将会增强（Sun et al., 2012）。此外，自主权可以激励员工寻找创造性的方法来完成工作任务（Sun et al., 2012）。具体而言，工作意义可能会产生更高水平的员工创造力，因为员工将更多地参与到整个工作当中，而不仅仅是完成他们自己的工作角色（Seibert et al., 2011; Newman et al., 2015）。自我效能感可能会进一步激励员工的创造力，因为员工在执行新的或困难的任务时，会感到更有信心，更愿意承担风险，往往更具有创造性（Spreizer, 1995; Bandura, 1997）。自主性和影响力可能会产生更高的员工创造力，因为被授权的员工相信他们在工作中具有更多的自主权，能够自由地产生新的想法，并且自信地认为这些想法是有价值的（Alge et al., 2006; Sun et al., 2012）。

总而言之，心理授权的员工个人对他们自己执行新的或困难任务的能力更加有信心，在面对工作目标障碍时将展示出更强的持久性（Spreitzer, 1995、2008; Bandura and Locke, 2003）。事实上，心理授权的员工往往会更具有创造力（Sun et al., 2012）。同时，以往的实证研究也支持了心理授

[①] G. M. Spreitzer, "Psychological Empowerment in the Workplace: Dimensions, Measurement, and Validation", *Academy of Management Journal*, Vol. 38, 1995, pp. 1442-1465.

权与员工创造力之间的积极关系（Seibert et al., 2011; Sun et al., 2012）。因此，我们认为高水平的员工心理授权将提升员工创造力。

（三）心理授权的中介作用

基于上述的讨论，我们可知服务型领导可以对员工创造力产生直接的影响。但是根据自我决定理论，员工的心理授权则能更好地对员工创造力进行预测。也就是说服务型领导可以通过员工心理授权来影响员工创造力。本书认为员工心理授权在服务型领导与员工创造力关系中具有中介作用。因此，本书提出以下假设。

H5-1：员工的心理授权在服务型领导与员工创造力之间有显著的中介作用。

三 工作—家庭冲突的调节作用

（一）工作—家庭冲突

越来越多的员工发现自己难以兼顾工作和家庭两者之间的矛盾和需求（Byron et al., 2005）。因此，在过去几十年里，有关工作和家庭两者关系的研究逐步增长（Eby et al., 2005; Michel et al., 2011）。在相关的研究文献中，工作—家庭冲突是一个重要的研究内容。工作—家庭冲突，其定义是"一种来自工作和家庭领域的内在角色冲突，在某些方面是互不相容的"（Greenhaus and Beutell, 1985）[①]。作为一个重要的个人因素，工作—家庭冲突已经受到越来越多的学者和管理者的关注和重视（Greenhaus and Beutell, 1985; Hoobler et al., 2009; Michel et al., 2011; Hammer et al., 2011）。

工作—家庭冲突这个构念随着时间逐步演变（Byron, 2005），一些学者开始认识到，工作和家庭的角色压力是具有方向性的，一个领域将对另一个领域产生负面影响（Frone et al., 1992; Mesmer-Magnus and Viswesvaran, 2005; Michel et al., 2011）。因此，学者们逐渐认识到，工

[①] J. H. Greenhaus, and N. J. Beutell, "Sources of Conflict between Work and Family Roles", *Academy of Management Review*, Vol. 10, No. 1, 1985, pp. 76-88.

作—家庭冲突是由工作对家庭的冲突和家庭对工作的冲突这两个截然不同的概念组成的（Michel et al., 2011）。具体而言，工作对家庭的冲突被定义为"参与工作的角色使得参与家庭的角色更加困难"，而家庭对工作的冲突被定义为"参与家庭的角色使得参与工作的角色更加困难"（Michel et al., 2011）。同时，一些学者也为区分工作对家庭的冲突和家庭对工作的冲突这两个不同变量提供了研究支持。例如，Mesmer-Magnus和Viswesvaran（2005）[1]提出"这两种类型的冲突是不同的"，Byron（2005）[2]也指出"这两个变量可能具有不同的原因和影响因素"。

此外，与先前的有关工作对家庭冲突和家庭对工作冲突的研究一致，学者认为，前者将更多地受到工作相关变量的影响，而后者将更多地受到家庭领域变量的影响（Kossek and Ozeki, 1998; Mesmer-Magnus and Viswesvaran, 2005; Byron, 2005）。具体而言，工作领域的变量预计将更多地与工作对家庭冲突相关（Byron, 2005）。例如，当员工获得更多的与工作相关的支持时，他们可能会有较少的工作对家庭冲突，但不一定会减少他们遭遇家庭对工作冲突的可能性。同样，与个人家庭有关的因素预计将更多地与家庭对工作冲突相关（Byron, 2005）。例如，员工花费更多的时间和精力等资源在家庭中时，该员工的家庭生活可能会更多地干扰到他的工作。因此，我们准备研究工作对家庭的冲突和家庭对工作的冲突这两个不同变量在服务型领导和心理授权之间的所具有的不同调节机制。

（二）工作—家庭冲突的调节作用

自我意识的行为依赖于一些类似于体力或精力的有限资源，因此，一个自我意识的行为将会对随后的另一个自我意识行为产生不利的影响（Baumeister et al., 1998）。自我意识的行为主要包括控制环境、控制自我、

---

[1] Jessica R. Mesmer-Magnus, and Viswesvaran. Chockalingam, "Convergence between Measures of Work-to-family and Family-to-work Conflict: A Meta-analytic Examination", *Journal of Vocational Behavior*, Vol. 67, No. 2, 2005, pp. 215-232.

[2] Kristin Byron, "A Meta-analytic Review of Work–family Conflict and Its Antecedents", *Journal of Vocational Behavior*, Vol. 67, No. 2, 2005, pp. 169-198.

做出选择和积极行动等（Baumeister et al., 1998）。换句话说，当有限的心理资源被损耗时，自我的执行能力和绩效通常也将受损（Schmeichel et al., 2003; Carlson et al., 2012）。

工作对家庭的冲突代表这样一种情境，工作角色的需求将会损耗家庭角色中所需求的心理资源（例如精力）（Lappiere and Allen, 2006; Kossek et al., 2011; Carlson et al., 2012）。当员工的工作与家庭的冲突较大时，工作领域的责任和需求将会阻碍员工在家庭中所承担的职责（Mesmer-Magnus and Viswesvaran, 2005）。具体而言，当员工把更多的精力投入完成工作任务时，将会导致员工对家庭的投入精力过少（Hochschild, 1997; Bolino and Turnley, 2005）。换句话说，投入更多的精力到工作中将会损耗员工投入家庭中的精力，这样会影响员工对家庭照顾，将会引起家人的不满（Carlson et al., 2012）。

当员工的工作对家庭的冲突较高时，他们需要平衡工作和家庭两者之间的角色及矛盾，这将导致员工心理资源的枯竭（Carlson et al., 2012）。随着心理资源的枯竭，这些员工对于他们服务型领导的友好行为（例如，真诚的关心、尊重、提供发展机会、支持和鼓励等）可能不太敏感，这将削弱服务型领导对员工心理授权的积极影响。具体而言，员工将具有较少的心理资源去感知服务型领导的关心和尊重。因此，这样的员工将不太可能认识到他们工作的意义。此外，员工个人可能只有较少的心理资源去利用服务型领导的支持和鼓励。在这种情况下，员工不太可能提高他们对工作的信心和自我效能感。最后，个人可能会只有较少的心理资源可利用于接受服务型领导所提供的机会和参与决策。因此，在这种情形下，员工将较少能够感知到自主权、参与权和任务控制，这将导致员工较少能够感知到自我决定感和影响力。因此，服务型领导对员工心理授权的积极影响作用将会被削弱。

相反，当员工的工作对家庭冲突较低时，他们不用过多地强调工作角色，他们在平衡工作和家庭两者之间的矛盾时遇到的阻碍也更少（Bolino and Turnley, 2005）。此外，员工不需要花费更多的精力去平衡工作和家庭的矛盾，这将减缓员工心理资源的枯竭。因此，员工个人将能有更多的心理资源用来利用和接受服务型领导所提供的机会，支持和鼓励来参与决策和发展工作新技能。所以，服务型领导对员工心理授权的影响作用将会加强。

如前所述，我们认为，工作对家庭的冲突会潜在削弱服务型领导对个人心理授权的积极作用。因此，我们提出以下假设。

H5-2：当员工的工作对家庭冲突较高时，服务型领导与员工心理授权之间的积极关系将被减弱。

家庭对工作的冲突代表这样一种情境，家庭角色的需求将会损耗工作角色中所需求的心理资源（例如精力）（Lappiere and Allen, 2006; Kossek et al., 2011; Carlson et al., 2012）。当员工的家庭对工作的冲突较高时，家庭领域的责任和需求将会阻碍员工在工作中所承担的职责（Mesmer-Magnus and Viswesvaran, 2005）。具体而言，当员工把更多的精力投入照顾家庭时，将会导致员工对工作的投入精力过少（Hochschild, 1997; Bolino and Turnley, 2005）。换句话说，投入更多的精力到家庭中将会损耗员工投入工作中的精力，这样会影响员工完成工作任务，将会引起领导对员工工作表现的不满（Carlson et al., 2012）。

当员工的家庭对工作的冲突较高时，他们需要平衡家庭和工作两者之间的角色及矛盾，这将导致员工心理资源的枯竭（Carlson et al., 2012）。那么随着心理资源的损耗，员工个人可能只有较少的心理资源可供员工感知服务型领导的关心和尊重。因此，这样的员工将不太可能认识到他们工作的意义。另外，因为心理资源的缺乏，这样的员工将面临更多的困难去利用服务型领导给他们所提供的支持和鼓励。与家庭对工作冲突较低的员工相比，他们提高工作信心和自我效能感的可能性更小。除此之外，家族对工作冲突较高的员工将有可能具有更少的心理资源可利用于接受服务型领导所提供的参与决策的机会。在这种情况下，员工较少能够感知到自主权、参与权和任务控制，这将导致员工较少地感知到自我决定感和影响作用。因此，最终将减小服务型领导对员工心理授权的积极影响作用。

相反，当员工的家庭对工作冲突较低时，他们不用过多地强调家庭角色，他们在平衡家庭和工作两者之间的矛盾时遇到的阻碍也更少（Bolino and Turnley, 2005）。此外，员工不需要花费更多的精力去平衡家庭和工作的矛盾，这将减弱员工心理资源的枯竭。因此，员工个人将能有更多的心理资源可利用于接受服务型领导的善意，比如关心、尊重、提供发展机会，以及支持和鼓励。从而，他们所感知的工作意义、信心、自我决定感和影响作用更容易被提高。因此，服务型领导对员工心理授权的影响作用将会加强。

基于上述讨论，我们认为，家庭对工作的冲突将会调节作用于服务型领导和员工心理授权。因此，我们提出以下假设。

H5-3：当员工的家庭对工作冲突较高时，服务型领导与员工心理授权之间的积极关系将被减弱。

根据上面的研究假设，理论框架如图5-1所示：

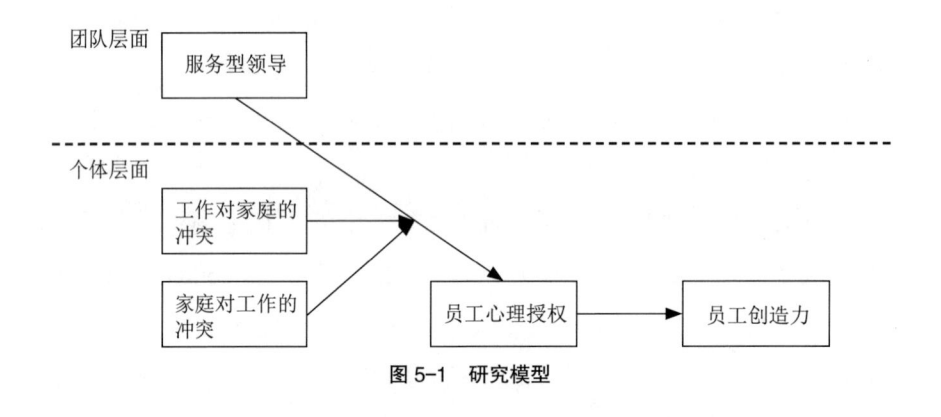

图 5-1 研究模型

第三节 研究设计

一 研究对象

本书的研究对象是银行工作人员，通过获取银行高管的支持与合作，本书团队共发放28个营业网点（84个团队）的调查问卷。最终，成功回收83个团队的样本数据。其中，团队领导的有效调查问卷收回83份，有效回复率为98%；团队员工的有效调查问卷成功收回466份，有效回复率为 83%。

本书样本数据的基本情况如表 5-1 所示。

表 5-1 样本基本情况

团队领导样本基本情况（N=83）				团队员工样本基本情况（N=466）			
变量	基本情况	人数	比例(%)	变量	基本情况	人数	比例(%)
性别	男	38	45.8	性别	男	195	41.8
	女	45	54.2		女	271	58.2
年龄	≤20 岁	0	0	年龄	≤20 岁	1	0.2
	21—30 岁	11	13.3		21—30 岁	343	73.6
	31—40 岁	47	56.6		31—40 岁	95	20.4
	41—50 岁	25	30.1		41—50 岁	22	4.7
	≥51 岁	0	0		≥51 岁	5	1.1
受教育程度	专科	3	3.6	受教育程度	专科	49	10.5
	本科	76	91.6		本科	356	76.4
	硕士及以上	4	4.8		硕士及以上	61	13.1
银行工作年限	≥8 年	46	55.4	银行工作年限	≥5 年	201	43.1
月均收入	3000 元及以下	1	1.2	月均收入	3000 元及以下	118	25.3
	3001—5000 元	18	21.7		3001—5000 元	203	43.6
	5001—8000 元	25	30.1		5001—8000 元	108	23.2
	8001—15000 元	27	32.5		8001—15000 元	31	6.6
	15000 元以上	12	14.5		15000 元以上	6	1.3

二 研究变量

为确保本书量表的信度和效度，我们均采用已有文献的成熟量表。

（一）因变量

员工创造力 该变量量表选自 Baer 和 Oldham（2006），共 4 个题项，例如，"我经常提出解决工作问题的创新性方案"和"我经常提议用新方法执行工作任务"，该量表由团队成员自评。Cronbach's α 为 0.88。尽管目前的研究显示，学者大都采用领导测评员工的个人创造力（Gong et al.,

2013），但是员工自评的测评方法也是可以接受的（Shalley et al., 2009; Dul et al., 2011）。

（二）自变量

服务型领导　测量采用 Ehrhart（2004）的量表。该量表共有 14 个题项。由团队员工测评整个团队中所展现的服务型领导的程度。例如，"我所在团队领导试图在重要决策上与员工达成一致意见"和"我所在团队领导努力帮助员工不断提升自己"（1= 完全不同意；5= 完全同意）。服务型领导的 Cronbach's α 值为 0.91。这表明量表具有良好的信度。

员工心理授权　该变量的测量采用 Spreitzer（1995）开发的量表，共 12 个题项。该量表包含工作意义、自我效能感、自主性和影响力 4 个维度，每个维度都包含 3 个题项。由团队成员采用李克特 5 点量表进行自评（1= 完全不同意；5= 完全同意）。例如，"我的工作活动对我个人而言非常有意义"（工作意义）、"在决定如何完成我的工作上，我有很大的自主权"（自主性）、"我对自己完成工作的能力非常有信心"（自我效能感）、"我对团队所发生的事情影响很大"（影响力）。心理授权的 Cronbach's α 值为 0.90。

工作—家庭冲突　该变量的量表采用 Netemeyer 等（1996）的工作—家庭冲突量表，共 10 个题项。该量表包含两个方向的维度。由团队成员采用李克特 5 点量表进行自评（1= 完全不同意；5= 完全同意）。例如，"工作需求干扰了我的家庭生活"和"家人的需求干扰了我的工作"。工作—家庭冲突的 Cronbach's α 值依次为工作对家庭的冲突（α = 0.93）和家庭对工作的冲突（α = 0.96）。

控制变量　本书将团队成员的性别、受教育程度及个人银行工作年限作为个人层面的控制变量，将团队规模作为团队层面的控制变量。

三　分析策略

为了评估服务型领导的数据是否能够从个体层面聚合到团队层面，我们采用了单边随机方差分析和组内一致性来检验。数据结果显示，服务型领导的 ICC（1）和 ICC（2）的得分分别为 0.18 和 0.55。这表明服务型领导可以聚合成团队层面的变量。此外，组内内部一致性的结果表明，服务型领导的平均 Rwg 得分是 0.90，具有较好的组内内部一致性。因此服务型领导这个变量可以聚合成团队层面的变量。

第四节　数据分析结果

一　验证性因素分析

我们使用 LISREL 来进行验证性因素分析，以检验本书测量模型的结构效度。我们检验了假设测量模型的 5 个变量（即服务型领导、员工心理授权、员工创造力、工作对家庭的冲突和家庭对工作的冲突）的 CFA。五因素测量模型提供了一个可以接受的数据结果，χ^2 (df = 721) = 2445.00, $p < 0.001$, RMSEA = 0.072, CFI = 0.95。结果表明所有测量题项的因子载荷值符合标准。我们将假设的五因素测量模型与双因素测量模型进行对比。双因素测量模型指的是将个体层面的 4 个变量，即员工心理授权、员工创造力、工作对家庭的冲突和家庭对工作的冲突载荷作为一个因素，团队层面的变量服务型领导载荷作为另一个因素。结果显示，双因素测量模型的数据结果不好，χ^2 (df = 739) = 14670.97, $p < 0.001$, RMSEA = 0.201, CFI = 0.73。综上所述，这些结果证明本文假设的五因素测量模型的结构效度较好，支持了我们的测量区分效度。

二　信度和效度检验

各个变量的均值、标准差、相关系数和内部一致性系数如表 5-2 所示。

表 5-2　研究变量的均值、标准差、相关系数和内部一致性系数

变量	均值	标准差	1	2	3	4	5	6	7	8	9
1. 团队规模	11.49	2.17									
2. 性别	0.42	0.49	-0.06								
3. 受教育程度	3.03	0.49	-0.13**	0.05							

续表

变量	M	SD	1	2	3	4	5	6	7	8	9
4. 银行工作年限	4.71	3.10	0.17***	-0.08	-0.24***						
5. 服务型领导	3.91	0.48	-0.16**	-0.03	0.03	-0.05	(0.91)				
6. 工作对家庭的冲突	3.00	0.90	0.27***	0.02	-0.04	0.15**	-0.23***	(0.93)			
7. 家庭对工作的冲突	2.23	0.83	0.07	0.14**	0.01	-0.01	-0.11*	0.44***	(0.96)		
8. 员工心理授权	3.64	0.53	-0.12**	0.05	-0.01	0.03	0.38***	-0.19***	-0.14*	(0.90)	
9. 员工创造力	3.64	0.67	-0.05	0.06	-0.01	0.08	0.35***	-0.03	-0.06	0.41***	(0.88)

注：N=83个团队，包含466名员工，信度系数 α 值在对角线的括号内。
* $p<0.05$；** $p<0.01$；*** $p<0.001$.

共同方法偏差分析：结果表明，有8个因素的特征值大于1，解释了总变化的71.6%，其中特征值最大的因子解释了总变化的15.3%。因此，共同方法偏差问题在我们的研究中并不严重。

三 跨层次的分析结果

H5-1是一个跨层次中介模型，假设个人心理授权会中介作用于服务型领导和员工创造力的关系。首先，作为使用HLM的一个必要前提，我们先测试个人层面的因变量员工创造力是否会受到团队层面因素影响。根据零模型数据，我们发现组间方差结果是显著的（$\chi^2=160.79, p<0.001$）。这些结果证明我们可以使用HLM来检验我们的跨层次假设。

对于H5-1的跨层次中介假设检验，本书将检验三个条件：(1)服务型领导对于员工个人创造力的影响作用是显著的；(2)服务型领导对于员工心理授权的影响作用是显著的；(3)员工心理授权对个人创造力的影响是显著的。表5-3总结了H5-1的跨层次分析结果。第一步，服务型领导对员工个人创造力呈显著正向影响作用（$\gamma=0.67, t=5.61, p<0.001$）。第二步，服务型领导正向影响员工心理授权（$\gamma=0.45, t=3.33, p<0.001$）。第三步，当服务型领导代入回归方程时，心理授权正向影响个人创造力（$\gamma=0.44, t=7.12, p<0.001$），但是，服务型领导与个人创造力的关系系数降低了，由0.67（$p<0.001$）降低到0.48（$p<0.01$）。所以，H5-1成立。

表 5-3　　　　　　　　　　跨层次的中介分析结果

变量	相关系数	标准差	t 值
第一步，DV= 员工创造力			
个体层面变量			
性别	0.11	0.07	1.58
受教育程度	0.09	0.08	1.07
银行工作年限	0.04**	0.01	2.78
团队层面变量			
团队规模	0.01	0.01	0.79
服务型领导	0.67***	0.12	5.61
第二步，DV= 员工心理授权			
个体层面变量			
性别	0.02	0.04	0.45
受教育程度	0.01	0.06	0.10
银行工作年限	0.02*	0.01	2.12
团队层面变量			
团队规模	-0.01	0.01	-1.02
服务型领导	0.45**	0.14	3.33
第三步，DV= 员工创造力			
个体层面变量			
性别	0.07	0.06	1.25
受教育程度	0.08	0.08	1.08
银行工作年限	0.03*	0.01	2.38
员工心理授权	0.44***	0.06	7.12
团队层面变量			
团队规模	0.02	0.01	1.33
服务型领导	0.48***	0.10	4.86

注：N=83 个团队。
* $p<0.05$；** $p<0.01$；*** $p<0.001$.

H5-2 工作对家庭的冲突（个体层面变量）会调节服务型领导（团队层面变量）与员工心理授权（个体层面变量）的关系。遵循以往的研究，在检验交互作用时，我们先将自变量标准化，然后再构造乘积项（Lechner et al., 2010）。如表 5-4 所示，服务型领导与工作对家庭的冲突的交互作用不显著（$\gamma = -0.03, t = -0.23, p > 0.05$）。所以，H5-2 不成立。

H5-3 家庭对工作的冲突（个体层面变量）会调节服务型领导（团队层面变量）与员工心理授权（个体层面变量）的关系。结果显示，家庭对工作的冲突是负向调节服务型领导和员工心理授权的关系（$\gamma = -0.43, t = -3.19, p < 0.01$）。因此，H5-3 成立。

表 5-4　　　　　　　　跨层次的调节分析结果（员工心理授权）

变量	相关系数	标准差	t 值
个体层面变量			
性别	0.03	0.02	1.53
受教育程度	0.01	0.03	0.07
银行工作年限	0.07*	0.01	2.44
工作对家庭的冲突	-0.03	0.04	-0.88
家庭对工作的冲突	-0.04	0.04	-0.98
团队层面变量			
团队规模	-0.02	0.02	-0.92
服务型领导	0.46**	0.13	3.43
跨层次乘积项			
服务型领导 × 工作对家庭的冲突	-0.03	0.14	-0.23
服务型领导 × 家庭对工作的冲突	-0.43**	0.13	-3.19

注：N=83 个团队。
* $p<0.05$;　** $p<0.011$.

依照 Aiken 和 West（1991）步骤，我们进一步描绘交互图，使用最后一个方程中未标准化的回归系数和截距绘制交互作用图。图 5-2 显示了服务型领导与家庭对工作冲突的交互作用对员工心理授权的影响。H5-3 得到验证。

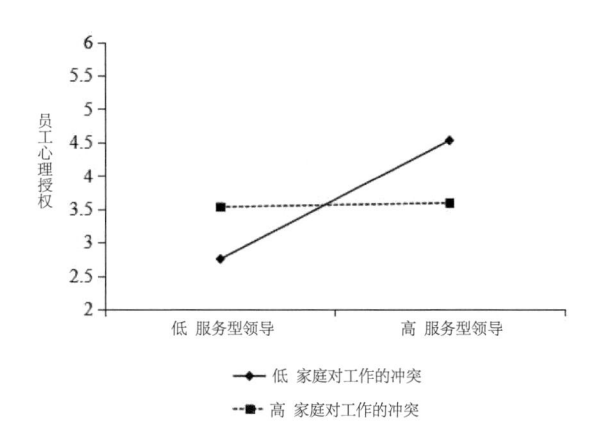

图 5-2　服务型领导与家庭对工作冲突的交互作用对员工心理授权的影响

第五节　结论与讨论

基于自我决定理论，本章探讨了服务型领导如何通过心理授权的中介机制来影响员工创造力。我们发现，员工心理授权在服务型领导和员工个人创造力之间具有部分中介作用。本章的结论为 Liden 等（2014）所提出论点"可能有其他的中介机制作用于服务型领导和个人及团队结果变量之间的关系"提供了实证依据。

此外，进一步检验工作—家庭冲突在领导力和创造力之间的调节作用，我们发现家庭对工作的冲突跨层次调节作用于服务型领导和员工心理授权之间的关系。我们的结果表明，家庭对工作的冲突可以减小服务型领导对员工心理授权的积极作用。这一发现进一步扩展了先前的有关工作—家庭冲突角色作用的研究。我们的研究同时也响应了 Hammer 等（2011）的呼吁，进一步探索了工作—家庭冲突的调节效应。

然而，我们发现工作对家庭的冲突对服务型领导和员工心理授权的调节作用不显著。一个可能的原因是，工作对家庭的冲突和家庭对工作的冲突是两种截然不同的冲突，两者的作用机制不同。具体而言，工作对家庭的冲突主要是指工作干扰家庭生活的程度，其可能更多的负面影响于员工的家庭，所以可能主要导致的是员工家庭方面有关的问题。而服务型领导对员工心理授权的积极作用主要指的是对员工工作方面的影响。这意味着，服务型领导对员工心理授权的作用不太可能受到工作对家庭冲突的影响。这一点表明，无论员工的工作对家庭冲突高或者低，服务型领导的支持和鼓励都有助于提高员工的心理授权。

第六章 服务型领导对个人创造力的影响研究
——LMX 的中介效应

第一节 引言

在过去的十多年的时间里,服务型领导和员工个人创造力之间的关系受到了越来越多学者及实践者的关注(Neubert et al., 2008; Yoshida et al., 2014; Neubert et al., 2016; Newman et al., 2018)。服务型领导是指注重提升诚信、帮助他人、致力于促进发挥员工全部潜力的领导者(Yang et al., 2017; Hoch et al., 2018)[1][2]。服务型领导可以通过授权员工,优先满足员工的需求,以及激发员工的全部潜能来鼓励和支持追随者。服务型领导能够有助于提高员工的内在动机和创造性行为的投入(van Dierendonck, 2011; Chan and Mak, 2014; Neubert et al., 2016)。

服务型领导被学者认为与员工创造力积极相关(例如,Neubert et al., 2008; Yoshida et al., 2014)。但事实上,最近的实证研究显示出模棱两可的结果(Vessey et al., 2014)。虽然上述实证研究证实了服务型领导与员工创造力之间呈正向积极关系,但其他研究发现这种关系并不显著(Newman

---

[1] J. Yang, H. Liu, and J. Gu, "A Multi-level Study of Servant Leadership on Creativity: the Roles of Self-efficacy and Power Distance", *Leadership & Organization Development Journal*, Vol. 38, No. 5, 2017, pp. 610-629.

[2] J. E. Hoch, W. H. Bommer, J. H. Dulebohn, and D. Wu, "Do Ethical, Authentic, and Servant Leadership Explain Variance Above and Beyond Transformational Leadership? A Meta-analysis", *Journal of Management*, Vol. 44, No. 2, 2018, pp. 501-529.

et al., 2018）。这些不确定的结论及发现引起了学者对简单的服务型领导与员工创造力关系的质疑（Neubert et al., 2016; Newman et al., 2018）。服务型领导对创造力的研究结果的差异性说明两者的关系是复杂的，因此，有必要探索通过什么中介机制，以及在什么样的边界条件下，服务型领导作用于员工创造力。

心理机制在领导力与个体结果变量的关系中扮演着重要的中介角色（例如，Chiniara and Bentein，2016）。但是，服务型领导和员工创造力之间的潜在心理机制仍然没有被完全理解。鉴于服务型领导可以影响员工对其领导和团队的心理联系（Walumbwa et al., 2010），而这种心理联系最终会促进员工创造力（Shalley and Perry-Smith, 2001），需要进一步明确联结服务型领导和员工创造力之间关系的潜在心理中介机制。因此，本书的第一个目标是研究服务型领导与员工创造力之间关系背后的心理过程机制。

在本书中，我们将从社会交换的角度来强调员工对他们与领导者的社会交换关系的看法的作用，我们提出领导—成员交换（LMX）可能是服务型领导与员工创造力关系的重要中介心理机制。事实上，已经有学者提出，LMX 是领导者影响员工的重要心理过程（van Knippenberg et al., 2004; van Knippenberg et al., 2007）。具体而言，LMX 被定义为领导者与下属之间关系的质量（Graen and Scandura, 1987）[①]，被认为是一种核心的社会交换机制。社会交换理论指出，个体被激励着向重视他们和他们的贡献的个人表现出积极的态度和行为（Blau, 1964; Gu et al., 2018）。根据社会交换理论，服务型领导者的真诚关怀和利他行为可能是 LMX 的重要激励因素，并可能进一步影响追随者的行为，如员工创造力。因此，本书的第一个目的是通过考察 LMX 在服务型领导和员工创造力关系中的心理中介作用机制来扩展早期的研究。

学者已经注意到边界条件的重要性，开始研究在什么边界条件下，

---

① G.B. Graen, and T.A. Scandura, "Toward A Psychology of Dyadic Organizing", *Research in Organizational Behavior*, Vol. 9, 1987, pp. 175-208.

服务型领导具有更好的有效性（Zhang et al., 2012; Neubert et al., 2016; Newman et al., 2017）。服务型领导对 LMX 的影响程度可能取决于情境因素，比如工作压力。工作压力是指"一种由工作或者与工作相关的因素造成的心理应激"（LePine et al., 2005）[1]。作为一个重要的情境因素，工作压力可能会限制服务型领导对追随者结果的影响。具体而言，工作压力会消耗员工的个体资源（步琼等，2018）。自我损耗理论认为，意志行为依赖于有限的能量（Gailliot et al., 2007），随着有限的能量消耗，这些个体从事其他意志行为的可用能量会减少（Baumeister et al., 1998）。因此，工作压力会削弱员工感知或利用服务型领导的关注、尊重、支持和鼓励的能力，从而降低服务型领导的有效性（Baumeister et al., 1998; Carlson et al., 2012）。因此，研究工作压力对服务型领导与 LMX 关系的调节作用具有重要意义。

鉴于以上所述，本书将探讨服务型领导对员工创造力的影响作用机制。具体而言，本书旨在运用社会交换理论来检验 LMX 作为服务型领导影响员工创造力的重要心理中介机制。同时，我们想检验情境因素工作压力在服务型领导和 LMX 之间的调节作用。

第二节　理论假设

一　服务型领导与个人创造力

服务型领导理论近年来受到学者的重点关注，服务型领导指出领导者必须首先为追随者服务（Hoch et al., 2018）。实证研究表明，服务型领导对员工个人成果具有积极的影响作用，如工作态度（van Dierendonck, 2011; Chan and Mak, 2014）、组织公民行为（OCB）（Ehrhart, 2004; Walumbwa et al., 2010; Newman et al., 2017）和绩效（Hunter et al. 2013; Chiniara and Bentein,

---

[1] Jeffery A. LePine, P. Podsakoff Nathan, and A. LePine. Marcie, "A Meta-analytic Test of the Challenge Stressor–hindrance Stressor Framework: An Explanation for Inconsistent Relationships Among Stressors and Performance", *Academy of Management Journal*, Vol. 48, No. 5, 2005, pp. 764-775.

2016）等。虽然学者开始关注服务型领导与员工创造力之间可能存在的联系，但关于这二者之间关系的本质尚未达成共识（Newman et al., 2018）。

在本书中，我们认为服务型领导对员工创造力有积极的影响。首先，服务型领导者可以通过授权、优先满足员工的需要、激发员工的全部潜能来鼓励和支持他们的追随者，从而有助于提高员工的内在动机和创造性行为的参与度（Liden et al., 2015; Neubert et al., 2016）。其次，服务型领导者对其追随者的利益和需要表现出真正的关心。因此，这种领导力更易于促进员工在工作场所的心理安全感和信任感（Hu and Liden, 2011; Yoshida et al., 2014; Liden et al., 2015）。最后，研究还表明，当领导者表现出服务型领导行为时，员工更倾向于展示相互支持、交流和关心他人的行为，从而提高员工自身的心理安全（Liden et al., 2015）。这将同时降低寻找创造性方法解决问题的风险，从而有利于提高追随者的创造力（Liden et al., 2014; Yoshida et al., 2014）。因此，服务型领导被认为与追随者的创造力呈正相关关系。因此，本书提出以下假设。

H6-1：服务型领导与员工创造力积极相关。

然而，一些学者认为，服务型领导可能会间接影响员工的创造力。例如，Neubert 等（2008）认为，服务型领导与促进焦点密切相关，从而进一步提高了员工的创造力。Liden 等（2014）认为，服务型领导与服务文化和员工认同呈正相关关系，这将导致员工创造力的提高。这些研究揭示了关注服务型领导和员工创造力之间关系的中介变量的重要性。

二 LMX 的中介作用

社会交换理论，它被定义为"至少两个人之间有形或无形、或多或少有回报或代价的活动交换"（Homans, 1961）[①]。社会交换理论根植于社会心理学，它将社会变化解释为人与人之间的互动交换过程（Blau, 1964; Cropanzano and Mitchell, 2005）。社会交换理论的基本原则是社会关系中互

[①] G. C. Homans, *Social Behavior and Its Elementary Forms*, New York: Harcourt, Brace and World, 1961.

惠的"规范规则"（Blau, 1964）。互惠原则表明，那些受到他人友好对待的人可能会觉得自己有义务或责任做出善意的回应（Blau, 1964; Cook and Rice, 2003; Awee et al., 2014）。

社会交换理论作为将领导行为与员工绩效联系起来的理论框架，在当前的实证研究中得到了广泛的应用（例如，Chen et al., 2014）。LMX，即员工与其领导者之间的交流，被认为是社会交换的核心机制，解释了领导者如何影响追随者的结果，包括创造力（Wang et al., 2005）。社会交换理论为我们的模型提供了与它的理论基础一致的总体框架。具体地说，我们认为服务型领导会促进领导者与员工之间的交流关系（即 LMX），而高质量的 LMX 最终会促使员工创造性活动的愿望的提升，从而将提升员工创造力。

（一）服务型领导和 LMX

LMX 是一种社会交流过程，它反映了领导者和员工之间关系的好坏（Graen and Scandura, 1987）。交换质量取决于双方相互信任、尊重和欣赏。已有文献提出，这种与员工交流的质量可以由领导行为决定（Mahsud et al., 2010）。同时，领导力相关的文献也进一步将各种领导行为作为 LMX 的前因变量（例如，Newman et al., 2015; Gu et al., 2018）。因此，我们提出服务型领导将积极作用于 LMX。首先，服务型领导者乐于为追随者服务，并为追随者的发展牺牲自身利益（Bass, 2000; Barbuto and Hayden, 2011）。服务型领导渴望个人、组织、社区和社会的积极发展（Liden et al., 2008）。因此，表现出愿意将追随者的利益置于自身利益之上的服务型领导者，很可能会获得追随者的信任和奉献，从而带来更高质量的 LMX（Barbuto and Hayden, 2011）。

此外，服务型领导对跟随者表现出真正的关心和尊重，鼓励追随者参与决策过程并为他们提供参与决策的机会（Newman et al., 2015; Yang et al., 2019）。基本社会交换理论，服务型领导行为将会释放一个信号给员工，让员工认为自己与领导具备良好的关系，这将导致员工对他们的领导者展示积极情绪，从而促进员工和服务型领导者之间的情感交流和互动。

综上所述，我们认为服务型领导与 LMX 呈积极相关。

（二）LMX 和员工创造力

LMX 被广泛认为是员工创新的重要前提（Gu et al., 2015）。高质量的领导—成员关系意味着员工可以从领导那里获得团队资源和心理支持（Graen and Uhl-Bien, 1995）。根据社会交换理论，下属渴望奖励，如果能从领导那里获得上述支持、信任等资源，他们就会努力工作，进行创造性活动，表现出较高的创造性（Xu et al., 2012）。他们获得的资源和支持在从事创造性活动中是必要的。LMX 较高的员工，他们更愿意承担创新的风险，他们会表现出较高的创造力。因此，我们认为高水平的 LMX 将提升员工创造力。

（三）LMX 的中介作用

基于上述讨论，我们可知服务型领导可以对员工创造力产生直接的影响。但是根据社会交换理论，LMX 则能更好地对员工创造力进行预测。也就是说服务型领导可以通过 LMX 来影响员工创造力。本书认为，LMX 在服务型领导与员工创造力关系中具备中介作用。因此，本书提出以下假设。

H6-2：LMX 在服务型领导与员工创造力之间有显著的中介作用。

三 工作压力的调节作用

（一）工作压力

多年来，人们对压力的定义各不相同。最初，它被认为是来自环境的压力，然后是个人内心的紧张。目前普遍接受的定义是情境与个体之间的相互作用（Salem, 2015）[1]。它是当个人的资源不足以应付环境的需求和压力时所产生的心理和生理状态。因此，压力在某些情况下比在其他情况下更容易出现，在某些个体中比其他个体更容易出现（Michie, 2002）。压力大的员工在工作中更有可能不健康、积极性差、效率低、不安全，他们的

---

[1] Islam El-Bayoumi. Salem, "Transformational Leadership: Relationship to Job Stress and Job Burnout in Five-star hotels", *Tourism and Hospitality Research*, Vol. 15, No. 4, 2015, pp. 240-253.

组织也不太可能在竞争激烈的市场中取得成功。据估计，工作压力给国民经济造成了惊人的损失，包括病假工资、生产力下降、医疗保健和诉讼费用等（Palmer et al., 2004）。

来自组织压力文献的证据表明，压力有五个主要类别的来源（Thomas and Herson, 2002）。第一，压力与工作本身有关，包括超负荷的工作、工作时间、决策自由和物理工作环境。第二，基于角色的压力包括角色冲突、角色模糊和工作责任。第三，压力与人际关系的变化有关，包括与经理、主管、下属和同事的关系。第四，职业压力是指缺乏职业发展和晋升机会以及工作不安全感。第五，还有与工作—家庭界面相关的压力源，包括忠诚冲突、从一个领域到另一个领域的需求溢出和生活事件等（Cleveland et al., 2007; Salem and Kattara, 2015）。

（二）工作压力的调节作用

自我损耗理论认为，一个人的意志行为依赖于有限的资源，如能量或力量（Baumeister et al., 1998; Gailliot et al., 2007）。因此，一个意志行为可能会对随后的意志产生不利影响（Baumeister et al., 1998）。意志行为包括控制环境或自我、做出选择和发起行动（Thau and Mitchell, 2010）。换句话说，当有限的资源被耗尽时，自我的执行功能和绩效往往会受损（Schmeichel et al., 2003; Carlson et al., 2012）。

工作压力作为一个重要的情境因素，可能会限制服务型领导对追随者结果的影响。具体而言，工作压力会消耗员工的个体资源（步琼等，2018）。自我损耗理论认为，意志行为依赖于有限的能量（Gailliot et al., 2007），随着有限的能量消耗，这些个体从事其他意志行为的可用能量会减少（Baumeister et al., 1998）。当员工的工作压力较高时，他们需要消耗更多的资源来应对工作压力。这将导致员工具有较低水平的动机与领导者进行情感交流和互动，从而进一步致使LMX行为的减少。此外，工作压力会削弱员工感知或利用服务型领导的关注、尊重、支持和鼓励的能力，这将降低服务型领导的有效性（Baumeister et al., 1998; Carlson et al., 2012）。因此，服务型领导对LMX的积极影响作用将会被削弱。

如前所述，我们认为工作压力会潜在削弱服务型领导对 LMX 的积极作用。因此，我们提出以下假设。

H6-3：当员工的工作压力较高时，服务型领导与 LMX 之间的积极关系将被减弱。

根据上面的研究假设，理论框架如图 6-1 所示：

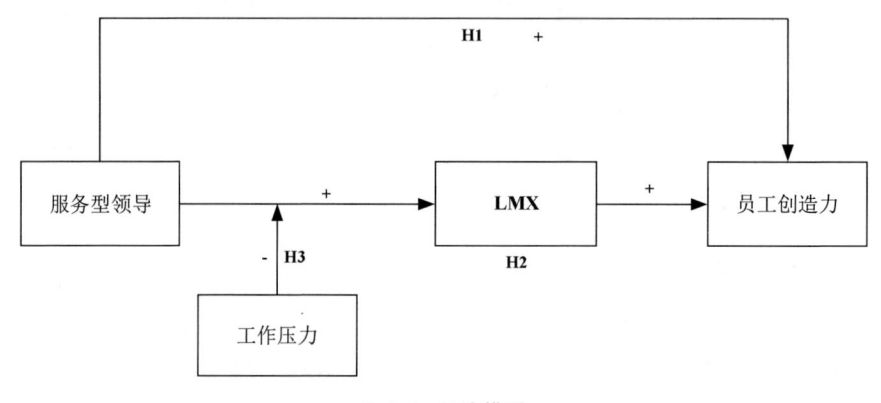

图 6-1 研究模型

第三节 研究设计

一 研究对象

本书通过与国内 11 家银行的合作，采用便利抽样调查的方法对上述假设进行检验。研究小组联系了这些银行的高级管理人员，并详细阐述了研究的目的。所有的银行经理都同意支持这项研究，最后，有 28 家银行分行的员工被邀请参与了这项研究调查。每个银行分行由 3 个团队组成，各自有不同的业务任务。具体来说，3 个团队分别专注于公司的金融服务、个人金融服务和结算业务。研究人员向 28 个分支机构的 84 个团队发放了调查问卷。大部分数据是通过纸质问卷收集的，这些问卷被分发给员工，并指导员工在现场完成调查问卷。其余的则通过银行分行经理协助发放和收集，由分行经理组织员工填写并提交电子版调查问卷。参与者都被告知了研究的目的及相关信息。每份问卷都采用数字编码，以确保研究调查的保密性,并为研究人员提供了进一步匹配参与者与其团队进行分析的能力。所有收集到的信息都是安全并保密的。研究小组通过线上和线下共向员工发放调查问卷564份,回收可用问卷为466份(回复率=83%)。

样本数据显示,参与问卷调查的员工中,一半以上(58%)的参与者是女性,绝大多数(74%)的年龄在21—30岁,90%的参与者都是本科或本科以上学历。参与者在该银行工作的平均时间为5年。

本书样本数据的基本情况如表6-1所示。

表6-1 样本基本情况

变量	基本情况	人数	比例(%)
性别	男	195	41.8
	女	271	58.2
年龄	≤20岁	1	0.2
	21—30岁	343	73.6
	31—40岁	95	20.4
	41—50岁	22	4.7
	≥51岁	5	1.1
受教育程度	专科	49	10.5
	本科	356	76.4
	硕士及以上	61	13.1
银行工作年限	≥5年	201	43.1

注:N=466。

二 研究变量

为了保证有效性,调查中使用的测量量表都是已有文献的成熟量表。本书采用"回译法"来保证一致性(Brislin,1970)。

(一)因变量

员工创造力 该变量量表选自Baer和Oldham(2006),共4个题项,例如,"我经常提出解决工作问题的创新性方案"和"我经常提议用新方法执行工作任务",该量表由团队成员自评。Cronbach's α 值为 0.88。尽管目前的研究显示,学者大都采用领导测评员工的个人创造力(Gong et al., 2013),但是员工自评的测评方法也是可以接受的(Shalley et al., 2009; Dul et al., 2011)。

(二)自变量

服务型领导 测量采用 Ehrhart(2004)的量表。该量表共有 14 个题项。由团队员工测评整个团队中所展现的服务型领导的程度。例如,"我所在团队领导试图在重要决策上与员工达成一致意见"和"我所在团队领导努力帮助员工不断提升自己"(1=完全不同意;5=完全同意)。服务型领导的 Cronbach's α 值为 0.91。之所以选择这个服务型领导量表,是因为它已经被广泛使用,并在之前的研究中得到了验证,同时与其他服务型领导的测量方法具有重要的理论和实证考虑(Nerbert et al., 2008; Walumbwa et al., 2010; Newman et al., 2017)。此外,之所以采用 Ehrhart(2004)的量表,是因为它被用于衡量个人层面和中国情境下的服务领导力(Newman et al., 2017)。

LMX 该变量的测量采用 Graen(1995)开发的量表,共 7 个题项。由团队成员采用李克特 5 点量表进行自评(1=完全不同意;5=完全同意)。例如,"团队领导理解我的工作困难和需求""不管是否在他的职权范围内,团队领导都会尽力帮我解决工作难题""我与团队领导保持着良好的工作关系"。LMX 的 Cronbach's α 值为 0.89。

工作压力 该变量的量表采用 Keller 等(2001)的工作压力量表,共 3 个题项。由团队成员采用李克特 5 点量表进行自评(1=完全不同意;5=完全同意)。例如,"我感受到工作压力"和"工作给我带来挫折感"。工作压力的 Cronbach's α 值为 0.75。

控制变量 本书控制了人口统计学变量,包括性别、受教育程度和工作年限,因为这些变量可能在员工创造力中发挥重要作用(Shalley and Gilson 2004)。

第四节　数据分析结果

一　验证性因素分析

我们使用 LISREL 来进行验证性因素分析，以检验本书测量模型的结构效度。我们检验了假设测量模型的 4 个变量（即服务型领导、LMX、员工创造力、工作压力）的 CFA。结果表明，由"服务型领导""LMX""员工创造力""工作压力"组成的四因素模型与研究结果吻合较好 [χ^2 (df = 339) = 1008.09, p < 0.001, RMSEA = 0.065, CFI = 0.97, SRMR = 0.059]。结果表明所有测量题项的因子载荷值符合标准。综上所述，这些结果证明本章假设的四因素测量模型的结构效度较好，支持了我们的测量区分效度。

二　描述性统计和相关分析

表 6-2 显示了各变量的均值、标准差、相关系数和内部一致性系数。

表 6-2　研究变量的均值、标准差、相关系数和内部一致性系数

变量	均值	标准差	1	2	3	4	5	6	7
1. 性别	0.42	0.49							
2. 受教育程度	3.03	0.49	0.05						
3. 银行工作年限	4.71	3.10	-0.08	-0.24***					
4. 服务型领导	3.91	0.48	-0.03	0.03	-0.05	(0.91)			
5. 工作压力	3.28	0.34	0.11*	-0.02	0.10*	-0.05	(0.75)		
6. LMX	3.93	0.50	-0.01	0.07	-0.10*	0.61***	0.02	(0.89)	
7. 员工创造力	3.64	0.67	0.06	-0.01	0.08	0.35***	0.10*	0.35***	(0.88)

注：N=83 个团队，包含 466 名员工，信度系数 α 值在对角线的括号内。
* p<0.05；*** p<0.001。

共同方法偏差分析：结果表明，有 6 个因素的特征值大于 1，解释了总变化的 72.8%，其中特征值最大的因子解释了总变化的 25.6%。因此，共同方法偏差问题在我们的研究中并不严重。

三 假设检验

表 6-3 中的模型 4 显示,服务型领导与员工创造力之间存在显著的正相关关系（$\beta = 0.36, p < 0.001$）。因此,H6-1 得到了支持。

H6-2 提出了一个中介模型。服务型领导与 LMX（$\beta = 0.60, p < 0.001$,模型 2）和员工创造力（$\beta = 0.36, p < 0.001$,模型 4）都呈正相关关系。LMX 与员工创造力显著相关（$\beta = 0.36, p < 0.001$,模型 5）。此外,当我们增加了 LMX 作为中介变量时,服务型领导与员工创造力之间的关系仍然是显著的（$\beta = 0.22, p < 0.001$,模型 6），这表明 LMX 部分中介了服务型领导与员工创造力之间的关系。H6-2 得到了支持。

表 6-3　LMX 的中介分析结果

	LMX		员工创造力			
	模型 1	模型 2	模型 3	模型 4	模型 5	模型 6
性别	-0.02	0.01	0.06	0.07	0.07	0.07
受教育程度	0.04	0.03	0.02	0.01	-0.01	0.01
银行工作年限	-0.10*	-0.07	0.09	0.11*	0.13**	0.12**
服务型领导		0.60***		0.36***		0.22***
LMX					0.36***	0.23***
R^2	0.01	0.37	0.01	0.15	0.15	0.17
ΔR^2	0.01	0.36	0.01	0.14	0.14	0.16
F	2.02	68.17***	1.70	18.21***	18.53***	18.69***
ΔF	2.02	263.18***	1.70	67.02***	68.27***	43.70***

注：N=466。
* $p<0.05$;　** $p<0.01$;　*** $p<0.001$.

H6-3 指出,工作压力会调节服务型领导与 LMX 的关系。遵循以往的研究,在检验交互作用时,我们先将自变量标准化,然后再构造乘积项（Lechner et al., 2010）。如表 6-4 所示,工作压力负向调节服务型领导和 LMX 的关系（$\gamma = -0.14, t = -3.78, p < 0.001$）。因此,H6-3 成立。

表 6-4　　　　　　　　工作压力的调节分析结果（LMX）

	LMX			
	模型 1	模型 2	模型 3	模型 4
性别	-0.02	0.01	-0.02	-0.01
受教育程度	0.04	0.03	0.03	0.02
银行工作年限	-0.10*	-0.07	-0.07	-0.07
服务型领导		0.60***	0.60***	0.63***
工作压力			0.17***	0.16***
服务型领导 × 工作压力				-0.14***
R^2	0.01	0.37	0.40	0.42
ΔR^2	0.01	0.36	0.03	0.02
F	2.02	68.17***	61.47***	55.09***
ΔF	2.02	263.18***	22.16***	14.30***

注：N=466。
* $p<0.05$；*** $p<0.001$。

依照 Aiken 和 West（1991）步骤，我们进一步描绘交互图，使用最后一个方程中未标准化的回归系数和截距绘制交互作用图。图 6-2 显示了服务型领导与工作压力的交互作用对 LMX 的影响。H6-3 得到进一步验证。

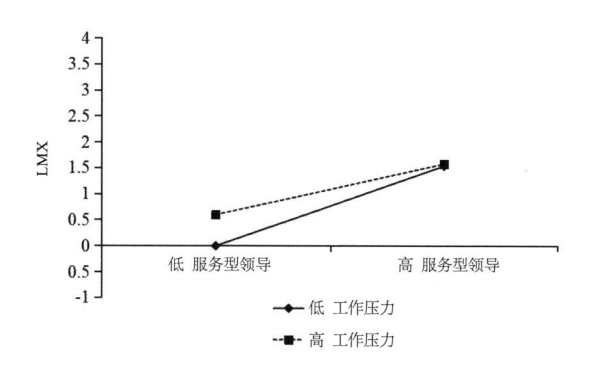

图 6-2　服务型领导与工作压力的交互作用对 LMX 的影响

第五节　结论与讨论

基于社会交换理论,本章探讨了服务型领导如何通过 LMX 的心理中介机制来影响员工创造力。我们发现,LMX 在服务型领导和员工个人创造力之间具有部分中介作用。本章的结论为学者 Liden 等(2014)所提出论点"可能有其他的中介机制作用于服务型领导和个人及团队结果变量之间的关系"提供了实证依据。

此外,进一步检验工作压力在服务型领导力和员工创造力之间的调节作用,我们发现工作压力负向调节作用于服务型领导和 LMX 之间的关系。我们的研究结果表明,工作压力可以减小服务型领导对 LMX 的积极作用。这一发现进一步拓展了先前的有关工作压力作用角色的研究。

第七章 服务型领导对个人及团队创造力的影响研究

第一节 引言

鉴于领导者在工作场所的重要作用,领导力被广泛地认为是个人及团队创造力的一个重要影响因素(Shin and Zhou, 2007; Liden et al., 2014)。最近,学者们已经指出服务型领导对个人和团队创造力具有重要的理论意义和潜在的重要影响(Neubert et al., 2008; Liden et al., 2014; Yoshida et al., 2014)。服务型领导反映了这样一种领导力,他们的关注点主要在于帮助下属的发展,并致力于开发追随者的潜能(Liden et al., 2014)。虽然一些学者认为,服务型领导和变革型领导这两种领导风格在概念上有一些相似之处(Yoshida et al., 2014),但是,服务型领导从理论上来说是不同于变革型领导的,服务型领导主要"通过理想化的方式影响于员工,而且不强调其自身的直接利益"(Demir, 2008)[1]。尽管现有文献已经对服务型领导和创造力之间的关系提供了丰富的研究支撑,但是,学者Liden等(2014)[2]指出,"探索服务型领导和个人及团队结果变量之间的中介机制"是重要的和非常有必要的。

相关文献指出"变革型领导和服务型领导的主要区别在于领导的关

---

[1] K. Demir, "Transformational Leadership and Collective Efficacy: The Moderating Roles of Collaborative Culture and Teachers' self-efficacy", *Eurasian Journal of Educational Research*, Vol. 33, 2008, pp. 93-112.

[2] R. C. Liden, S. J. Wayne, C. Liao, and J. D. Meuser, "Servant Leadership and Serving Culture: Influence on Individual and Unit Performance", *Academy of Management Journal*, Vol. 57, No. 5, 2014, pp. 1434-1452.

注点不同"（Gregory Stone et al., 2004）[①]。服务型领导与创造力之间的中介机制是不同于变革型领导的。例如，服务型领导注重于下属的需求，而变革型领导更关注组织目标（Liden et al., 2015）。服务型领导的这种关注能够帮助员工努力工作，进而提升员工创造力。与此同时，变革型领导强调直接指导于员工，而服务型领导更侧重于激励和促进员工的服务精神和自我管理（Gregory Stone et al., 2004）。这种关注会使得服务型领导能够培养团队成员的幸福感和团队归属感，这将有助于促进团队创造力的提升（Walumbwa et al., 2010; Liden et al., 2014）。

基于服务型领导理论和自我效能理论，我们提出个人自我效能感和团队效能感作为中介变量将影响服务型领导的机制。根据自我效能理论的观点，自我效能信念与一个人的动机和结果绩效密切相关（Cherian and Jacob, 2013）。自我效能感，是指个体对自己具有组织和执行达到特定成就的能力的信念（Bandura, 1997）。自我效能感作为一个特别的中介变量作用于领导力和结果变量之间的关系（Tierney and Farmer, 2002; Hu and Liden, 2011）。但是，很少有实证研究使用多层次方法调查个人自我效能感和团队效能感在服务型领导和个人及团队创造力之间的中介作用（Nielsen et al., 2009; Walumbwa et al., 2010）。因此为了深入研究服务型领导和员工创造力及团队创造力的多层次关系机制，引入自我效能机制应该是一个有益的探索。

Chen 等（2002）[②] 还强调，"效能信念在个体层面（自我效能感）与员工个人结果密切相关，在团队层面（团队效能）与组织结果密切相关"。虽然个体创造力和团队创造力在本质上是相互依存的（Yoshida et al., 2014），但是这两者的关注点是不同的（Taggar, 2002; Pirola-Merlo and Mann, 2004）。团队创造力不是个人创造力的简单聚合，因为团队创造力涉及整个团队成员的交互和沟通过程（Taggar, 2002）。因此，服务型领导

[①] A. Gregory Stone, R. F. Russell, and K. Patterson, "Transformational Versus Servant Leadership: A Difference in Leader Focus", *Leadership and Organization Development Journal*, Vol. 25, 2004, pp. 349-361.

[②] G. Chen, and P. D. Bliese, "The Role of Different Levels of Leadership in Predicting Self-and Collective Efficacy: Evidence for Discontinuity", *Journal of Applied Psychology*, Vol. 87, No. 3, 2002, pp. 549-556.

对团队创造力的机制不同于服务型领导对个人创造力的机制。在这种情形下，有关服务型领导风格对员工个人及团队创造力的影响机制已经受到越来越多的学者关注（Chen and Bliese, 2002; Nielsen et al., 2009）。因此有必要通过实证研究方法探索自我和团队效能感在服务型领导与创造力之间的跨层次中介影响机制。

相关文献进一步表明，领导力对个人及团队创造力的影响往往会受到特定的组织情境因素的影响（Wendt et al., 2009）。例如，Hale 等（2007）指出，服务型领导将会受到权力距离的影响。权力距离作为文化价值观的一个重要指标，它用来描述对于权力的默认接受程度（Earley and Gibson, 1998; Yang et al., 2007）。权力距离在许多领域受到越来越多的关注和认可。它在追随者如何应对领导者的关系中扮演着一个特定的角色（Wendt et al., 2009; Kirkman et al., 2009）。具体而言，权力距离可能会限制服务型领导方法可以被视为有效性的程度（Hale and Fields, 2007）。因此，我们探索权力距离对服务型领导和自我及团队效能感之间关系的调节作用具备重要的理论意义和实践意义。

为了弥补以上的不足，在自我效能理论的基础上，本书旨在探索服务型领导对员工及团队创造力的多层次影响机制。具体而言，本书将建立服务型领导、自我效能感、团队效能感对员工及团队创造力的多层次影响模型。在个体层面，我们认为个人创新自我效能感可能会中介作用于服务型领导和员工个人创造力之间的关系。同时，在团队层面，我们认为团队效能感可能会中介作用于服务型领导和团队创造力。我们也将研究团队权力距离在服务型领导和个人创新自我效能感及团队效能感之间的调节作用。此外，我们将使用多层线性回归模型（HLM）来检验我们的跨层次假设。

第二节　理论假设

一　服务型领导与个人及团队创造力

最近，学者们已经越来越关注服务型领导和员工创造力之间的关系

（Neubert et al., 2008; Liden et al., 2014）。服务型领导理论表明，服务型领导能够为下属提供鼓励和支持，通过授权、优先满足下属的需求，并不断地刺激下属的潜能，从而提升员工的工作绩效和促进其参与创新性行为（Liden et al., 2015）。另外，服务型领导非常关心下属的利益和需求，超过对他们自己个人利益和需求的关心，这将提升他们下属的心理安全感和对工作环境的信任（Hu and Liden, 2011; Yoshida et al., 2014; Liden et al., 2015）。随后，这种真诚关心的感觉将提升下属的创造力。Hale 和 Fields（2007）指出，服务型领导通常关注于其下属的发展，目的在于提升员工承担创造性方法的能力，以使员工在工作中承担更多的工作责任。因此，我们认为服务型领导将有利于激发员工的创造力。

同时，服务型领导也被认为是团队创造力的一个重要前因变量（Hu and Liden, 2011; Yoshida et al., 2014）。服务型领导可以通过提升团队成员的有效认知过程，促进针对问题的有效沟通，从而提升团队成员的创新动机（Shin and Zhou, 2007; Hu and Liden, 2011）。此外，服务型领导更多体现的是整个团队成员的价值理念，而不是他们个人的需求和目标，这将有利于服务型领导培养员工共同努力实现创造性理念（Hu and Liden, 2011; Yoshida et al., 2014）。Yoshida 等（2014）[1]指出，服务型领导真诚的关心团队成员的利益和团队的发展，所以他们能够影响团队成员通过支持团队成员的创新性计划，并为这些计划的实现提供额外的努力和支持。因此，我们认为服务型领导对于团队创造力具有重要的影响作用。

然而，一些学者指出，服务型领导对个人或团队结果的影响可能是间接的。例如，Neubert 等（2008）表明，程序正义氛围和服务氛围部分中介作用于服务型领导和员工的组织公民行为。Liden 等（2014）指出，服务型领导积极作用于服务型文化，进而提高员工的角色内绩效。Hu 和 Liden（2011）也指出，服务型领导通过影响程序正义氛围，服务氛围和服务型文

---

[1] D. T. Yoshida, S. Sendjaya, G. Hirst, and B. Cooper, "Does Servant Leadership Foster Creativity and Innovation? A Multi-level Mediation Study of Identification and Prototypicality", *Journal of Business Research*, Vol. 67, No. 7, 2014, pp. 1395-1404.

化，从而进一步影响团队过程和结果。因此，探索服务型领导和个人及团队创造力之间的中介机制是非常有意义的。此外，Yoshida 等（2014）还揭示了团队层面的创新支持调节作用于服务型领导和员工创造力的中介模型，当团队创新支持越高时，这种积极关系越强烈。以上这些研究为服务型领导在个体及团队层面的中介机制和调节机制提供了实证依据。

二 创新自我效能感的中介作用

Bandura 指出，自我效能感是指"个体对于自己具有组织和执行达到特定成就的能力的信念"（Bandura, 1995）[①]。更简单地说，自我效能感是一个人相信自己能够完成工作任务的自我信念的函数（Bandura, 1986）。例如，Williams 和 Williams（2010）[②] 指出，"当个体具有高水平的自我效能感时，他们会将困难的任务当作机遇去挑战，而不是当成威胁去避免"。因此，我们认为自我效能感对一个人的学习能力、工作动机及工作绩效有着重要的影响作用（Lunenburg, 2011）。此外，Tierney 和 Farmer（2004）[③] 认为，"效能水平可能会影响到员工享受创新性活动、开始创新性行动和维持创新性工作的程度"。一个强大的创新自我效能感对于创新性行动是非常重要的（Tierney and Farmer, 2004）。基于本书的实用性要求，我们主要使用个人创新自我效能感这个术语，反映的是员工认为自己有能力产生创造性结果的程度（Tierney and Farmer, 2002）。因此，在本书中，我们认为个人创新自我效能感中介作用于服务型领导和员工创造力之间的关系。

（一）服务型领导和个人创新自我效能感

领导力是效能信念的一个重要前因变量。首先，领导者能够帮助员工明确角色，并为员工提供社会支持（Chen and Bliese, 2002）。而服务型领

[①] A. Bandura, *Self-Efficacy in Changing Societies*, New York: Cambridge University Press, 1995.

[②] Trevor Williams, and Williams Kitty, "Self-efficacy and Performance in Mathematics: Reciprocal Determinism in 33 nations", *Journal of Educational Psychology*, Vol. 102, No. 2, 2010, pp. 453-466.

[③] Pamela Tierney, and M. Farmer. Steven, "The Pygmalion Process and Employee Creativity", *Journal of Management*, Vol. 30, No. 3, 2004, pp. 413-432.

导作为这样一种领导力,他们热衷于为员工提升工作技能,并且支持他们完成创造性的工作目标,因此这种领导方式对员工的创新自我效能感具备显著的积极作用(Walumbwa et al., 2010)。其次,服务型领导关心下属的个人发展,通过更好的理解员工的需求、知识、目标和能力,重点关注员工的创新能力(Walumbwa et al., 2010)。最后,Liden 等(2015)指出,服务型领导通过优先满足下属的需求和充分激发他们的潜能,为其下属提供支持和鼓励。因此,有了这些支持和鼓励,服务型领导更有可能激励追随者成功实现工作目标,包括创新性的工作任务的信心,从而增加员工的创新自我效能感(Bandura, 1997; Walumbwa et al., 2010; Tierney and Farmer, 2011)。

(二)个人创新自我效能感和员工创造力

创新自我效能感是员工创造力的一个重要前因变量(Bandura, 1999)。自我效能理论表明,增强员工的自我效能感,能够影响员工在遇到新的或困难的任务时所付出的努力程度及其持久性(Bandura, 1997)。当面对困难的任务时,创新自我效能感高的员工将直面挑战,并将其看作需要学习和掌握的东西。员工的这种兴趣和掌握任务的动机将会促使他们成功克服困难和实现工作目标。同时,当员工具有高水平的创新自我效能感时,他们将会更有信心执行新的或者困难的任务,更愿意承担风险,从而更具有创造性(Bandura and Locke, 2003; Tierney and Farmer, 2011)。因此,当员工的创新自我效能感越高,他们会增加参与创新相关的行为,从而最终产生更多的创造性结果。

(三)个人创新自我效能感的中介

基于上述的讨论,我们可知服务型领导可以对员工创造力产生直接的影响。但是根据自我效能理论,员工的创新自我效能感能更好地对员工创造力进行预测。也就是说服务型领导可以通过员工创新自我效能感来影响员工创造力。本书认为员工创新自我效能感在服务型领导与员工创造力关系中可能起到中介作用。因此,本书提出以下假设。

H7-1:员工的创新自我效能感在服务型领导与员工创造力之间有显

著的中介作用。

三 团队效能感的中介作用

Bandura（1997）认为，个体的自我效能感通过效能感的共享能够扩展到集体层面。集体效能的定义是"一组共享的效能信念，是有关于集体成员共同组织和执行达到特定成就的能力的信念"（Bandura, 1997）[1]。集体效能不是个体成员效能信念的简单总和，其发展独立于个人的效能（Bandura, 2000）。Bandura（1997）指出，集体效能涉及个体成员效能信念、工作动机和工作绩效的复杂交互及互惠的社会影响，远远超过个体成员单个自主性的影响。因此，我们可以知道将集体效能的概念区别于个体的效能感是非常有意义的。同时，因为我们的研究主要关注的是团队单位。基于本书的实用性要求，我们主要使用团队效能感这一术语，反映的是一个团队整体关于其成功执行一个特定任务的能力的信念（Gully et al., 2002）。此外，我们认为团队效能感将中介作用于服务型领导和团队创造力之间的关系。

（一）服务型领导和团队效能感

服务型领导理论认为，开发和保持服务型领导和其团队之间的交流和互动是非常重要的（Liden et al., 2008; Hu and Liden, 2011）。服务型领导和团队之间的交互过程可以促进服务型领导探索和识别团队成员的优势和潜力（Liden et al., 2015）。同时，因为服务型领导更加关注员工的利益，这将使服务型领导可以获得团队成员的集体信任，并建立长期的关系。在这些条件下，通过对所有团队成员展示真正的关心，并提供支持协助整个团队实现创新性目标，服务型领导将有利于提升团队关于开发创造力的集体效能感（Hu and Liden, 2011; Liden et al., 2008; Liden et al., 2015）。

此外，服务型领导可以通过激发团队成员对于团队创新的心理承诺，进而促进团队成员的团队效能感。具体来说，团队创造力需要团队成员之

---

[1] A. Bandura, *Self-efficacy: The Exercise of Control*, New York, NY: Freeman, 1997.

间的协作，而这依赖于团队成员对于团队能够解决意想不到的问题和挑战的信心。服务型领导鼓励下属互相帮助，指导团队成员更好地理解不断变化的环境，从而促进团队成员对于团队创新的心理承诺（Zaccaro et al., 2002）。这样的集体心理承诺将有助于提高团队成员的团队效能感（Hu and Liden, 2011）。

（二）团队效能感和团队创造力

相关文献进一步表明，由于团队效能感密切联系团队成员的动机和团队创造力的相关过程，因此团队效能感可能会影响团队创造力（Shin and Zhou, 2007）。具体而言，团队创造力要求团队成员有意愿去打破正常的程序，将冒险视为挑战去掌控，付出更多的努力以产生新颖的、潜在的和有用的想法。在面对困难时，与同事之间齐心协力，作为一个整体的团队协调运作（Amabile, 1988; Zhou and George, 2001）。此外，团队效能感可以确保团队成员具有更高的动机参与冒险和挑战。因此，团队效能可能会增加团队成员的信心，这将影响团队成员对创造性活动的参与性和持久性（Shin and Zhou, 2007）。从而，拥有高水平集体效能感的团队更容易参与和坚持团队创造力相关的过程，并进一步产生更多的团队创造性成果。

（三）团队效能感的中介作用

基于上述的讨论，我们可知服务型领导可以对团队创造力产生直接的影响。但是根据自我效能理论，团队效能感能更好地对团队创造力进行预测。也就是说服务型领导可以通过团队效能感来影响团队创造力。本书认为团队效能感在服务型领导与团队创造力关系中可能起到中介作用。因此，本书提出以下假设。

H7-2：团队效能感在服务型领导与团队创造力之间有显著的中介作用。

四 权力距离的调节作用

（一）权力距离

权力距离作为文化价值观的一个重要指标，它用来描述对于权力的默认接受程度（Earley and Gibson, 1998; Yang et al., 2007）。权力距离在许多领域受到越来越多的关注和认可。在社会层面，权力距离是指"一个社会对于机构和组织中权力分配不均的接受程度"（Hofstede, 1980）[1]。随着 Hofstede 的文化价值观实证研究的发展，学者们开始强调在个体层面对文化价值观进行研究（Kirkman et al., 2006; Farh et al., 2007）。在个体层面，权力距离是指"个体对于机构和组织中权力分配不均的接受程度"（Hofstede, 2001）。从定义来看，具有高权力距离文化价值观的员工会相信地位的差异是与生俱来的，并且将更倾向服从于权威人物，例如他们的领导者。在这样的文化价值观下，权力之间的较大差异性变得更容易接受（Yang et al., 2007; van Dierendonck, 2011）。先前的研究已经对权力距离的调节作用进行了相关探索，研究发现权力距离调节作用于以下关系：程序公正氛围和个体层面的结果变量（Yang et al., 2007）；个人感知的组织支持和工作产出（包括情感性组织承诺、工作绩效和组织公民行为）（Farh et al., 2007）；变革型领导和程序公正（Kirkman et al., 2009）；授权和团队参与（Zhang and Begley, 2011）；辱虐型领导和员工幸福感（Lin et al., 2013）；等等。

学者 Earley 等（1998）强调需要在团队层面对权力距离进行学术探讨。其他学者也开始呼吁在团队层面评估文化价值观的相关构念（Earley and Gibson, 1998）。同时，Salanova 等（2005）指出，当一个特定的价值观在团队内得到充分的分享时，某些行为模式对团队成员将会变得可接受或者更为关键。就权力距离而言，Yang 等（2007）指出团队成员的权力距离可以被聚合到团队层面，具备特定社会互动模式的团队将会具有更大的组织权威和权力。此外，先前的研究也表明在个体层面，服务型领导的影响将会受到权力距离的限制（Hale and Fields, 2007）。那么在团队情境下，服务型领导的影响也将受到团队权力距离的影响。因此，为了测试这个命题，我们在本书中将使用团队权力距离这个构念，其定义是"团队成员共享的一种价值观，是关于权威应该得到尊重，同时应该被合理地支配到下

---

[1] Geert Hofstede, "Motivation, Leadership, and Organization: Do American Theories Apply Abroad?", *Organizational Dynamics*, Vol. 9, No. 1, 1980, pp. 42-63.

属的职位上"（Yang et al., 2007）[①]。

（二）团队权力距离在服务型领导和个人创新自我效能感之间的调节作用

当团队权力距离较高时，团队成员将更有可能相信地位的差异是与生俱来的，并且将更倾向尊重和服从于权威人物（Farh et al., 2007）。在这种情况下，员工认为权威的行为是理所当然的（Lin et al., 2013）。服务型领导是这样一种领导风格，他们支持和鼓励员工，通过授权、优先满足下属的需求和提升下属的创新能力，以使员工能够创造性地解决问题和在工作中承担更多的责任（Hale and Fields, 2007; Liden et al., 2015）。然而，这些努力是否有效，取决于下属是否有能力和意愿去独立完成工作（Hofstede, 2001; Fields et al., 2006; Lin et al., 2013）。当团队权力距离较高时，下属往往更倾向于接受权威型的领导，并依赖于他们的领导能够明确进一步的工作方向。在这种情境下，员工将认为服务型领导并不是非常有效的，这将导致他们对领导的不信任（Hale and Fields, 2007; Lin et al., 2013）。同时，员工也将会更少地依赖于他们的领导，不太在意领导对其的支持和鼓励。因此，服务型领导对员工创新自我效能感的影响作用将会减弱。

相反，当团队权力距离较低时，团队成员往往相信他们有参与权，认为他们与上级之间的地位是平等的（Farh et al., 2007）。在这种情况下，员工认为他们与领导的观点有分歧是正常的，而且认为自己能够与领导平等地谈判规则（Farh et al., 2007; Lin et al., 2013）。当团队权力距离低时，像服务型领导这种倾向于鼓励员工创造性地解决问题和在工作中承担更多责任的领导者更易于让下属接受和视为积极型领导力（Liden et al., 2005）。同时，员工也更倾向于认为服务型领导行为能够减少管理者和下属之间的权力不平衡（Lin et al., 2013）。这种感知会让员工进一步认为领导者和下属之间的关系是平等的。此外，服务型领导强调支持和鼓励下属的发展，这将致使员工欣赏和信任他们的领导（Hofstede, 2001; Hale and Fields,

---

[①] Jixia Yang, W. Mossholder Kevin, and K. Peng. Tai, "Procedural Justice Climate and Group Power Distance: An Examination of Cross-level Interaction Effects", *Journal of Applied Psychology*, Vol. 92, No. 3, 2007, pp. 681-692.

2007; Liden et al., 2015）。而员工和其领导之间的这种信任关系，将有利于服务型领导劝服员工相信自己具有创新能力，从而帮助员工建立创新自我效能感（Tierney and Farmer, 2011）。因此，服务型领导对员工创新自我效能感的影响作用将会增强。

综上所述，本书提出以下假设。

H7-3：当团队权力距离较高时，服务型领导与员工创新自我效能感之间的积极关系将被减弱。

（三）团队权力距离在服务型领导和团队效能感之间的调节作用

当团队权力距离较高时，团队成员会更加强调地位的高低，他们会避免随意性，并在工作过程中遵守组织的政策和所建立的程序（Yang et al., 2007）。团队成员也更倾向于服从权威、遵守组织的规则，并期望他们的领导者使用指令性的沟通方式（Kirkman et al., 2009）。相反，服务型领导涉及领导者与员工的交互过程，在这个交互过程中领导者可以通过鼓励团队成员的优势和挖掘团队成员的潜能来帮助整个团队的提升（Hu and Liden, 2011）。然而，服务型领导的这些努力是否有效取决于整个团队的成员是否愿意与领导者进行交流和互动。当团队权力距离较高时，团队成员认为团队规则要求他们遵循指令，因此他们很少与团队领导者进行交流和互动（Yang et al., 2007）。在这种情境下，团队成员将会评估服务型领导不是特别有效的领导者（Hale and Fields, 2007; Lin et al., 2013），这将导致他们较低水平地信任领导者。而下属对领导者的低信任度也将会降低团队成员对整个团队能力的信任（Hu and Liden, 2011）。

当团队权力距离较高时，团队成员之间的信任感也更低（Oudenhoven et al., 1998），这将降低他们与团队其他成员交流信息时的安全感（Zhang and Begley, 2011）。当团队权力距离较高时，团队成员之间的交流因为受到资历、职业地位和性别差异的影响而变得相对不舒适（Cheung and Chow, 1999）。一些学者指出，减少团队成员之间的交互和协作，将减少团队成员对他们团队能力的信任（Hu and Liden, 2011）。因此，服务型领导对团队效能感的影响将被减弱。

相反，当团队权力距离较低时，非正式的交互可能会更频繁，有关规则和任务的讨论将会更加普遍（Yang et al., 2007）。团队成员将会与他们的领导有更多的参与和互动。服务型领导对员工的这种鼓励信息共享和参与决策制定的人际风格，将鼓励团队成员更多地参与和建言（Yang et al., 2007）。因此，当团队权力距离较低时，团队成员不仅更愿意接受服务型领导这种方式，而且更愿意与他们的领导者进行互动和交流（Yang et al., 2007; Liden et al., 2015）。同时，服务型领导对团队成员展示出了真诚的关心，这将帮助他们获得团队成员的信任感，并建立长期的关系。此外，下属对领导者的信任将会促进团队成员对整个团队能力的信任（Hu and Liden, 2011）。这种集体信任将有益于服务型领导提升团队成员的团队效能感（Hu and Liden, 2011）。因此，服务型领导对团队效能感的影响将得以加强。

当团队权力距离较低时，团队成员之间的交流更加舒适，而不受资历、职业地位和性别差异的影响（Cheung and Chow, 1999）。同时，团队成员在与其他成员交流信息时将感觉到更安全（Zhang and Begley, 2011）。一些学者也指出，团队成员之间的交互和协作将提升团队成员对他们团队能力的信心（Hu and Liden, 2011）。因此，当团队权力距离较低时，服务型领导对团队效能感的影响将得以加强。

综上所述，本书提出以下假设。

H7-4：当团队权力距离较高时，服务型领导与团队效能感之间的积极关系将被减弱。

根据上面的研究假设，理论框架如图 7-1 所示：

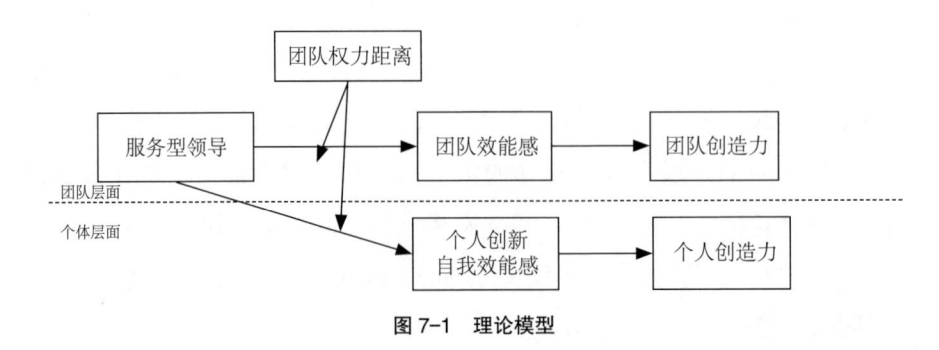

图 7-1 理论模型

第三节 研究设计

一 数据收集

本书的数据来自于中国的 11 家银行。通过便利抽样的调查方法，本书团队通过联系这些银行的高管，获取了他们的支持，最后有 28 家营业网点参与调查。我们共发放 84 个团队的调查问卷，并邀请了团队领导及员工参与此次调查。为了提高问卷的回复率，我们通过电话沟通、邮件提醒等方式跟踪问卷填写。最后，成功回收了 83 个团队的调查问卷，其中团队领导的回复率为 98%；而团队员工的回复率为 83%。回收的样本中，女性数据稍微居多（团队领导中 54% 是女性，团队员工中 58% 是女性）。96% 的团队领导及 90% 的团队员工都是本科及以上学历。一半左右的团队领导者年龄在 31—40 岁这个年龄区间，而团队员工有 74% 都在 21—30 岁这个年龄区间。同时，团队领导中有一半以上都具有超过 11 年的银行工作年限。

二 变量测量

本书使用的都是成熟的量表，原始量表均来自于英文文献。我们邀请 3 名专家使用的"回译法"对问卷的题项进行的翻译和修正。本书的调查问卷具有良好的内容效度。

（一）因变量

个人创造力　该变量量表选自 Baer 和 Oldham（2006），共 4 个题项。由团队成员采用李克特 5 点量表进行自评，1 分表示"非常不同意"，5 分表示"非常同意"。例如，"我经常提出解决工作问题的创新性方案"和"我经常提议用新方法执行工作任务"。该量表的信度系数为 0.88，具备良好的信度。

团队创造力　该变量量表采用 Gong 等（2013）开发的量表，共 4 个题项，例如"本团队善于提出很多新想法"和"本团队具有创造性"（1= 完全不同意；5=完全同意）。Cronbach's α 值为 0.90。该量表由团队员工自评，同时我们将员工个体层面的数据聚合到团队层面来测量的团队创造力。

（二）自变量

服务型领导　测量采用 Ehrhart（2004）的量表。该量表共有 14 个题项。由团队员工测评整个团队中所展现的服务型领导的程度。例如，"我所在团队领导将员工的个人发展作为首要任务"和"我所在团队领导让我感觉到是和他/她一起工作，而不是为他/她工作"（1=完全不同意；5=完全同意）。服务型领导的 Cronbach's α 值为 0.91。这表明量表具有良好的信度。

创新自我效能感　该变量的测量采用 Tierney 和 Farmer（2002）开发的量表。此量表有 3 个题项，例如，"我对自己创造性解决问题的能力充满自信"（1=完全不同意；5=完全同意），该量表由团队员工提供评价，α 值为 0.91。

团队效能感　团队效能感的测量量表选自 Amy Edmondson（1999）。该量表有 3 个题项，例如，"通过专注和努力，我们团队可以实现既定目标"（1=完全不同意；5=完全同意），团队员工评价的该量表，团队效能感的 Cronbach's α 值为 0.83。

团队权力距离　该变量的测量采用 Kirkman 等（2009）的个人权力距离价值观取向量表，共 8 个题项。例如，"员工不应当向团队领导提出异议"和"在工作中，团队领导有权让员工无条件服从"（1=完全不同意；5=完全同意）。团队成员参与的团队权力距离的测评，量表的信度系数为 0.86。

控制变量　本书将团队成员的性别、受教育程度和个人银行工作年限作为个人层面的控制变量，团队规模作为团队层面的控制变量。

三　分析策略

以往的文献揭示了团队创造力、团队效能感和团队权力距离也是团队层面的变量（Yang et al., 2007）。结果显示，团队创造力、团队效能感和团队权力距离的平均 Rwg 得分分别为 0.83、0.84 和 0.83，所有得分都超过 0.70 的阈值（James et al., 1984）。而组间方差 ICC（1）得分分别为 0.20、0.24 和 0.28，ICC（2）得分分别为 0.58、0.64 和 0.68。上述结果进一步证实和表明，团队创造力、团队效能感和团队权力距离也可以聚合成团队层面的变量。

第四节 数据分析结果

一 验证性因素分析

我们使用 LISREL 来进行验证性因素分析，以检验本书测量模型的结构效度。我们首先检验了个体层面变量员工创新自我效能感和个人创造力的 CFA。双因素测量模型提供了一个较好的数据结果，$\chi^2(df=13)=35.07$，$p<0.001$，RMSEA = 0.06，CFI = 0.99。而单因素测量模型（即所有的题项载荷都为单一因素）的数据结果不好，$\chi^2(df=14)=811.97$，$p<0.001$，RMSEA = 0.35，CFI = 0.82。综上所述，这些结果证明两个个体层面变量的结构效度较好。

然后，我们检验了团队层面 4 个变量（即服务型领导、团队效能感、团队权力距离和团队创造力）的 CFA。四因素测量模型提供了一个可以接受的数据结果，$\chi^2(df=355)=544.1$，$p<0.001$，RMSEA = 0.081，CFI = 0.95。结果表明所有测量题项的因子载荷值都符合标准。而单因素测量模型的数据结果不好，$\chi^2(df=377)=1921.99$，$p<0.001$，RMSEA = 0.224，CFI = 0.75。综上所述，这些结果支持我们的测量区分效度。

二 信度和效度检验

各个变量的均值、标准差、相关系数和内部一致性系数如表 7-1 所示。

表 7-1　　　　研究变量的均值、标准差、相关系数和内部一致性系数

变量	均值	标准差	1	2	3	4	5	6	7	8	9	10
1. 团队创造力	3.80	0.65	（0.90）									
2. 个人创造力	3.64	0.67	0.46***	（0.88）								

续表

	均值	SD	1	2	3	4	5	6	7	8	9	10
3. 团队规模	11.49	2.17	-0.12*	-0.05								
4. 性别	0.42	0.49	-0.01*	0.06	-0.06							
5. 受教育程度	3.03	0.49	0.06	-0.00	-0.13**	0.05						
6. 银行工作年限	4.71	3.10	-0.01	0.08	0.17***	-0.08	-0.24***					
7. 服务型领导	3.91	0.48	0.55***	0.35***	-0.16***	-0.03	0.03	-0.05	(0.91)			
8. 团队效能感	3.74	0.65	0.45***	0.27***	-0.14***	-0.06	0.09	-0.15***	0.37***	(0.83)		
9. 个人创新自我效能感	3.86	0.67	0.50***	0.56***	-0.05	0.01	0.08	0.06	0.44***	0.41***	(0.91)	
10. 团队权力距离	2.68	0.69	-0.07	-0.07	0.10*	0.11*	0.01	0.03	-0.18***	0.01	-0.08	(0.86)

注：N=83个团队，包含466名员工，信度系数α值在对角线的括号内。
* $p<0.05$; ** $p<0.01$; *** $p<0.001$.

共同方法偏差分析：同时，结果表明，有8个因素的特征值大于1，解释了总变化的72.5%，其中特征值最大的因子解释了总变化的16.2%。因此，共同方法偏差问题在我们的研究中并不严重。

三 跨层次的分析结果

H7-1是一个跨层次中介模型，假设个人创新自我效能感会中介作用于服务型领导和员工创造力的关系。首先，作为使用HLM的一个必要前提，我们先测试个人层面的因变量员工创造力是否会受到团队层面因素影响。根据零模型数据，我们发现组间方差结果是显著的（$\chi^2 = 160.79$, $p < 0.001$）。这些结果证明我们可以使用HLM来检验我们的跨层次假设。

对于H7-1的跨层次中介假设检验，本书将检验三个条件：（1）服务型领导对个人创造力的影响是显著的；（2）服务型领导对员工创新自我效能感的影响是显著的；（3）员工创新自我效能感对个人创造力的影响是显著的。表7-2总结了H7-1的HLM分析结果。第一步，服务型领导会显著影响个人创造力（$\gamma = 0.67$, $t = 5.61$, $p < 0.001$）。第二步，服务型领导正向影响员工创新自我效能感（$\gamma = 0.72$, $t = 5.41$, $p < 0.001$）。第三步，当服务型领导代入回归方程时，创新自我效能感正向影响个人创造力（$\gamma = 0.52$,

$t = 9.95$, $p < 0.001$），但是，服务型领导与个人创造力的关系系数降低了，由 0.67（$p < 0.001$）降低到 0.30（$p < 0.01$）。因此，H7-1 成立。

表 7-2　　　　　　　　　　跨层次的中介分析结果

变量	相关系数	标准差	t 值
第一步，DV= 员工创造力			
个体层面变量			
性别	0.11	0.07	1.58
受教育程度	0.09	0.08	1.07
银行工作年限	0.04**	0.01	2.78
团队层面变量			
团队规模	0.01	0.01	0.79
服务型领导	0.67***	0.12	5.61
第二步，DV= 员工创新自我效能感			
个体层面变量			
性别	0.01	0.06	0.19
受教育程度	0.19*	0.08	2.32
银行工作年限	0.02	0.01	1.94
团队层面变量			
团队规模	0.01	0.01	0.86
服务型领导	0.72***	0.13	5.41
第三步，DV= 员工创造力			
个体层面变量			
性别	0.10	0.06	1.60
受教育程度	-0.01	0.06	-0.21
银行工作年限	0.02*	0.01	2.24
个人创新自我效能感	0.52***	0.05	9.95
团队层面变量			
团队规模	0.00	0.01	0.39
服务型领导	0.30**	0.09	3.21

注：N=83 个团队。

* $p<0.05$；** $p<0.01$；*** $p<0.001$。

H7-3 提出团队权力距离（团队层面的变量）可以调节服务型领导与员工创新自我效能感，并且当团队权力距离越高时，服务型领导与员工创新自我效能感之间的积极关系将被减弱。遵循以往的研究，在检验交互作用时，我们先将自变量标准化，然后再构造乘积项（Lechner et al., 2010）。如表 7-3 所示，服务型领导与团队权力距离的交互作用不显著（$\gamma = -0.05$, $t = -1.85, p > 0.05$）。所以，H7-3 不成立。

表 7-3　　　　　　　跨层次的调节分析结果（员工创新自我效能感）

变量	相关系数	标准差	t 值
个体层面变量			
性别	0.01	0.06	0.19
受教育程度	0.19*	0.08	2.32
银行工作年限	0.02	0.01	1.94
团队层面变量			
团队规模	0.02	0.01	1.09
服务型领导	0.74***	0.13	5.66
团队权力距离	0.00	0.08	0.06
服务型领导 × 团队权力距离	-0.05	0.03	-1.85

注：N=83 个团队。
* $p < 0.05$; *** $p < 0.001$.

四　团队层次的分析结果

本书采用逐步回归分析法检验团队层面的中介假设。H7-2 指出团队效能感在服务型领导和团队创造力的积极关系间具有中介作用。表 7-4 总结了 H7-2 的团队层面数据的分析结果。第一步，服务型领导会显著影响团队创造力（$\beta = 0.60, t = 6.35, p < 0.001$）。第二步，服务型领导正向影响团队效能感（$\beta = 0.36, t = 3.43, p < 0.001$）。第三步，当服务型领导代入回归方程时，团队效能感正向影响团队创造力（$\beta = 0.39, t = 4.15, p < 0.001$），但是，服务型领导与团队创造力的关系系数降低了，由 0.60（$p < 0.001$）降低到 0.46（$p < 0.001$）。因此，H7-2 成立，团队效能感中

介服务型领导与团队创造力的关系。

表 7-4　　团队层面中介效应分析结果

变量	相关系数	标准差	t 值	R^2
第一步，DV= 团队创造力				0.40
控制变量				
性别	-0.04	0.14	-0.47	
受教育程度	0.03	0.17	0.29	
银行工作年限	0.01	0.02	0.07	
团队规模	-0.07	0.02	-0.76	
预测变量				
服务型领导	0.60***	0.14	6.35	
第二步，DV= 团队效能感				0.25
控制变量				
性别	-0.13	0.15	-1.28	
受教育程度	-0.01	0.18	-0.08	
银行工作年限	-0.18	0.02	-1.63	
团队规模	-0.09	0.02	-0.79	
预测变量				
服务型领导	0.36***	0.15	3.43	
第三步，DV= 团队创造力				0.51
控制变量				
性别	0.01	0.13	0.08	
受教育程度	0.03	0.15	0.35	
银行工作年限	0.08	0.02	0.83	
团队规模	-0.04	0.02	-0.46	
预测变量				
服务型领导	0.46***	0.13	5.00	
团队效能感	0.39***	0.09	4.15	

注：N=83 个团队。

*** $p<0.001$.

H7-4 提出团队权力距离可以调节服务型领导与团队效能感的关系，并且当团队权力距离越高时，服务型领导与团队效能感的关系越弱。如表 7-5 所示，服务型领导与团队权力距离的乘积项负向影响团队效能感（$\beta = -0.24$，$t = -2.28$，$p < 0.05$）。因此，H7-4 成立。

表 7-5　　　　　　团队层面调节效应分析结果（团队效能感）

变量	相关系数	标准差	t 值	R^2
性别	-0.19	0.16	-1.83	
受教育程度	0.01	0.18	0.07	
银行工作年限	-0.17	0.02	-1.64	
团队规模	-0.06	0.02	-0.51	
服务型领导	0.42***	0.15	3.95	
团队权力距离	0.16	0.09	1.40	
服务型领导 × 团队权力距离	-0.24*	0.03	-2.28	0.30

注：N=83 个团队。
* $p<0.05$; *** $p<0.001$.

图 7-2 显示了服务型领导与团队权力距离的交互作用对团队效能感的影响。H7-4 得到验证。

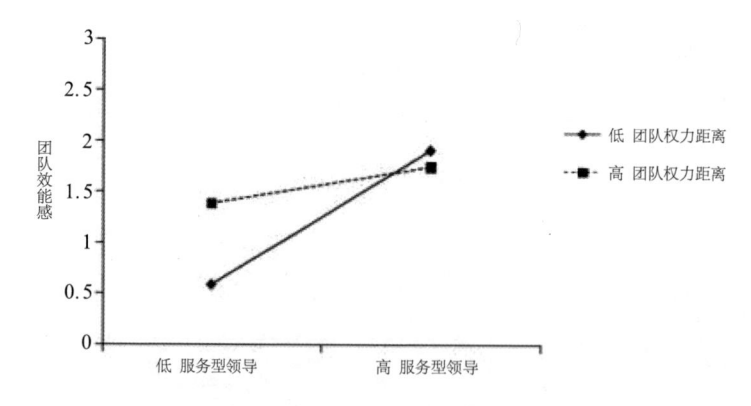

图 7-2　服务型领导与团队权力距离的交互作用对团队效能感的影响

第五节 结论与讨论

本章通过利用自我效能理论（Bandura, 1995），探索了服务型领导对员工个人及团队创造力的影响，以及中介机制。首先，在个体层面，我们发现员工创新自我效能感部分中介作用于服务型领导与员工创造力之间的关系。与此同时，在团队层面，团队效能感部分中介作用于服务型领导与团队创造力之间的关系。本书的结论为学者 Liden 等（2014）所提出的"可能有其他的中介机制作用于服务型领导和个人及团队结果变量之间的关系"提供了实证证据。

其次，我们发现团队层面的服务型领导能够跨层次同时作用于个体层面的员工创造力和团队层面的团队创造力。正如学者们声称，"应进一步检验领导力对于不同层次的影响作用"（Gooty et al., 2010; Yoshida et al., 2014）。顺应这一呼应，本书探索了服务型领导的多层次影响机制。

再次，本章通过检验文化价值观作为领导力和创造力之间的调节因素，我们发现团队权力距离调节作用于服务型领导和自我效能感的跨层次关系。研究结果表明，团队权力距离可能减少服务型领导和团队效能感之间的积极作用。因此，本书探索了权力距离作为服务型领导与结果变量的边界条件。这一发现与学者所提出的权力距离可能减少团队成员与团队领导及其他团队成员的互动的观点一致（Cheung and Chow, 1999; Yang et al., 2007）。

最后，我们发现团队权力距离对服务型领导和员工创新自我效能感的调节效应不显著。一个可能的原因是服务型领导对员工创新自我效能感的主导性作用。与其他形式的领导力不同（例如变革型领导），服务型领导非常关心员工的个人利益，通过支持和鼓励来管理员工，而不是通过权威（Walumbwa et al., 2010; Liden et al., 2014）。这意味着员工通常直接受到他们的服务型领导的管理或指导。这种员工与其领导的直接交互会限制情境因素的影响，如团队权力距离。这一点表明，无论团队权力距离高还是低，员工将专注于服务型领导的鼓励和支持，这将有利于提高员工的创新自我效能感。

第八章 研究结论与研究展望

在本章内容中,我们将主要讨论研究结论,对本书的理论贡献和实践意义进行总结,同时分析本书的不足之处,最后提出未来需进一步深入探讨的研究方向。

第一节 研究结论

一 服务型领导与员工离职意向

工作实践者和学者一直都比较关注于影响员工离职的相关因素(Jaramillo et al., 2009)。学者们逐渐认识到,领导者在挽留员工和减少员工离职率方面扮演着重要角色。研究一主要实证研究了服务型领导对员工离职意向的作用机理。研究一的数据结果显示,服务型领导会负向显著作用于员工离职意向,并且员工团队认同在服务型领导和员工离职意向之间起到中介作用。此外,水平集体主义和垂直集体主义文化价值观会调节作用于服务型领导和员工团队认同之间的关系。具体而言,当员工水平集体主义倾向越高,服务型领导和员工团队认同的积极关系会越强。相反,当员工垂直集体主义倾向越高,服务型领导和员工团队认同的正向关系会越弱。

二 服务型领导与个人创造力

为了进一步研究服务型领导及其结果变量的作用机理,一些学者已经呼吁进一步开发服务型领导的结果模型（Liden et al., 2015）。为了响应这一号召，研究二和研究三主要实证研究了服务型领导对员工个人创造力的作用机理。研究二的数据结果显示，服务型领导会正向作用于员工个人创造力，并且员工心理授权在服务型领导和个人创造力之间起到中介作用。同时，家庭对工作的冲突会调节作用于服务型领导和员工心理授权之间的关系，当家庭对工作的冲突越低，服务型领导和员工心理授权的关系越强。但是，工作对家庭的冲突对服务型领导和员工心理授权的关系的调节作用不显著。研究三的数据结果显示，服务型领导会正向作用于员工个人创造力，并且LMX在服务型领导和个人创造力之间起到中介作用。同时，工作压力会调节作用于服务型领导和LMX之间的关系，当员工的工作压力越高时，服务型领导与LMX的关系越弱。

三 服务型领导与个人及团队创造力

Gooty等（2010）和Yoshida等（2010）呼吁需要研究领导风格对于不同层次的影响作用机制。因此，研究四探讨了服务型领导如何同时作用于员工个人创造力和团队创造力的影响机制。研究四的数据结果显示，服务型领导会跨层次并正向作用于员工个人创造力和团队创造力。在个体层面，员工创新自我效能感在服务型领导与员工创造力之间具有中介效应。与此同时，在团队层面，团队效能感在服务型领导与团队创造力之间的关系具有中介作用。同时，团队权力距离调节作用于服务型领导和团队效能感的关系，当团队权力距离越低，服务型领导与团队效能感的关系越强。但是，团队权力距离在服务型领导和员工创新自我效能感之间的调节作用不显著。

第二节 理论意义

一 深化了服务型领导和员工离职意向及创造力之间的中介机制的研究

首先，基于社会认同理论视角，我们发现员工团队认同在服务型领导和员工离职意向之间发挥着重要的中介作用。因此，本书响应了学者的呼吁，进一步深化了服务型领导和员工离职意向之间的中介机制的研究。其次，据我们所知，很少有文献关注到自我效能感在服务型领导与创造力之间的中介作用机理（Liden et al., 2014; Yoshida et al., 2014）。本书深化了服务型领导和员工创造力之间的中介机制的研究，并探讨了心理授权和 LMX 作为重要的心理机制，在服务型领导和员工创造力之间具有的中介效应。因此，本书的结果丰富了服务型领导对员工心理机制的影响。更重要的是，本书结论可能为学者进一步考虑其他的潜在心理机制（如心理认知和情感等）提供了研究基础。此外，基于自我效能理论视角，本书提出了自我效能感对于服务型领导与创造力关系的中介作用。通过揭示自我效能感对于服务型领导和创造力之间的重要中介作用机制，本书深化了服务型领导对于创造力的重要作用机制。最后，本书结论进一步拓展了服务型领导力方面的研究，同时还有助于新兴研究领域整合研究领导力、认同、自我决定、社会交换和自我效能等理论（van Knippenberg et al., 2004; Walumbwa et al., 2011）。

二 深化了服务型领导对员工的心理及行为作用的边界条件研究

本书的结果有助于加深了解边界条件（如情境因素及个人因素）对服务型领导和员工个人及团队结果变量的影响机制。首先，本书强调了集体主义文化价值观的重要性。通过检验集体主义文化价值观这一情境因素在服务型领导与员工团队认同关系之间的调节作用，丰富了领导力相关方面的研究。尤其值得一提的是，本书分别检验了集体主义的两个维度（即水平集体主义和垂直集体主义）的不同调节作用机制。因此，我们的研究结果丰富并深化了有关区别水平集体主义和垂直集体主义这两个维度的研究。

其次，本书的结果将有助于加深了解边界条件（如个人因素及情境因素）对服务型领导和员工个人结果变量的影响机制。本书探讨了工作对家庭冲突和家庭对工作冲突这两个不同冲突的差异及其作用区别。我们的研究结果表明，虽然家庭对工作冲突调节作用于服务型领导和员工心理授权，但是工作对家庭冲突的调节效应不成立。这些结果也间接反映了这两个冲突变量的不同，以及其对领导作用的不同效果。因此，我们的研究结果丰富并深化了有关区别这两个冲突的研究。此外，本书还通过检验工作压力在服务型领导力和员工创造力之间的调节作用，发现工作压力负向调节作用于服务型领导和 LMX 之间的关系。因此，我们的研究结果支持了一个论点，即工作压力作为一个重要的情境变量，它将影响服务型领导对员工创造力的影响机制。

最后，本书通过检验权力距离的情境作用从而丰富了领导力方面的研究。当团队权力距离越低时，服务型领导对团队效能感的积极作用越强。这一研究结果佐证了以往学者提出的论点，即"权力距离可能限制服务型领导被视为有效性的程度"（Hale and Fields, 2007）。同时，通过考察服务型领导和团队权力距离之间的关系，我们可以梳理出哪些组合更适合团队效能感，识别这些组合对于提高团队创造力至关重要。因此，我们的研究结果支持了一个论点，即权力距离作为一个重要的情境因素，它将影响服务型领导对团队创造力的影响机制。同时，本书的结果也验证了前期学者所提出的服务型领导的有效性程度可能受到集体主义、权力距离等文化价值观影响的论点。

三 拓展了领导力和创造力的跨层次研究

以往关于创造力的研究主要为单层次研究，而本书是为数不多的响应学者的呼吁对领导力进行的跨层次影响机制检验。本书探索了服务型领导对于个人及团队创造力的作用机理，发现服务型领导积极作用于个人及团队创造力。因此，本书拓展了领导力和创造力的跨层次研究。同时，本书探讨了服务型领导通过不同的机制跨层次作用于员工个人和团队创造力。因此，我们的研究结果扩展了现有的对于个人和团队之间不同作用机制的理解，从而为进一步研究个人和团队创造力之间的不同机制提供了实证基础。

第三节 实践意义

一 在组织中积极推广和培养服务型领导风格

服务型领导行为可以满足多个利益相关者的需求，包括客户、员工、其他管理人员及组织所在的社区等。因此，在组织中可以大力推广和培养管理者的服务型领导风格。管理者应该被鼓励去从事服务型领导行为。实践中，组织可以使用服务型领导培训项目来关注于管理者服务型领导行为的发展。对于那些有潜力的领导可以进行服务型领导的项目培训。而对于那些服务型领导行为较低的领导者，组织可以进行重点干预和帮助。同时，可以通过对员工进行跟踪调查，来评估他们的经理人是怎样展示服务型领导行为。这将有助于继续指导这些经理人的职业发展。此外，还可以通过性格评估来考察员工是否具有服务型领导风格的行为特征（例如服务于他人等），这将作为选择和提升员工时可以参考的因素。

二 提高员工对组织和团队的认同感以降低员工离职率

管理者可以考虑提高员工对组织和团队的认同感和归属感，从而进一步降低下属的离职意向和离职行为。研究结论强调了提高员工团队认同的重要性。我们的研究结果表明，管理者们能够通过提高员工的团队认同来降低他们的离职意向。因此，当管理者在考虑怎样降低员工离职率时，他们可以首先考虑提高员工对组织和团队的认同感和归属感，从而进一步降低下属的离职意向和离职行为。

三 培养授权氛围、促进 LMX 及提升自我效能信念，以提升员工及团队的创新性结果

首先，本书的研究结论证实了服务型领导可以通过提高下属的心理授权，从而进一步改善员工的工作绩效和创新性行为。管理者需要理解重点发挥服务型领导的角色作用，通过培养授权的氛围能够促进员工创造力的

提升。同时，管理者可以利用授权策略，确保与他们的下属保持高水平的相互信任，尊重下属，增强下属员工的参与权与自主权，并为下属提供支持和鼓励以帮助他们开发新技能和实现其创新性目标（Walumbwa et al., 2010）。总而言之，管理者需要提升授权氛围，这样将有利于提高员工个人创造力。

其次，我们的研究结果表明，以 LMX 作为重要的心理中介机制，服务型领导与员工创造力之间呈正相关关系。因此，促进员工与领导者建立高质量的关系将有益于提升员工创造力。同时，LMX 的提升可以通过改善沟通和增强领导与员工关系的团队建设活动来实现。

最后，管理者应认识到发展自我效能信念可以增强员工个人及团队创造力的重要性。因此，可以将增强管理者提升员工个人创新性自我效能感和团队效能感的技能内容纳入到领导培训项目中。同时，研究结果显示，鼓励管理者从事服务型领导行为非常重要，因为这将有利于提高员工的自我效能信念，最终将提升员工的创新性结果。

四 有助于理解文化价值观（集体主义和权力距离）的作用机理

首先，研究结果指出组织中的集体主义文化会对领导风格与员工结果变量之间的关系起到调节作用。当个人水平集体主义倾向较高时，员工的团队认同感和归属感也会更强。此时，水平集体主义文化价值观能够使得服务型领导风格对员工团队认同的正向作用更强。但是，当个人垂直集体主义倾向较高时，服务型领导对员工团队认同的正向作用会被减弱。因此，根据集体主义的调节作用，为了让员工的团队认同感发挥更大的作用，降低员工的离职意向和离职行为，组织应该更多地鼓励个人水平集体主义文化价值观的建立，除了选拔具有水平集体主义导向的员工外，还可以在组织中将宣扬水平集体主义文化价值观和将水平集体主义行为作为考核员工的重要依据等。

其次，本书研究结论显示，当团队权力距离较低时，服务型领导和团队效能感的关系会更积极。因为当团队权力距离高时，团队成员们更倾向于接受权威型领导和依赖于他们领导的明确指示。因此，此时的领导者需要展示出权威型领导风格，为下属员工提供特定的方向，而不是像服务型领导这种授权式的领导风格。同时，本书研究显示，当团队权力距离较高时，员工不太可能只受到服务型领导行为的影响，相反，他们可能需要通过不同的或者附加的领导风格。同时，研究结果也强调了文化价值观的差异性对管理实践的重要作用。因此，为了加强团队成员之间的互动，提升团队创造力，组织应该在团队中建立更加平等和低权力距离的文化价值观。

五　有助于理解个人因素（工作—家庭冲突）和情境因素（工作压力）的影响机理

本书的研究结果有利于管理者们更好地理解个人因素（工作—家庭冲突）对于不同管理行为及其对心理授权的影响。具体而言，当员工的家庭对工作冲突较低时，此时管理者采取服务型领导的方式，对于促进员工个人心理授权的提升作用更强。我们提到工作对家庭的冲突和家庭对工作的冲突是两个截然不同的冲突，我们发现这两个变量是互惠的和双向影响的，并且是高度相关的。因此，我们需要同步关注这两种冲突。同时，本书的结论也将有利于管理者们更好地理解情境因素（工作压力）对于不同管理行为及其对 LMX 的影响。具体而言，当员工的工作压力较低时，此时管理者采取服务型领导的方式，对于促进 LMX 的提升作用更强。此外，组织可以通过任务管理、人员调度、工作设计和灵活的工作安排等来减少工作—家庭冲突和工作压力。

第四节　研究局限和研究展望

综合来看，我们的研究存在一些局限性，需要在未来的研究中加以改善和解决。

第一，我们的研究采用的都是横截面数据研究，没能对研究设计中所涉及的变量进行明确的因果关系推论。所以，本研究的重要关系结论只是证明这些变量之间呈相关性，而不是证明因果关系。例如，服务型领导与个人及团队创造力之间的积极关系可能会变得复杂化，因为它们在不同的时期可能会产生变化。因此，将来可以考虑进行纵向研究来更好地分析我们研究设计中所涉及的变量的重要因果关系。

第二，我们的研究都采用的是自我测评的方式来检验我们的假设，这可能会导致一些偏差。虽然从我们的测试结果及分析可知，常见的共同方法偏差问题在我们的研究中并不严重，数值基本都在可接受范围内。但是，如果将来我们能够收集到多个数据源的测量数据，将会提升我们数据的质量。所以，未来的研究可以扩展到使用多数据源来研究变量，这样也将能够使得研究结果更具有客观性和避免偏差。例如，有关员工创造力这个变量在本书中主要采用的是团队员工自评。在未来的研究中，我们可以尝试采用团队领导或者同事来评价员工个人的创造力。

第三，在实证研究中，因为团队层面变量的直接感知会比较模糊，分析过程也较为复杂。因此，在研究过程中团队层面的变量大多数都是采用的个体层面感知变量的聚合（van Mierlo et al., 2009）。因此，本书中我们主要采取的是个体感知的变量聚合到团队层面进行的测量，如服务型领导、团队效能感和团队权力距离等。虽然我们测量的团队中样本数量（如团队规模最小不能少于 3 人）及团队总体数量都符合研究要求，但是并不是所有的团队成员的个体感知都聚合到团队层面变量。因此，这将会影响到研究中团队层面变量测量的准确性。此外，受文化差异的影响，对于离职意向这些比较敏感问题的测量过程中，员工个体可能会倾向于采用比较委婉和温和的方式来表达自己的情绪和观点。因此，上面所提到的问题在一定程度上可能会影响到问卷的准确测量。

第四，在本书中，我们只考虑了员工团队认同、员工心理授权、LMX 和自我效能的中介作用。在未来的研究中，我们可以考虑进一步探索其他的中介机制。事实上，我们的研究结果只支持了员工团队认同、员工心理授权、LMX、创新自我效能感和团队效能感在服务型领导和员工离职意向及创造力之间所具备的部分中介效应。因此，我们鼓励未来的研究可以进一步探索和考察其他的潜在中介机制（如认知和情感等其他心理机制）来促进我们进一步了解服务型领导是如何影响员工的态度和行为。

第五，在本书中，我们只是重点关注了工作—家庭冲突（员工个人因素）、工作压力（情境因素）和集体主义及权力距离文化价值观（情境因素）在服务型领导力和员工离职意向及创造力的改善机制中的调节作用。但是，在现有研究中有关于同一个模型同时考虑多种员工个人因素或者情境因素的研究还相对较少。因此，在未来的研究中，我们可以尝试考虑其他员工个人因素和情境因素以及多种组合来进一步检验其对领导力及员工态度及行为的作用机制。

第六，本书问卷调查中的样本仅选择银行为对象，限制了本书的外部效度。同时，可能会存在不同行业的差异，研究结果的普遍性将受到限制。因此，未来的研究应该检验和涉及更多的行业，以提高研究结论的普遍性。

附录1 团队创造力调查问卷(团队成员填写)

尊敬的先生/女士:

您好!

非常感谢您在百忙之中抽出宝贵的时间与我们合作。我们正在进行一项关于**团队创造力**的研究,您所提供的信息对我们的研究将有很大帮助。**本次调查全部采用匿名方式进行,我们保证您所提供的所有信息都将绝对保密!** 问卷的答案没有对错之分,请您按照自己的真实想法作答。若您对本次问卷有何疑问,请联系:××××××××××。

感谢您对这次调查的支持与配合!

中国科大管理学院创造力研究小组

1. 下列各项描述了**您个人的创造力情况**,请在您认为合适的选项上打"√"。

序	题项	完全不同意	不同意	不确定	同意	完全同意
1	我提出许多改善团队工作条件的创新性想法	□	□	□	□	□
2	我经常提出解决工作问题的创新性方案	□	□	□	□	□
3	我经常提议用新方法执行工作任务	□	□	□	□	□
4	我很善于提出创新性想法	□	□	□	□	□

2. 下列各项描述了**您个人的绩效情况**,请在合适的选项上打"√"。

序	题项	完全不同意	不同意	不确定	同意	完全同意
1	我为整个工作团队的绩效做出了重大贡献	□	□	□	□	□
2	我是我们工作团队的优秀员工之一	□	□	□	□	□

续表

序	题项	完全不同意	不同意	不确定	同意	完全同意
3	我总能按时完成工作任务	□	□	□	□	□
4	我的工作绩效总是能符合领导的期望	□	□	□	□	□

3. 下列各项描述了**您个人的建言情况**，请在您认为合适的选项上打"√"。

序	题项	完全不同意	不同意	不确定	同意	完全同意
1	就本团队可能出现的问题，我会积极思考并提出自己的建议	□	□	□	□	□
2	我积极地提出**使本团队受益的新方案**	□	□	□	□	□
3	我积极地提出**改善本团队工作流程的建议**	□	□	□	□	□
4	我积极地提出**帮助团队实现目标的建设性意见**	□	□	□	□	□
5	我积极地提出**改善本团队运营的建设性意见**	□	□	□	□	□
6	我会劝告同事不要做有损工作绩效的事	□	□	□	□	□
7	即使有反对意见，我也会坦率地指出那些严重损害团队的问题	□	□	□	□	□
8	即使会让同事难堪，我也敢于对本团队中影响效率的现象发表意见	□	□	□	□	□
9	即使会影响我和同事的关系，我也敢于指出本团队存在的问题	□	□	□	□	□
10	我会积极向团队领导反映工作中出现的不协调问题	□	□	□	□	□

4. 下列各项描述了**您所在团队的创新能力**，请在合适的选项上打"√"。

序	题项	完全不同意	不同意	不确定	同意	完全同意
1	本团队善于提出很多新想法	□	□	□	□	□
2	本团队提出的新创意很有价值	□	□	□	□	□
3	本团队具有创造性	□	□	□	□	□
4	本团队提出的新想法对本行很重要	□	□	□	□	□

5. 下列各项描述了**您所在团队领导与下属的相处方式**，请在您认为合适的选项上打"√"。

序	我所在团队领导……	完全不同意	不同意	不确定	同意	完全同意
1	花费时间与员工建立良好的人际关系	□	□	□	□	□
2	在团队成员间创建团体意识	□	□	□	□	□
3	决策受到了员工的影响	□	□	□	□	□

续表

序		完全不同意	不同意	不确定	同意	完全同意
4	试图在重要决策上与员工达成一致意见	□	□	□	□	□
5	很在意员工工作之外的责任心	□	□	□	□	□
6	将员工的个人发展作为首要任务	□	□	□	□	□
7	对员工的道德标准要求较高	□	□	□	□	□
8	会兑现承诺	□	□	□	□	□
9	会综合考虑日常细节与未来规划	□	□	□	□	□
10	在解决工作问题时，会展现出广泛的知识和兴趣	□	□	□	□	□
11	让我感觉到是和他/她一起工作，而不是为他/她工作	□	□	□	□	□
12	努力帮助员工不断提升自己	□	□	□	□	□
13	鼓励员工参与社区服务和工作以外的志愿者活动	□	□	□	□	□
14	强调回馈社会的重要性	□	□	□	□	□

6. 下列各项描述了**您所在团队领导与下属的关系**，请在您认为合适的选项上打"√"。

序	我所在团队领导……	完全不同意	不同意	不确定	同意	完全同意
1	希望我全身心投入到工作中	□	□	□	□	□
2	只强调最佳绩效	□	□	□	□	□
3	只追求绩效第一	□	□	□	□	□
4	做事会考虑我的感受	□	□	□	□	□
5	在做事前会考虑我的个人感受	□	□	□	□	□
6	尊重我的个人感受	□	□	□	□	□
7	**不考虑**我的个人感受	□	□	□	□	□
8	要求我用新方法解决老问题	□	□	□	□	□
9	通过提出问题促使我思考自己做事的方式	□	□	□	□	□
10	激励我重新思考自己的处事方式	□	□	□	□	□
11	要求我重新审视我的工作设想	□	□	□	□	□
12	向我阐明愿景	□	□	□	□	□
13	给我提供了一个好榜样	□	□	□	□	□
14	促使我接受团队目标	□	□	□	□	□

7. 下列各项描述了**您所在团队领导的行为**，请在您认为合适的选项上打"√"。

序	题项	完全不同意	不同意	不确定	同意	完全同意
1	当我表现良好时，我的团队领导总会给我积极的反馈	□	□	□	□	□
2	当我绩效高时，我的团队领导会给我专门的认可	□	□	□	□	□
3	当我超额完成工作目标时，我的团队领导会表扬我	□	□	□	□	□
4	我的团队领导**不会认可**我的高绩效	□	□	□	□	□
5	当我表现不佳时，我的团队领导会表达对我的不满	□	□	□	□	□
6	当我表现不佳时，我的团队领导会让我知道	□	□	□	□	□
7	当我不能完成工作目标时，我的团队领导会给我指出	□	□	□	□	□

8. 下列各项描述了**您与团队领导的关系**，请在您认为合适的选项上打"√"。

序	题项	完全不同意	不同意	不确定	同意	完全同意
1	我知道团队领导的立场，也知道怎样让他满意	□	□	□	□	□
2	团队领导理解我的工作困难和需求	□	□	□	□	□
3	团队领导能认识到我的潜力	□	□	□	□	□
4	不管是否在他的职权范围内，团队领导都会尽力帮我解决工作难题	□	□	□	□	□
5	不管是否在他的职权范围内，团队领导都会尽力保护我	□	□	□	□	□
6	我确信如果领导不在场，我也会帮助维护他的决定	□	□	□	□	□
7	我与团队领导保持着良好的工作关系	□	□	□	□	□

9. 根据您对下列说法的同意程度，请在您认为合适的选项上打"√"。

序	题项	完全不同意	不同意	不确定	同意	完全同意
1	总的来说，我与团队成员关系很好	□	□	□	□	□
2	总的来说，我与团队成员非常亲近	□	□	□	□	□
3	我总会与团队成员进行长时间的讨论	□	□	□	□	□
4	我知道当我遇到困难时团队成员会尽力帮我	□	□	□	□	□
5	我总是相信当我需要时团队成员会助我一臂之力	□	□	□	□	□

续表

序		完全不同意	不同意	不确定	同意	完全同意
6	我总是可以依靠团队成员使我的工作更容易	☐	☐	☐	☐	☐
7	我和团队成员对于工作重点总能保持一致	☐	☐	☐	☐	☐
8	我和团队成员有共同的工作抱负和远见	☐	☐	☐	☐	☐
9	我和团队成员总是热衷于追求整个团队的集体目标和任务	☐	☐	☐	☐	☐

10. 根据您对下列说法的同意程度，请在您认为合适的选项上打"√"。

序	我……	完全不同意	不同意	不确定	同意	完全同意
1	与业务合作方已建立良好的关系	☐	☐	☐	☐	☐
2	与**顾客**已建立良好的关系	☐	☐	☐	☐	☐
3	与**竞争者**已建立良好的关系	☐	☐	☐	☐	☐
4	与**营销合作方**已建立良好的关系	☐	☐	☐	☐	☐
5	与**技术合作方**已建立良好的关系	☐	☐	☐	☐	☐
6	与**各级政府**保持着良好的关系	☐	☐	☐	☐	☐
7	与**监管机构（人民银行、银监局等）**有良好的关系	☐	☐	☐	☐	☐
8	与**地方政府官员**保持着良好的关系	☐	☐	☐	☐	☐
9	花了大量资源与**政府官员**建立关系	☐	☐	☐	☐	☐

11. 根据您对下列说法的同意程度，请在您认为合适的选项上打"√"。

序	题项	完全不同意	不同意	不确定	同意	完全同意
1	我会促使自己去实现具有挑战性的工作目标	☐	☐	☐	☐	☐
2	我准备全身心地投入自己的工作职责中	☐	☐	☐	☐	☐
3	我对如何有效完成自己的工作总会有一些让人兴奋的想法	☐	☐	☐	☐	☐
4	我热衷于提供高品质的产品或服务	☐	☐	☐	☐	☐
5	我愿意付出更多的努力以更好地完成工作	☐	☐	☐	☐	☐
6	努力提高自己的工作绩效对我很重要	☐	☐	☐	☐	☐
7	我的工作令我很骄傲	☐	☐	☐	☐	☐
8	我下决心要尽力完成我的工作	☐	☐	☐	☐	☐
9	我愿意全身心地投入到我的工作中	☐	☐	☐	☐	☐

12. 根据您对下列说法的同意程度，请在您认为合适的选项上打"√"。

序	题项	完全不同意	不同意	不确定	同意	完全同意
1	我将自己看作是团队的一员	□	□	□	□	□
2	我很高兴能成为我所在团队的一员	□	□	□	□	□
3	我能感受到我与团队成员之间的紧密联系	□	□	□	□	□
4	我认同团队的其他成员	□	□	□	□	□

13. 下列各项根据您同意的程度，请在您认为合适的选项上打"√"。

序	题项	完全不同意	不同意	不确定	同意	完全同意
1	我对自己创造性解决问题的能力充满自信	□	□	□	□	□
2	面对困难，我确定自己能创造性地解决	□	□	□	□	□
3	我觉得自己擅长提出创新想法	□	□	□	□	□

14. 根据您对下列说法的同意程度，请在您认为合适的选项上打"√"。

序	题项	完全不同意	不同意	不确定	同意	完全同意
1	工作需求干扰了我的家庭生活	□	□	□	□	□
2	工作占用了我太多的时间以至于我难以履行家庭责任	□	□	□	□	□
3	工作需求使我难以在家里做自己的事情	□	□	□	□	□
4	工作带来的压力使我难以履行家庭责任	□	□	□	□	□
5	由于工作职责，我不得不改变家庭活动计划	□	□	□	□	□
6	家人的需求干扰了我的工作	□	□	□	□	□
7	因为家事，我不得不推迟工作	□	□	□	□	□
8	家人的需求使我难以完成工作	□	□	□	□	□
9	家庭生活妨碍了我履行工作职责	□	□	□	□	□
10	家庭生活的压力使我难以完成工作职责	□	□	□	□	□

15. 根据您对下列说法的同意程度，请在您认为合适的选项上打"√"。

序	题项	完全不同意	不同意	不确定	同意	完全同意
1	我感受到工作压力	□	□	□	□	□
2	工作给我带来挫折感	□	□	□	□	□
3	我的工作**不存在**压力	□	□	□	□	□
4	在工作中，我从未感受到压力	□	□	□	□	□

16. 根据您对下列说法的同意程度，请在您认为合适的选项上打"√"。

序	题项	完全不同意	不同意	不确定	同意	完全同意
1	总体来说，我的生活接近我的理想状态	□	□	□	□	□
2	我的生活条件极好	□	□	□	□	□
3	我对我的生活感到满意	□	□	□	□	□
4	到目前为止，我已经获得了生活中想要的重要东西	□	□	□	□	□
5	如果我再活一回，我将几乎不用对现有生活做出任何改变	□	□	□	□	□

17. 根据您对下列说法的同意程度，请在您认为合适的选项上打"√"。

序	题项	完全不同意	不同意	不确定	同意	完全同意
1	我在工作中找到乐趣	□	□	□	□	□
2	大多数日子我都对工作充满热情	□	□	□	□	□
3	我经常对工作感到厌烦	□	□	□	□	□
4	我对我的工作很满意	□	□	□	□	□

18. 根据您对下列说法的同意程度，请在您认为合适的选项上打"√"。

序	题项	完全不同意	不同意	不确定	同意	完全同意
1	我所做的工作对我来说非常重要	□	□	□	□	□
2	我的工作活动对我个人而言非常有意义	□	□	□	□	□
3	我所做的工作对我来说非常有意义	□	□	□	□	□
4	我对自己完成工作的能力非常有信心	□	□	□	□	□
5	我对自己干好工作的能力非常自信	□	□	□	□	□
6	我已经掌握了完成工作所需要的各项技能	□	□	□	□	□
7	在决定如何完成我的工作上，我有很大的自主权	□	□	□	□	□
8	我自己可以决定如何去做我的工作	□	□	□	□	□
9	在如何完成工作上，我有很大的独立性和自主权	□	□	□	□	□
10	我对团队所发生的事情影响很大	□	□	□	□	□
11	我对发生在团队的事情起着很大的控制作用	□	□	□	□	□
12	我能极大地影响团队中发生的事情	□	□	□	□	□

19. 根据您对下列说法的同意程度，请在您认为合适的选项上打"√"。

序	题项	完全不同意	不同意	不确定	同意	完全同意
1	大多数时间，我能很好地控制风险	☐	☐	☐	☐	☐
2	我明确自己对待风险的态度	☐	☐	☐	☐	☐
3	我很清楚自己的风险识别能力	☐	☐	☐	☐	☐
4	我知道自己是否有着良好的风险识别能力	☐	☐	☐	☐	☐
5	我能从他人的行为中判断其风险识别能力	☐	☐	☐	☐	☐
6	我擅长观察他人的风险识别能力	☐	☐	☐	☐	☐
7	我对他人的风险识别能力很敏感	☐	☐	☐	☐	☐
8	我很了解我身边的人的风险识别能力	☐	☐	☐	☐	☐
9	我会引入风险意识，来控制风险和处理风险问题	☐	☐	☐	☐	☐
10	我很擅长评估自己要做的事的风险	☐	☐	☐	☐	☐
11	当我意识到有风险时，我能很快的处理好风险	☐	☐	☐	☐	☐
12	我对自己所做的事的风险进行过准确的评估	☐	☐	☐	☐	☐

20. 根据您对下列说法的同意程度，请在您认为合适的选项上打"√"。

序	题项	完全不同意	不同意	不确定	同意	完全同意
1	团队成员之间有摩擦	☐	☐	☐	☐	☐
2	团队成员之间因为性格而发生冲突	☐	☐	☐	☐	☐
3	团队成员之间关系紧张	☐	☐	☐	☐	☐
4	团队成员之间有些情绪冲突	☐	☐	☐	☐	☐
5	团队成员之间经常会对完成工作有不同的意见	☐	☐	☐	☐	☐
6	团队成员之间经常有观点冲突	☐	☐	☐	☐	☐
7	我所做的工作会与团队成员发生冲突	☐	☐	☐	☐	☐
8	工作时，团队成员观点有很大差异	☐	☐	☐	☐	☐

21. 根据您对下列说法的同意程度，请在您认为合适的选项上打"√"。

序	题项	完全不同意	不同意	不确定	同意	完全同意
1	通常情况下，团队领导无须咨询员工意见，自主决策	☐	☐	☐	☐	☐
2	在工作中，团队领导有权让员工无条件服从	☐	☐	☐	☐	☐

续表

序	题项	完全不同意	不同意	不确定	同意	完全同意
3	员工如果经常质疑权威，会降低团队领导的工作效率	□	□	□	□	□
4	当团队领导做出决策时，员工不应提出质疑	□	□	□	□	□
5	员工不应当向团队领导提出异议	□	□	□	□	□
6	团队领导能做出正确的决策，无须咨询他人	□	□	□	□	□
7	团队领导让员工参与决策会失去权威	□	□	□	□	□
8	即使从本行利益出发，员工也不能打破团队的规则	□	□	□	□	□

22. 根据您对下列说法的同意程度，请在您认为合适的选项上打"√"。

序	题项	完全不同意	不同意	不确定	同意	完全同意
1	如果同事获得奖励，我会引以为荣	□	□	□	□	□
2	同事的幸福感对我很重要	□	□	□	□	□
3	对我而言，和他人一起共度时光很快乐	□	□	□	□	□
4	当我与其他人合作时，我感觉很好	□	□	□	□	□
5	父母和孩子必须尽可能地待在一起	□	□	□	□	□
6	即使牺牲我想要的，我也有责任照顾我的家庭	□	□	□	□	□
7	无论需做出怎样的牺牲，家庭成员都应该团结在一起	□	□	□	□	□
8	尊重团队的决定对我很重要	□	□	□	□	□

23. 根据您对下列说法的同意程度，请在您认为合适的选项上打"√"。

序	题项	完全不同意	不同意	不确定	同意	完全同意
1	公司党组织会帮助我更好地发挥自己的才能	□	□	□	□	□
2	公司党组织会关心我对公司的满意情况	□	□	□	□	□
3	公司党组织会关心我的日常工作	□	□	□	□	□

24. 根据您对下列说法的同意程度，请在您认为合适的选项上打"√"。

序	我相信……	完全不同意	不同意	不确定	同意	完全同意
1	公司党组织会信守承诺	□	□	□	□	□
2	公司党组织会对错误承担责任	□	□	□	□	□
3	公司党组织的领导力和管理能力	□	□	□	□	□
4	公司党组织会为我们提供需要的信息	□	□	□	□	□

续表

序		完全不同意	不同意	不确定	同意	完全同意
5	公司党组织会关注我们的意见	□	□	□	□	□
6	公司党组织会服务于我们的需求	□	□	□	□	□

25. 根据您对下列说法的同意程度，请在您认为合适的选项上打"√"。

序	我们团队……	完全不同意	不同意	不确定	同意	完全同意
1	在许多业务流程中使用信息技术	□	□	□	□	□
2	在许多功能领域中使用信息技术	□	□	□	□	□
3	在管理层面大量使用信息技术	□	□	□	□	□
4	在运作层面大量使用信息技术	□	□	□	□	□

26. 根据您对下列说法的同意程度，请在您认为合适的选项上打"√"。

序	题项	完全不同意	不同意	不确定	同意	完全同意
1	我们经常花时间寻找优化团队工作流程的方法	□	□	□	□	□
2	团队倾向于私下地处理分歧的意见，而不是公开地直接处理	□	□	□	□	□
3	团队成员尽可能地从外部人员处获取信息，比如客户或公司的其他部门	□	□	□	□	□
4	团队经常寻找促使我们做出重要变化的新信息	□	□	□	□	□
5	在团队中，总有人会确保我们能停下来反思团队的工作流程	□	□	□	□	□
6	团队成员经常毫无保留地测试有关讨论问题的假设	□	□	□	□	□
7	我们邀请团队外成员给我们提供信息或与我们进行讨论	□	□	□	□	□

27. 根据您对下列说法的同意程度，请在您认为合适的选项上打"√"。

序	题项	完全不同意	不同意	不确定	同意	完全同意
1	我们团队成员总是将最好的想法**保留给自己**	□	□	□	□	□
2	我们团队成员愿意与他人分享知识和想法	□	□	□	□	□
3	我们团队成员公开分享我们的想法	□	□	□	□	□
4	我们团队具有专业知识的成员都愿意帮助团队内的其他人	□	□	□	□	□
5	我们团队善于利用员工的知识和想法	□	□	□	□	□

28. 根据您对下列说法的同意程度，请在您认为合适的选项上打"√"。

序	题项	完全不同意	不同意	不确定	同意	完全同意
1	实现团队目标是我们触手可及的事情	□	□	□	□	□
2	我们投入合理的时间和精力就可以完成团队任务	□	□	□	□	□
3	通过专注和努力，我们团队可以实现既定目标	□	□	□	□	□

29. 根据您对下列说法的同意程度，请在您认为合适的选项上打"√"。

序	题项	完全不同意	不同意	不确定	同意	完全同意
1	我明年会继续为本行工作	□	□	□	□	□
2	我计划明年去其他单位发展	□	□	□	□	□
3	我计划未来5年留在本行发展	□	□	□	□	□
4	我明年可能会跳槽	□	□	□	□	□

30. 根据您对下列说法的同意程度，请在您认为合适的选项上打"√"。

序	题项	完全不同意	不同意	不确定	同意	完全同意
1	在自主创业和就业之间，我会选择自主创业	□	□	□	□	□
2	我将自主创业作为自己的职业追求	□	□	□	□	□
3	我倾向于保持稳定的工作状态	□	□	□	□	□

（1）您在团队的**年度绩效考评结果**属于以下哪种情况？

序	题项	是	否
A	前三年每年的年度绩效考评结果都在团队的前20%	□	□
B	前一年或两年的年度绩效考评结果中，曾经获得团队绩效考评最高值	□	□
C	以上两种情况都不是	□	□

（2）**符合上题 A 或 B 情况的属于明星员工**。下列各项描述了您与明星员工的**关系**，请在您认为合适的选项上打"√"。（若本人是明星员工，该题不填）

序	题项	完全不同意	不同意	不确定	同意	完全同意
1	总的来说，我与明星员工关系很好	□	□	□	□	□
2	总的来说，我与明星员工非常亲近	□	□	□	□	□
3	我总是与明星员工进行长时间的讨论	□	□	□	□	□

续表

4	我知道当我遇到困难时明星员工会尽力帮我	□	□	□	□	□
5	我总是相信当我需要时明星员工会助我一臂之力	□	□	□	□	□
6	我总是可以依靠明星员工使我的工作更容易	□	□	□	□	□
7	我和明星员工对于重要工作总能保持一致	□	□	□	□	□
8	我和明星员工有共同的工作抱负和远见	□	□	□	□	□
9	我和明星员工总是热衷于追求整个团队的集体目标和任务	□	□	□	□	□

个人基本情况

性别：□男　□女

年龄：□20岁及以下　□21—30岁　□31—40岁　□41—50岁　□51岁及以上

学历：□专科以下　□专科　□本科　□硕士及以上

月均收入：□3000元及以下　□3001—5000元　□5001—8000元　□8001—15000元　□15000元以上

业务类型：□公司业务　　□零售业务　　□会计业务

工作岗位：□公司客户经理（含助理）

□零售客户经理（含助理）　□理财经理（含助理）

□大堂经理（含助理）

□柜员（含见习）

其他工作身份（可多选）：□无　□独资企业的所有者　□合伙企业的合伙人

□公司企业的所有者（或所有者之一）　□其他

我在银行业工作年限：1年及以下　2、3、4、5、6、7、8、9、10、11年及以上

我在本岗位工作年限：1年及以下　2、3、4、5、6、7、8、9、10、11年及以上

问卷到此结束，衷心感谢您的支持！

附录2　团队创造力调查问卷（团队领导填写）

尊敬的先生/女士：

您好！

非常感谢您在百忙之中抽出宝贵的时间与我们合作。我们正在进行一项关于**团队创造力**的研究，您所提供的信息对我们的研究将有很大帮助。**本次调查全部采用匿名方式进行，我们保证您所提供的所有信息都将绝对保密！**问卷的答案没有对错之分，请您按照自己的真实想法作答。若您对本次问卷有何疑问，请联系：××××××××××。

感谢您对这次调查的支持与配合！

中国科大管理学院创造力研究小组

1. 下列各项描述了**您所在团队的创新能力**，请在合适的选项上打"√"。

序	题项	完全不同意	不同意	不确定	同意	完全同意
1	本团队善于提出很多新想法	□	□	□	□	□
2	本团队提出的新创意很有价值	□	□	□	□	□
3	本团队具有创造性	□	□	□	□	□
4	本团队提出的新想法对本行很重要	□	□	□	□	□

2. 下列各项描述了您所在团队的绩效情况，请在合适的选项上打"√"。

序	题项	完全不同意	不同意	不确定	同意	完全同意
1	本团队工作绩效高	□	□	□	□	□
2	本团队的大部分任务都能被很快且有效率地完成	□	□	□	□	□

续表

序	题项	完全不同意	不同意	不确定	同意	完全同意
3	本团队总是设定较高的工作标准	□	□	□	□	□
4	本团队总是能高标准地完成工作	□	□	□	□	□
5	本团队总能完成既定目标	□	□	□	□	□

3. 下列各项描述了您与下属的相处方式，请在您认为合适的选项上打"√"。

序	题项	完全不同意	不同意	不确定	同意	完全同意
1	我花费时间与下属建立良好的人际关系	□	□	□	□	□
2	我在下属之间创建团体意识	□	□	□	□	□
3	我的决策受到了下属的影响	□	□	□	□	□
4	我试图在重要决策上与员工达成一致意见	□	□	□	□	□
5	我很在意员工工作之外的责任心	□	□	□	□	□
6	我将下属的个人发展作为首要任务	□	□	□	□	□
7	我对下属的道德标准要求较高	□	□	□	□	□
8	我会兑现承诺	□	□	□	□	□
9	我会综合考虑日常细节与未来规划	□	□	□	□	□
10	我在解决工作问题时，展现出了广泛的知识和兴趣	□	□	□	□	□
11	我让下属感觉到是和我一起工作，而不是为我工作	□	□	□	□	□
12	我努力帮助员工不断提升自己	□	□	□	□	□
13	我鼓励下属参与社区服务和工作以外的志愿者活动	□	□	□	□	□
14	我强调回馈社会的重要性	□	□	□	□	□

4. 下列各项描述了您与下属的关系，请在您认为合适的选项上打"√"。

序	题项	完全不同意	不同意	不确定	同意	完全同意
1	我希望下属全身心投入到工作中	□	□	□	□	□
2	我只强调最佳绩效	□	□	□	□	□
3	我只追求绩效第一	□	□	□	□	□
4	我做事会考虑下属的感受	□	□	□	□	□
5	我在做事前会考虑下属的个人感受	□	□	□	□	□
6	我尊重下属的个人感受	□	□	□	□	□
7	我对待下属**不考虑**他们的个人感受	□	□	□	□	□

续表

序		完全不同意	不同意	不确定	同意	完全同意
8	我要求下属用新方法解决老问题	□	□	□	□	□
9	我通过提出问题促使下属思考他们做事的方式	□	□	□	□	□
10	我激励下属重新思考他们的处事方式	□	□	□	□	□
11	我要求下属重新审视他们的工作设想	□	□	□	□	□
12	我向下属阐明愿景	□	□	□	□	□
13	我给下属提供了一个好榜样	□	□	□	□	□
14	我促使下属接受团队目标	□	□	□	□	□

5. 根据您对下列说法的同意程度，请在您认为合适的选项上打"√"。

序	题项	完全不同意	不同意	不确定	同意	完全同意
1	当下属表现良好时，我总会给他们积极的反馈	□	□	□	□	□
2	当下属绩效高时，我会给他们专门的认可	□	□	□	□	□
3	当下属超额完成工作目标时，我会表扬他们	□	□	□	□	□
4	我**不会**认可下属的高绩效	□	□	□	□	□
5	当下属表现不佳时，我会表达对他们的不满	□	□	□	□	□
6	当下属表现不佳时，我会让他们知道	□	□	□	□	□
7	当下属不能完成工作目标时，我会给他们指出	□	□	□	□	□

6. 根据您对下列说法的同意程度，请在您认为合适的选项上打"√"。

序	我……	完全不同意	不同意	不确定	同意	完全同意
1	与**业务合作方**已建立良好的关系	□	□	□	□	□
2	与**顾客**已建立良好的关系	□	□	□	□	□
3	与**竞争者**已建立良好的关系	□	□	□	□	□
4	与**营销合作方**已建立良好的关系	□	□	□	□	□
5	与**技术合作方**已建立良好的关系	□	□	□	□	□
6	与**各级政府**保持着良好的关系	□	□	□	□	□
7	与**监管机构**（**人民银行、银监局**等）有良好的关系	□	□	□	□	□
8	与**地方政府官员**保持着良好的关系	□	□	□	□	□
9	花了大量资源与**政府官员**建立关系	□	□	□	□	□

7. 根据您对下列说法的同意程度，请在您认为合适的选项上打"√"。

序	题项	完全不同意	不同意	不确定	同意	完全同意
1	团队不断提高服务顾客的承诺，为顾客提供更多的价值	□	□	□	□	□
2	团队努力为顾客提供有价值的服务	□	□	□	□	□
3	团队想方设法去了解顾客需求	□	□	□	□	□
4	顾客满意是我们团队的主要经营目标	□	□	□	□	□
5	团队经常性的评估顾客满意度	□	□	□	□	□
6	团队非常重视并不断改善后续服务的质量	□	□	□	□	□
7	团队员工经常分享竞争者的信息	□	□	□	□	□
8	团队能迅速回应竞争者的行动	□	□	□	□	□
9	团队领导者经常讨论竞争对手的优势	□	□	□	□	□
10	各个团队有合作的需求	□	□	□	□	□
11	各个团队能共享关于顾客的商业信息	□	□	□	□	□
12	对各团队职能进行战略整合	□	□	□	□	□
13	各团队能够密切合作从而为客户提供价值	□	□	□	□	□
14	各个团队能够共享资源	□	□	□	□	□

8. 根据您对下列说法的同意程度，请在您认为合适的选项上打"√"。

序	我们团队……	完全不同意	不同意	不确定	同意	完全同意
1	强调研发、技术领先和创新	□	□	□	□	□
2	在最近5年成功地推广了很多新产品（服务）	□	□	□	□	□
3	产品（服务）的改进大多是比较小的	□	□	□	□	□
4	通常先于竞争对手采取行动	□	□	□	□	□
5	经常先于竞争对手推出新产品（服务）或采用新技术	□	□	□	□	□
6	经常采取主动的竞争策略	□	□	□	□	□
7	倾向于选择高风险、高回报的项目	□	□	□	□	□
8	倾向于根据商业环境采用大胆、广泛的行动实现本行目标	□	□	□	□	□
9	积极大胆地寻找商业机会	□	□	□	□	□

9. 根据您对下列说法的同意程度，请在您认为合适的选项上打"√"。

序	我们团队……	完全不同意	不同意	不确定	同意	完全同意
1	在实施企业社会责任战略方面取得进展	□	□	□	□	□
2	很在意客户利益和对他们需求的响应，并主动帮助客户增加他们的金融知识	□	□	□	□	□
3	企业社会责任战略使我非常自豪能在本团队工作	□	□	□	□	□
4	努力解决多个企业社会责任问题，包括女性、少数民族和残疾人等	□	□	□	□	□

10. 根据您对下列说法的同意程度，请在您认为合适的选项上打"√"。

序	题项	完全不同意	不同意	不确定	同意	完全同意
1	团队成员之间有摩擦	□	□	□	□	□
2	团队成员之间因为性格而发生冲突	□	□	□	□	□
3	团队成员之间关系紧张	□	□	□	□	□
4	团队成员之间有些情绪冲突	□	□	□	□	□
5	团队成员之间经常会对完成工作有不同的意见	□	□	□	□	□
6	团队成员之间经常有观点冲突	□	□	□	□	□
7	团队成员之间经常因工作发生冲突	□	□	□	□	□
8	工作时，团队内成员观点有很大差异	□	□	□	□	□

11. 根据您对下列说法的同意程度，请在您认为合适的选项上打"√"。

序	题项	完全不同意	不同意	不确定	同意	完全同意
1	通常情况下，我无须咨询员工意见，自主决策	□	□	□	□	□
2	在工作中，我有权让员工无条件服从	□	□	□	□	□
3	员工如果经常质疑权威，会降低我的工作效率	□	□	□	□	□
4	当我做出决策时，员工不应提出质疑	□	□	□	□	□
5	员工不应当向我提出异议	□	□	□	□	□
6	我能做出正确的决策，而无须咨询他人	□	□	□	□	□
7	我让员工参与决策会失去权威	□	□	□	□	□
8	即使从本行利益出发，员工也不能打破团队的规则	□	□	□	□	□

12. 根据您对下列说法的同意程度，请在您认为合适的选项上打"√"。

序	题项	完全不同意	不同意	不确定	同意	完全同意
1	我们团队所处的市场环境变化剧烈	□	□	□	□	□
2	我们顾客会经常提出新产品和服务的需求	□	□	□	□	□
3	本行业中，产品更新换代速度很快	□	□	□	□	□
4	本行业中，产业技术的更新速度快且频繁	□	□	□	□	□
5	我们对要交付的产品和服务的数量经常会发生快速变化	□	□	□	□	□

13. 下列各项描述了您所在营业网点的社会统计情况，请在您认为合适的选项上打"√"。

序	题项	非常低	低	一般	高	非常高
1	所在社区的人口稠密水平	□	□	□	□	□
2	所在社区的人均收入水平	□	□	□	□	□
3	所在社区的人均教育水平	□	□	□	□	□
4	所在社区的社会和谐水平	□	□	□	□	□
5	所在社区的园林绿化情况	□	□	□	□	□
6	所在社区的环境保护情况	□	□	□	□	□
7	所在社区的噪声控制情况	□	□	□	□	□
8	所在社区的社区安全情况	□	□	□	□	□

14. 根据您对下列说法的同意程度，请在您认为合适的选项上打"√"。

序	我们团队……	完全不同意	不同意	不确定	同意	完全同意
1	在许多业务流程中使用信息技术	□	□	□	□	□
2	在许多功能领域中使用信息技术	□	□	□	□	□
3	在管理层面大量使用信息技术	□	□	□	□	□
4	在运作层面大量使用信息技术	□	□	□	□	□

15. 根据您对下列说法的同意程度，请在您认为合适的选项上打"√"。

序	题项	完全不同意	不同意	不确定	同意	完全同意
1	我们经常花时间寻找优化团队工作流程的方法	□	□	□	□	□

续表

序	题项					
2	团队倾向于私下地处理意见的分歧，而不是公开地直接处理	□	□	□	□	□
3	团队成员尽可能地从外部人员处获取信息，比如客户或公司的其他部门	□	□	□	□	□
4	团队经常寻找促使我们做出重要变化的新信息	□	□	□	□	□
5	在团队中，总有人会确保我们能停下来反思团队的工作流程	□	□	□	□	□
6	团队成员经常毫无保留地测试有关讨论问题的假设	□	□	□	□	□
7	我们邀请团队外成员给我们提供信息或与我们进行讨论	□	□	□	□	□

16. 根据您对下列说法的同意程度，请在您认为合适的选项上打"√"。

序	题项	完全不同意	不同意	不确定	同意	完全同意
1	我们团队成员总是将最好的想法**保留给自己**	□	□	□	□	□
2	我们团队成员愿意与他人分享知识和想法	□	□	□	□	□
3	我们团队成员公开分享他们的想法	□	□	□	□	□
4	我们团队具有专业知识的成员都愿意帮助团队内的其他人	□	□	□	□	□
5	我们团队善于利用员工的知识和想法	□	□	□	□	□

17. 根据您对下列说法的同意程度，请在您认为合适的选项上打"√"。

序	题项	完全不同意	不同意	不确定	同意	完全同意
1	实现团队目标是我们触手可及的事情	□	□	□	□	□
2	我们投入合理的时间和精力就可以完成团队任务	□	□	□	□	□
3	通过专注和努力，我们团队可以实现既定目标	□	□	□	□	□

18. 根据您对下列说法的同意程度，请在您认为合适的选项上打"√"。

序	题项	完全不同意	不同意	不确定	同意	完全同意
1	我明年会继续为本行工作	□	□	□	□	□
2	我计划着明年去其他单位发展	□	□	□	□	□
3	我计划未来 5 年留在本行发展	□	□	□	□	□
4	我明年可能会跳槽	□	□	□	□	□

19. 根据您对下列说法的同意程度，请在您认为合适的选项上打"√"。

序	题项	完全不同意	不同意	不确定	同意	完全同意
1	在自主创业和就业之间，我会选择自主创业	☐	☐	☐	☐	☐
2	我将自主创业作为自己的职业追求	☐	☐	☐	☐	☐
3	我倾向于保持稳定的工作状态	☐	☐	☐	☐	☐

个人基本情况

性别：☐男　　☐女

年龄：☐20 岁及以下　☐21—30 岁　☐31—40 岁　☐41—50 岁　☐51 岁及以上

学历：☐专科以下　☐专科　☐本科　☐硕士及以上

月均收入：☐3000 元及以下　☐3001—5000 元　☐5001—8000 元　☐8001—15000 元　☐15000 元以上

业务类型：☐公司业务　　　☐零售业务　　　☐会计业务

工作岗位：☐公司业务负责人　☐零售业务负责人　☐会计主管　☐营业厅主任

其他工作身份（可多选）：☐无　☐独资企业的所有者　☐合伙企业的合伙人　☐公司企业的所有者（或所有者之一）　☐其他

我在银行业工作年限：1 年及以下　2、3、4、5、6、7、8、9、10、11 年及以上

我在本岗位工作年限：1 年及以下　2、3、4、5、6、7、8、9、10、11 年及以上

问卷到此结束，衷心感谢您的支持！

参考文献

步琼、张莉、杜亚娜：《感知团队异质性对员工创造力的影响：二元工作压力的调节作用》，《工业工程与管理》2018年第1期。

蔡亚华、贾良定、万国光：《变革型领导与员工创造力：压力的中介作用》，《科研管理》2015年第8期。

曹珺玮：《自我效能理论及其对学校道德教育的启示》，硕士学位论文，山东师范大学，2013年。

陈晨、时勘、陆佳芳：《变革型领导与创新行为：一个被调节的中介作用模型》，《管理科学》2015年第4期。

陈璐、高昂、杨百寅等：《家长式领导对高层管理团队成员创造力的作用机制研究》，《管理学报》2013年第6期。

陈同扬、谭亮、曹国年：《组织支持视角下领导—下属交换关系感知匹配的形成机制研究》，《南开管理评论》2013年第3期。

陈晓：《组织创新氛围影响员工创造力的过程模型研究》，硕士学位论文，浙江大学，2006年。

陈永霞、贾良定、李超平、宋继文、张君君：《变革型领导、心理授权与员工的组织承诺：中国情景下的实证研究》，《管理世界》2006年第1期。

陈致中、张德：《中国背景下组织人际和谐结构与作用机制研究》，《科学管理研究》2010年第1期。

邓彦、董洁、马迪倩：《图书馆员离职倾向影响因素的实证解析》，《图书情报工作》2008年第4期。

丁琳、席酉民：《变革型领导对员工创造力的作用机理研究》，《管理科学》2008 年第 6 期。

杜旌、汤雪莲：《集体主义对个人创新影响的理论探索》，《科技进步与对策》2013 年第 2 期。

杜鹏程、李敏、倪清：《差错反感文化对员工创新行为的影响机制研究》，《管理学报》2015 年第 4 期。

冯旭、鲁若愚、彭蕾：《服务企业员工个人创新行为与工作动机、自我效能感关系研究》，《研究与发展管理》2009 年第 3 期。

高申春：《自我效能理论评述》，《心理发展与教育》2000 年第 1 期。

顾远东、彭纪生：《组织创新氛围对员工创新行为的影响：创新自我效能感的中介作用》，《南开管理评论》2010 年第 1 期。

郭本禹、姜飞月：《职业自我效能理论及其应用》，《东北师大学报》（哲学社会科学版）2003 年第 5 期。

郝冬梅、赵煜、朱焕卿：《组织职业生涯管理与员工离职意向：情感承诺的中介作用》，《兰州大学学报》（社会科学版）2016 年第 1 期。

纪巍、毛文娟：《"多团队成员身份"对创新型团队凝聚力的影响——以团队认同为中介》，《科技进步与对策》2016 年第 23 期。

贾玉立：《创新自我效能感对员工关联绩效的影响：组织支持感的调节作用》，《科技和产业》2014 年第 8 期。

蒋春燕：《员工公平感与组织承诺和离职倾向之间的关系：组织支持感中介作用的实证研究》，《经济科学》2007 年第 6 期。

邝颂东、高中华、李超平：《工作—家庭冲突对教师离职意向的影响：组织承诺中介作用的实证研究》，《心理研究》2009 年第 6 期。

李金德、余嘉元：《教师创新支持行为、学生创新自我效能感和创造性思维的关系研究》，《宁波大学学报》（教育科学版）2011 年第 2 期。

李进、陆露、刘军：《人力资源管理实践与员工创造力：综述及管理启示》，《中国人力资源开发》2015 年第 19 期。

李万明、李君锐：《心理授权与员工创新行为的关系——心理契约新视角的中介作用》,《工业技术经济》2016 年第 10 期。

李永占:《变革型领导对员工创新行为的影响:心理授权与情感承诺的作用》,《科研管理》2018 年第 7 期。

李宗波、陈红:《上下属关系对员工知识分享行为的影响:组织认同和集体主义导向的作用》,《管理工程学院》2015 年第 3 期。

凌文辁、方俐洛、符益群:《企业员工离职影响因素及调节因素探讨》,《湘潭大学学报》(哲学社会科学版)2005 年第 4 期。

刘超、刘军、朱丽:《团队领地行为与知识分享行为:基于认同理论的视角》,《中国人力资源开发》2016 年第 21 期。

刘逸、李虹:《团队和组织认同对员工创新行为影响研究述评》,《人类工效学》2017 年第 6 期。

陆昌勤、凌文辁、方俐洛:《管理自我效能感与一般自我效能感的关系》,《心理学报》2004 年第 5 期。

栾琨、谢小云:《国外团队认同研究进展与展望》,《外国经济与管理》2014 年第 4 期。

罗瑾琏、赵佳、张洋:《知识团队真实型领导对团队创造力的影响及其作用机理研究》,《科技进步与对策》2013 年第 8 期。

马君、殷红:《员工文化价值观导向的代际差异及不同绩效控制下的匹配性研究》,《经济管理》2011 年第 2 期。

任真、杨安博、王登峰等:《中西方文化差异视角下领导—部属关系的结构模型》,《心理学报》2014 年第 9 期。

宋婷:《领导成员交换关系对团队绩效影响研究:团队认同的中介作用》,硕士学位论文,江西财经大学,2015 年。

孙彦玲、杨付、张丽华:《创造力自我效能感与员工创新行为的关系:一个跨层分析》,《经济管理》2012 年第 11 期。

汤超颖、刘洋、王天辉:《科研团队魅力型领导、团队认同和创造性绩效的关系研究》,《科学学与科学技术管理》2012 年第 10 期。

王德华:《班杜拉的自我效能理论述评》,《湖北师范学院学报》(哲学社会科学版）1992 年第 5 期。

王辉、牛雄鹰、Kenneth:《领导—部属交换的多维结构及对工作绩效和情境绩效的影响》,《心理学报》2004 年第 2 期。

王璐、高鹏:《职业认同、团队认同对员工建言行为影响的实证研究》,《数学的实践与识》2011 年第 1 期。

王双龙:《华人企业的家长式领导对创新行为的作用路径研究》,《科研管理》2015 年第 7 期。

王智宁、高放、叶新凤:《创造力研究述评:概念、测量方法和影响因素》,《中国矿业大学学报》(社会科学版) 2016 年第 1 期。

卫寒阳、宋君、何昌清:《德行领导与员工创造力——LMX 与团队认同的中介作用》,《软科学》2017 年第 10 期。

翁清雄、席酉民:《职业成长与离职倾向:职业承诺与感知机会的调节作用》,《南开管理评论》2010 年第 2 期。

吴维库、王未、刘军等:《辱虐管理、心理安全感知与员工建言》,《管理学报》2012 年第 1 期。

武艳茹:《员工—主管个性匹配度对工作绩效的影响》,《企业改革与管理》2016 年第 13 期。

谢礼珊、杨莹:《构筑支持授权的企业文化》,《中外企业文化》2002 年第 15 期。

谢礼珊、张燕:《组织公正性、感觉中的企业支持与员工心理受权关系实证研究》,《北京第二外国语学院学报》2005 年第 5 期。

薛继东、李海:《团队创新影响因素研究述评》,《外国经济与管理》2009 年第 2 期。

阳莉华:《大学生创新效能感量表的初步编制》,《中国健康心理学杂志》2007 年第 4 期。

杨晶照、杨东涛、孙倩景:《组织文化类型对员工创新行为的作用机理研究》,《科研管理》2012 年第 9 期。

杨英、李伟:《心理授权对个体创新行为的影响——同事支持的调节作用》,《中国流通经济》2013 年第 3 期。

易靓:《自我效能感理论综述》,《佳木斯职业学院学报》2017 年第 9 期。

余吟吟、陈英葵:《方法与变量:企业团队创造力研究现状述评与展望》,《科技管理研究》2014 年第 3 期。

张建琦、汪凡:《民营企业职业经理人流失原因的实证研究——对广东民营企业职业经理人离职倾向的检验分析》,《管理世界》2003 年第 9 期。

张莉、夏莹、孙达:《基于集体主义情境的变革型领导、组织承诺与离职倾向研究》,《管理学报》2013 年第 9 期。

张勉、李树茁:《雇员主动离职心理动因模型评述》,《心理科学进展》2002 年第 3 期。

张勉、张德:《企业雇员离职意向的影响因素:对一些新变量的量化研究》,《管理评论》2007 年第 4 期。

张燕等:《组织内创造力影响因素的研究综述》,《管理学报》2011 年第 2 期。

赵红丹、彭正龙:《服务型领导与团队绩效:基于社会交换视角的解释》,《系统工程理论与实践》2013 年第 10 期。

赵西萍、刘玲、张长征:《员工离职倾向影响因素的多变量分析》,《中国软科学》2003 年第 3 期。

赵映振、刘兵、彭莱:《企业员工离职倾向影响因素的探索研究》,《人类工效学》2005 年第 4 期。

钟芳冰、彭灿、陈悦:《团队氛围对个体创造力与团队创造力的影响》,《价值工程》2011 年第 15 期。

钟卫东、孙大海、施立华:《创业自我效能感、外部环境支持与初创科技企业绩效的关系——基于孵化器在孵企业的实证研究》,《南开管理评论》2007 年第 10 期。

周浩、龙立荣:《变革型领导对下属进谏行为的影响:组织心理所有权与传统性的作用》,《心理学报》2012 年第 3 期。

周浩、龙立荣:《工作不安全感、创造力自我效能对员工创造力的影响》,《心理学报》2011年第8期。

周文霞、郭桂萍:《自我效能感:概念、理论和应用》,《中国人民大学学报》2006年第1期。

朱巧云、杨琴英、孙丹君:《心理授权对护士创新行为的影响》,《中国护理管理》2014年第3期。

Abbasi, S. M., and Hollman, K. W., "Turnover: The Real Bottom Line", *Public Personnel Management*, Vol. 29, 2000, pp. 333-342.

Adarves-Yorno, I., Postmes, T., and Haslam, S. A., "Creative Innovation or Crazy Irrelevance? The Contribution of Group Norms and Social Identity to Creative Behavior", *Journal of Experimental Social Psychology*, Vol. 43, No. 3, 2007, pp. 410-416.

Ahearne, Michael, J. Mathieu, and A. Rapp., "To Empower or Not to Empower Your Sales Force? An Empirical Examination of the Influence of Leadership Empowerment Behavior on Customer Satisfaction and Performance", *Journal of Applied Psychology*, Vol. 90, No. 5, 2005, pp. 945-955.

Aiken, L. S., West, S. G., and Reno, R. R., *Multiple Regression: Testing and Interpreting Interactions*, Newbury Park, CA: Sage Publications, 1991.

Alge, B. J., Ballinger, G. A., Tangirala, S., and Oakley, J. L., "Information Privacy in Organizations: Empowering Creative and Extrarole Performance", *Journal of Applied Psychology*, Vol. 91, 2006, pp. 221-232.

Allen, N. J., and Meyer, J. P., "The Measurement and Antecedents of Affective, Continuance and Normative Commitment to the Organization", *Journal of Occupational Psychology*, Vol. 63, No. 1, 1990, pp. 1-18.

Amabile, T. M., *Creativity in Context: Update to the Social Psychology of Creativity*, Westview Press, 1986

Amabile, T. M. "A Model of Creativity and Innovation in Organizations", *Research in Organizational Behavior*, Vol. 10, 1988, pp. 123-167.

Amabile, Teresa M., et al., "Assessing the Work Environment for Creativity",

Academy of Management Journal, Vol. 39, No. 5, 1996, pp. 1154-1184.

Amabile, Teresa M., "Motivating Creativity in Organizations: On Doing What You Love and Loving What You Do", *California Management Review*, Vol. 40, No. 1, 1997, pp. 39-58.

Amabile, Teresa M., S. G. Barsade, and M. B. M. Staw., "Affect and Creativity at Work", *Administrative Science Quarterly*, Vol. 50, No. 3, 2005, pp. 367-403.

Ang, Magdalene C. H., Muhamad Jantani, and Mahfooz A. Ansari., "Supervisor vs. Subordinate Perception on Leader-member Exchange Quality: A Malaysian Perspective", *International Journal of Biometrics*, Vol. 4, No. 7, 2009, pp. 135-146.

Anne Cummings, and Greg R. Oldham, "Enhancing Creativity: Managing Work Contexts For The High Potential Employee", *California Management Review*, Vol. 40, No. 1, 1997, pp. 22-38.

Aryee, S., Budhwar, P. S., and Chen, Z. X., "Trust as a Mediator of the Relationship Between Organization Justice and Work Outcomes: Test of a Social Exchange Model", *Journal of Organizational Behavior*, Vol. 23, 2002, pp. 267-280.

Ashforth, B., and Mael, F., "Social Identity Theory and the Organization", *Academy of Management Review*, Vol. 1, 1989, pp. 20-39.

Ashforth, B. E., Harrison, S. H., and Corley, K. G., "Identification in Organizations: An Examination of Four Fundamental Questions", *Journal of Management*, Vol. 34, 2008, pp. 325-374.

Avolio, B. J., Walumbwa, F. O., and Weber, T. J., "Leadership: Current Theories, Research, and Future Directions", *Annual Review of Psychology*, Vol. 60, 2009, pp. 421-449.

Baard, P.P., Deci, E.L., and Ryan, R.M., "Intrinsic Need Satisfaction: A Motivational Basis of Performance and Well-being in Two Work Settings",

Journal of Applied Social Psychology, Vol. 34, No. 2, 2004, pp. 2045-2068.

Baer, M., and Oldham, G. R., "The Curvilinear Relation between Experienced Creative Time Pressure and Creativity: Moderating Effects of Openness to Experience and Support for Creativity", *Journal of Applied Psychology*, Vol. 91, 2006, pp. 963-970.

Baker, F. D., "The Development of Collective Efficacy in Small Task Groups", *Small Group Research*, Vol. 32, No. 4, 2001, pp. 451-474.

Bandura, A., *Social Foundations of Thought and Action: A Social-cognitive View*, Englewood Cliffs, NI: Prentice-Hall, 1986.

Bandura, A., Self-regulation of Motivation and Action through Goal Systems. In V. Hamilton, G. H. Bower, and N. H. Frijda (Eds.), Cognitive Perspectives on Emotion and Motivation, Dordrecht, Netherlands: Kluwer Academic Publishers, 1988, pp. 37-61.

Bandura, A., *Self-efficacy in Changing Societies*, New York: Cambridge university Press, 1995.

Bandura, A., *Self-efficacy: The Exercise of Control*, New York, NY: Freeman, 1997.

Bandura, A., "Exercise of Human Agency Through Collective Efficacy", *Current Directions in Psychological Science*, Vol. 9, 2000, pp. 75-78.

Bandura, A., and Locke, E. A., "Negative Self-efficacy and Goal Effects Revisited", *Journal of Applied Asychology*, Vol. 88, 2003, pp. 87-89.

Bao, X., and Lam, S., "Who Makes the Choice? Rethinking the Role of Autonomy and Relatedness in Chinese Children's Motivation", *Child Development*, Vol. 79, No. 2, 2008, pp. 269-283.

Barbuto, John E., and Robert W. Hayden., "Testing Relationships between Servant Leadership Dimensions and Leader Member Exchange (LMX)", *Journal of Leadership Education*, Vol. 10, No. 2, 2011, pp. 22-37.

Barge, J. K., and Schlueter, D. W., "Leadership as Organizing: A Critique of Leadership Instruments", *Management Communication Quarterly*, Vol. 4, No. 4, 1991, pp. 541-570.

Bass, B. M., "Two Decades of Research and Development in Transformational Leadership", *European Journal of Work and Organizational Psychology*, Vol. 8, 1999, pp. 9-32.

Bass, Bernard M., "The Future of Leadership in Learning Organizations", *Journal of Leadership Studies*, Vol. 7, No. 3, 2000, pp. 18-40.

Basu, Raja, and Green, S. G., "Leader member Exchange and Transformational Leadership: An Empirical Examination of Innovative Behaviors in Leader cm ember Dyads", *Journal of Applied Social Psychology*, Vol. 27, No. 6, 1997, pp. 477-499.

Baumeister, R. F., Bratslavsky, E., Muraven, M., and Tice, D. M., "Ego Depletion: is the Active Self A Limited Resource?", *Journal of Personality and Social Psychology*, Vol. 74, 1988, pp. 1252-1265.

Beghetto, and Ronald, A., "In Search of the Unexpected: Finding Creativity in the Micromoments of the Classroom", *Psychology of Aesthetics Creativity & the Arts*, Vol. 3, No. 1, 2009, pp. 2-5.

Bharadwaj, A. S., "A Resource-based Perspective on Information Technology Capability and Firm Performance: An Empirical Investigation", *MIS Quarterly*, Vol. 24, No. 1, 2000, pp. 169-196.

Bienenstock, Elisa Jayne, and Bonacich, Phillip., "Network Exchange as A Cooperative Game", *Rationality and Society*, Vol. 9, 1997, pp. 937-965.

Blau, P. M., *Exchange and Power in Social Life* (2nd printing), New Brunswick, NJ: Transaction Books, 1986.

Blau, P. M., *Exchange and Power in Social Life*, New York: Wiley, 1997.

Block, P., "Servant-leadership: Creating an Alternative Future. Keynote address, 2005 International Servant Leadership Conference, Indianapolis, Indiana, United States of Americas", *International Journal of Servant*

Leadership, Vol. 2, 2005, pp. 55-79.

Bolino, M. C., and Turnley, W. H., "The Personal Costs of Citizenship Behavior: the Relationship Between Individual Initiative and Role Overload, Job Stress, and Work-family Conflict", *Journal of Applied Psychology*, Vol. 90, 2005, pp. 740-748.

Brashear, T. G., Bellenger, D. N., Boles, J. S., and Barksdale Jr, H. C., "An Exploratory Study of the Relative Effectiveness of Different Types of Sales Force Mentors", *Journal of Personal Selling & Sales Management*, Vol. 26, 2006, pp. 7-18.

Braunstein-Bercovitz, H., Frish-Burstein, S., and Benjamin, B. A., "The Role of Personal Resources in Work–family Conflict: Implications for Young Mothers' Well-being", *Journal of Vocational Behavior*, Vol. 80, 2016, pp. 317-325.

Brislin, R. W., "Translation and Content Analysis of Oral and Written Material", *Handbook of Cross-cultural Psychology*, Vol. 2, 1980, pp. 349-444.

Brower, Holly H., F. David Schoorman, and Hwee Hoon Tan, "A Model of Relational Leadership: The Integration of Trust and Leader-member Exchange", *The Leadership Quarterly*, Vol. 11, No. 2, 2000, pp. 227-250.

Burns, Janet Z., and Fred L. Otte, "Implications of Leader-member Exchange Theory and Research for Human Resource Development Research", *Human Resource Development Quarterly*, Vol. 10, No. 3, 1999, pp. 225-248.

Burris, Ethan R., J. R. Detert, and D. S. Chiaburu., "Quitting Before Leaving: The Mediating Effects of Psychological Attachment and Detachment on Voice", *Journal of Applied Psychology*, Vol. 93, No. 4, 2008, pp. 912-922.

Byron, K., "A Meta-analytic Review of Work–family Conflict and Its Antecedents", *Journal of Vocational Behavior*, Vol. 67, 2005, pp. 169-198.

Carlson, D., Ferguson, M., Hunter, E., and Whitten, D., "Abusive Supervision and Work–family Conflict: The Path Through Emotional Labor and Burnout", *The Leadership Quarterly*, Vol. 23, 2012, pp. 849-859.

Carmeli, Abraham, and J. Schaubroeck., "The Influence of Leaders' and Other Referents' Normative Expectations on Individual Involvement in Creative Work", *The Leadership Quarterly*, Vol. 18, No. 1, 2007, pp. 35-48.

Carmeli, A., and Paulus, P. B., "CEO Ideational Facilitation Leadership and Team Creativity: The Mediating Role of Knowledge Sharing", *The Journal of Creative Behavior*, Vol. 49, 2015, pp. 53-75.

Chan, D., "Functional Relations Among Constructs in the Same Content Domain at Different Levels of Analysis: A Typology of Composition Models", *Journal of Applied Psychology*, Vol. 83, 1998, p. 234.

Chen, G., Gully, S. M., and Eden, D., "Validation of a New General Self-efficacy Scale", *Organizational Research Methods,* Vol. 4, No. 1, 2001, pp. 62-83.

Chen, Gilad, and Bliese, P. D., "The Role of Different Levels of Leadership in Predicting Self- and Collective Efficacy: Evidence for Discontinuity", *Journal of Applied Psychology*, Vol. 87, No. 3, 2002, pp. 549-556.

Chen, X.P., Eberly, M.B., Chiang, T.J., Farh, J.L. and Cheng, B.S., "Affective Trust in Chinese Leaders: Linking Paternalistic Leadership to Employee Performance", *Journal of Management*, Vol. 40, No. 3, 2014, pp. 796-819.

Cherian, J., and Jacob, J. "Impact of Self Efficacy on Motivation and Performance of Employees", *International Journal of Business and Management*, Vol. 8, 2013, pp. 80-88.

Cheung, G. W., and Chow, I. H. S. "Subcultures in Greater China: A Comparison of Managerial Values in the People's Republic of China, Hong Kong, and Taiwan", *Asia Pacific Journal of Management*, Vol. 16, 1999, pp. 369-387.

Chiniara, M., & Bentein, K., "Linking Servant Leadership to Individual Performance: Differentiating the Mediating Role of Autonomy, Competence and Relatedness Need Satisfaction", *The Leadership Quarterly*, Vol. 27, 2016, pp. 124-141.

Chirkov, V.I., Ryan, R.M., Kim, Y., and Kaplan, U., "Differentiating Autonomy From Individualism and Independence: A Self-determination Theory Perspective on Internalization of Cultural Orientations and Well-being", *Journal of Personality and Social Psychology*, Vol. 84, No. 2, 2003, pp. 97-110.

Chirkov, V.I., and Ryan, R.M., "Parent and Teacher Autonomy-support in Russian and U.S. Adolescents: Common Effects on Well-being and Academic Motivation", *Journal of Cross Cultural Psychology*, Vol. 32, No. 2, 2001, pp. 618-635.

Choi, Y., and Mai-Dalton, R. R., "The Model of Followers' Responses to Self-sacrificial Leadership: An Empirical Test", *The Leadership Quarterly*, Vol. 10, 1999, pp. 397-421.

Clemens, E., Milsom, A., and Cashwell, C., "Using Leader-Member Exchange Theory to Examine Principal—School Counselor Relationships, School Counselors' Roles, Job Satisfaction, and Turnover Intentions", *Professional School Counseling*, Vol. 13, 2009, pp. 75-85.

Cleveland, J. N., O'Neill, J. W., Himelright, J. L., Harrison, M. M., Crouter, A. C., and Drago, R., "Work and Family Issues in the Hospitality Industry: Perspectives of Entrants, Managers, and Spouses", *Journal of Hospitality and Tourism Research*, Vol. 31, No. 2, 3, 2007, pp. 275-298.

Conger, Jay A., and Rabindra N. Kanungo, "The Empowerment Process: Integrating Theory and Practice", *Academy of Management Review*, Vol. 13, No. 3, 1988, pp. 471-482.

Cook, Karen S., and Emerson, Richard M., "Exchange Networks and the Analysis of Complex Organizations", *Research in the Sociology of Organizations*, Vol. 3, 1984, pp. 1-30.

Cook, Karen S., and Yamagishi, Toshio, "Power in Exchange Networks: A Power-dependence Formulation", *Social Networks*, Vol. 14, 1992, pp. 245-265.

Cook, Karen S., and Eric Rice, *Handbook of Social Psychology*, New

York: Kluwer Academic/Plenum Publishers, 2003.

Corsten D., and Kumar N., "Do Suppliers Benefit from Collaborative Relationships with Large Retailers", *Journal of Marketing*, Vol. 69, No. 3, 2005, pp. 80-94.

Cropanzano, Russell, and Marie S. Mitchell, "Social Exchange Theory: An Interdisciplinary Review", *Journal of Management*, Vol. 31, No. 6, 2005, pp. 874-900.

Cropanzano R., Li A., and Benson L., "Peer Justice and Teamwork Process", *Group & Organization Management:An International Journal*, Vol. 36, No. 5, 2011, pp. 567-596.

Dansereau, F., Yammarino, F. J., and Markham, S. E., "Leadership: The Multiple-level Approaches", *Leadership Quarterly*, Vol. 6, No. 2, 1995, pp. 97-109.

Davis, J. H., Schoorman, F. D., and Donaldson, L., "Toward a Stewardship Theory of Management", *Academy of Management Review*, Vol. 22, 1997, pp. 20-47.

Dean Keith Simonton., "Genius: The Natural History of Creativity: H. Eysenck: Cambridge University Press, Cambridge(1995)", *Behaviour Research & Therapy*, Vol. 34, No. 4, 1996, pp. 395-398.

Deci, E.L., and Ryan, R.M., "The 'What' and 'Why' of Goal Pursuits: Human Needs and the Self-determination of Behavior", *Psychological Inquiry*, Vol. 11, No. 2, 2000, pp. 227-268.

Deci, E.L., and Ryan, R.M., "The Empirical Exploration of Intrinsic Motivational Processes", In L. Berkowitz(ed.), *Advances in Experimental Social Psychology*, Vol. 13, No. 2, 1980, pp. 39-80.

Deci, E.L., "Within-person Variation in Security of Attachment: A self-Determination Theory Perspective on Attachment, Need Fulfillment", and Well-being. *Journal of Personality and Social Psychology*, Vol. 79, 2000, pp. 367-384.

Deci, E.L., Ryan, R.M., Gagné, M., Leone, D.R., Usunov, J., and Kornazheva, B.P., "Need Satisfaction, Motivation, and Well-being in the Work Organizations of a Former Eastern Bloc Country", *Personality and Social Psychology Bulletin*, Vol. 27, 2001, pp. 930-942.

Deci, E.L., "Large-scale School Reform as Viewed From the Self-Determination Theory Perspective", *Theory and Research in Education*, Vol. 7, No. 2, 2009, pp. 247-255.

Demir, K., "Transformational Leadership and Collective Efficacy: The Moderating Roles of Collaborative Culture and Teachers' Self-efficacy", *Eurasian Journal of Educational Research*, Vol. 33, 2008, pp. 93-112.

Derks, B., Van Laar, C., and Ellemers, N., "Social Creativity Strikes Back: Improving Low Status Group Members' Motivation and Performance by Valuing Ingroup Dimensions", *European Journal of Social Psychology*, Vol. 37, No. 3, 2007, pp. 470-493.

Diehl, M., "The Minimal Group Paradigm: Theoretical Explanations and Empirical Findings", *European Review of Social Psychology*, Vol. 1, 1990, pp. 263-292.

Dienesch, Richard M., and Robert C., Liden., "Leader-member Exchange Model of Leadership: A Critique and Further Development", *Academy of Management Review*, Vol. 11, No. 3, 1986, pp. 618-634.

Donaldson, L., and Davis, J. H., "Stewardship Theory or Agency Theory: CEO Governance and Shareholder Returns", *Australian Journal of Management*, Vol. 16, 1991, pp. 49-64.

Doosje, B., Spears, R., Ellemers, N., and Koomen, W., "Group Variability in Intergroup Relations: The Distinctive Role of Social Identity", *European Review of Social Psychology*, Vol. 10, 1999, pp. 41-74.

Dreu, and De, C. K. W., "Team Innovation and Team Effectiveness: The Importance of Minority Dissent and Reflexivity", *European Journal of Work*

& *Organizational Psychology*, Vol. 11, No. 3, 2002, pp. 285-298.

Earley, P. C., "Social Loafing and Collectivism: A Comparison of the United States and the People's Republic of China", *Administrative Science Quarterly*, Vol. 34, No. 4, 1989, pp. 565-581.

Earley, P. C., and Gibson, C. B., "Taking Stock in Our Progress on Individualism-collectivism: 100 Years of Solidarity and Community", *Journal of Management*, Vol. 24, 1998, pp. 265-304.

Eby, L. T., Casper, W. J., Lockwood, A., Bordeaux, C., and Brinley, A., "Work and Family Research in IO/OB: Content Analysis and Review of the Literature (1980–2002)", *Journal of Vocational Behavior*, Vol. 66, 2005, pp. 124-197.

Edmondson, A., "Psychological Safety and Learning Behavior in Work Teams", *Administrative Science Quarterly*, Vol. 44, 1999, pp. 350-383.

Ehrhart, M. G., "Leadership and Procedural Justice Climate as Antecedents of Unit-level Organizational Citizenship Behavior", *Personnel Psychology*, Vol. 57, 2004, pp. 61-94.

Ellemers, N., De Gilder, D. and Haslam, S.A., "Motivating Individuals and Groups at Work: A Social Identity Perspective on Leadership and Group Performance", *Academy of Management Review*, Vol. 29, No. 3, 2004a, pp. 459-478.

Ellemers, N., Van den Heuvel, H., De Gilder, D., Maass, A., and Bonvini, A., "The Underrepresentation of Women in Science: Differential Commitment or the Queen-bee Syndrome?", *British Journal of Social Psychology*, Vol. 43, No. 3, 2004b, pp. 315-338.

Elsbach, K.D., and Kramer, R.D., "Members' Responses to Organizational Identity Threats: Encountering and Countering the Business Week Rankings", *Administrative Science Quarterly*, Vol. 41, No. 2, 1996, pp. 442-476.

Erdogan, B., Liden, R. C., and Kraimer, M. L., "Justice and Leader-member Exchange: The Moderating Role of Organizational Culture", *Academy of Management Journal*, Vol. 49, No. 2006, pp. 395-406.

Fairhurst, Gail T., and Chandler, T. A., "Social Structure in Leader - Member Interaction", *Communication Monographs*, Vol. 56, No.3, 1989, pp. 215-239.

Farh, J. L., Hackett, R. D., and Liang, J., "Individual-level Cultural Values as Moderators of Perceived Organizational Support-employee Outcome Relationships in China: Comparing the Effects of Power Distance and Traditionality", *Academy of Management Journal*, Vol. 50, 2007, pp. 715-729.

Ferch, S., "Servant-leadership, Forgiveness, and Social Justice", *International Journal of Servant-Leadership*, Vol. 1, 2005, pp. 97-113.

Ferris, G. R., Liden, R. C., Munyon, T. P., Summers, J. K., Basik, K. J., and Buckley, M. R., "Relationships at Work: Toward a Multidimensional Conceptualization of Dyadic Work Relationships", *Journal of Management*, Vol. 35, 2009, pp. 1379-1403.

Festinger, L., "A Theory of Social Comparison Processes", *Human Relations*, Vol. 7, No.2, 1954, pp. 117-140.

Ford, C. M., "A Theory of Individual Creative Action in Multiple Social Domains", *Academy of Management review*, Vol. 21, 1996, pp. 1112-1142.

Fortier, M.S., Sweet, S.N., O'Sullivan, T.L., and Williams, G.C., "A Self-Determination Process Model of Physical Activity Adoption in the Context of a Randomized Controlled Trial", *Psychology of Sport and Exercise*, Vol. 8, 2007, pp. 741-757.

Friedman J., Thomas D., "Psychological Health Before, During, and After an Economic Crisis: Results from Indonesia, 1993 –2000", *World Bank Economic Review*, Vol. 23, No. 1, 2009, p. 57.

Frone, M. R., Russell, M., and Cooper, M. L., "Antecedents and Outcomes of Work-family Conflict: Testing a Model of the Work-family Interface", *Journal of applied psychology*, Vol. 77, 1992, pp. 65-78.

Gagné, M., and Deci, E. L., "Self-determination Theory and Work Motivation", *Journal of Organizational behavior*, Vol. 26, 2006, pp. 331-362.

Gailliot, M. T., Baumeister, R. F., DeWall, C. N., Maner, J. K., Plant, E. A., Tice, D. M., and Schmeichel, B. J., "Self-control Relies on Glucose as a Limited Energy Source: Willpower is More than a Metaphor", *Journal of Personality and Social Psychology*, Vol. 92, No. 2, 2007, pp. 325-336.

George, J. M., "Emotions and Leadership: The Role of Emotional Intelligence", *Human Relations*, Vol. 53, 2000, pp. 1027-1055.

Gerstner, C. R., and Day, D. V., "Meta-analytic Review of Leader-member Exchange Theory: Correlates and Construct Issues", *Journal of Applied Psychology*, Vol. 82, No. 6, 1997, pp. 827-844.

Gibson, Sherri, and Dembo, M. H., "Teacher Efficacy: A Construct Validation", *Journal of Educational Psychology*, Vol. 76, No. 4, 1984, pp. 569-582.

Gist, M. E., "Self-efficacy: Implications for Organizational Behavior and Human Resource Management", *Academy of Management Review*, Vol. 12, 1987, pp. 472-485.

Gist, M. E., Schwoerer, C., and Rosen, B., "Effects of Alternative Training Methods on Self-efficacy and Performance in Computer Software Training", *Journal of Applied Psychology*, Vol. 74, 1989, pp. 884-891.

Gockel, C., and Werth, L., "Measuring and Modeling Shared Leadership", *Journal of Personnel Psychology*, Vol. 9, No. 4, 2010, pp. 172-180.

Goh, Z., Ilies, R., and Wilson, K. S., "Supportive Supervisors Improve Employees' Daily Lives: The Role Supervisors Play in the Impact of Daily Workload on Life Satisfaction Via Work–family Conflict", *Journal of Vocational Behavior*, Vol. 89, 2015, pp. 65-73.

Gong, Y., Cheung, S. Y., Wang, M., and Huang, J. C., "Unfolding the Proactive Process for Creativity Integration of the Employee Proactivity,

Information Exchange, and Psychological Safety Perspectives", *Journal of management*, Vol. 38, 2012, pp. 1611-1633.

Gong, Y., Kim, T. Y., Lee, D. R., and Zhu, J., "A Multilevel Model of Team Goal Orientation, Information Exchange, and Creativity", *Academy of Management Journal*, Vol. 56, 2013, pp. 827-851.

Gooty, J., Connelly, S., Griffith, J., and Gupta, A., "Leadership, Affect and Emotions: A State of the Science Review", *The Leadership Quarterly*, Vol. 21, 2010, pp. 979-1004.

Graen, G.B., and Scandura, T.A., "Toward a Psychology of Dyadic Organizing", *Research in Organizational Behavior*, Vol. 9, 1987, pp. 175-208.

Graen, G.B., and Uhl-Bien, M., "Relationship-based Approach to Leadership: Development of Leader-member Exchange (LMX) Theory of Leadership over 25 Years: Applying a Multi-level Multidomain Perspective", *The Leadership Quarterly*, Vol. 6, No. 2, 1995, pp. 219-247.

Greenhaus, J. H., and Beutell, N. J., "Sources of Conflict between Work and Family Roles", *Academy of Management Review*, Vol. 10, No.1, 1985, pp. 76-88.

Greenleaf, R. K., *The Servant as Leader*, Newton Centre, MA: The Robert K. Greenleaf Center, 1970.

Greenleaf, R. K., *Servant Leadership: A Journey into the Nature of Legitimate Power and Greatness*, New York: Paulist Press, 1977.

Greenleaf, R. K., *The Power of Servant-leadership*, San Francisco: Berrett-Koehler, 1998.

Griffeth, R. W., Hom, P. W., and Gaertner, S., "A Meta-analysis of Antecedents and Correlates of Employee Turnover: Update, Moderator Tests, and Research Implications for the Next Millennium", *Journal of Management*, Vol. 26, 2000, pp. 463-488.

Grolnick, W.S., and Ryan, R.M., "Autonomy in Children's Learning: An

Experimental and Individual Difference Investigation", *Journal of Personality and Social Psychology*, Vol. 52, 1987, pp. 890-898.

Grolnick, W.S., *The Psychology of Parental Control*, Mahwah, NJ: Erlbaum. 2003.

Gu, Q., Tang, L.P., and Jiang, W., "Does Moral Leadership Enhance Employee Creativity? Employee Identification with Leader and Leader-member Exchange (LMX) in the Chinese Context", *Journal of Business Ethics*, Vol. 126, No. 3, 2015, pp. 513-529.

Gully, S. M., Incalcaterra, K. A., Joshi, A., and Beaubien, J. M., "A Meta-analysis of Team-efficacy, Potency, and Performance: Interdependence and Level of Analysis as Moderators of Observed Relationships", *Journal of Applied Psychology*, Vol. 87, 2002, pp. 819-832.

Gumusluoglu, L., and Ilsev, A., "Transformational Leadership, Creativity, and Organizational Innovation", *Journal of Business Research*, Vol. 62, 2006, pp. 461-473.

Gutierrez, M. J., Scott, J., "Psychological Treatment for Bipolar Disorders", *European Archives of Psychiatry & Clinical Neuroscience*, Vol. 254, No. 2, 2004, pp. 92-98.

Hackman, J. R., and Oldham, G. R., *Work Redesign*. Reading, MA: Addison-Wesley, 1980.

Hackman, J. R., *Group Influences on Individuals in Organizations*. Consulting Psychologists Press, 1992.

Hammer, L. B., Kossek, E. E., Anger, W. K., Bodner, T., and Zimmerman, K. L., "Clarifying Work-family Intervention Processes: The Roles of Work-family Conflict and Family-supportive Supervisor Behaviors", *Journal of Applied Psychology*, Vol. 96, 2011, pp. 134-150.

Harris, K. J., Wheeler, A.R., and Kacmar, K. M., "Leader-member Exchange and Empowerment: Direct and Interactive Effects on Job Satisfaction,

Turnover Intentions, and Performance", *The Leadership Quarterly*, Vol. 20, 2009, pp. 371-382.

Haslam, S. A., and Ellemers, N., "Social Identity in Industrial and Organizational Psychology: Concepts, Controversies and Contributions", in G.P. Hodgkinson and J.K. Ford (eds), *International Review of Industrial and Organizational Psychology*, Vol. 20, 2005, pp. 39-118.

Haslam, S.A., and Reicher, S.D., "Stressing the Group: Social Identity and the Unfolding Dynamics of Stress", *Journal of Applied Psychology*, Vol. 91, No. 5, 2006, pp. 1037-1052.

Haslam, S. A., Ellemers, N., Reicher, S. D., Reynolds, K. J., and Schmitt, M. T., *The Social Identity Perspective Today: An Overview of Its Defining Ideas*, New York: Psychology Press, 2010.

Heider, F., *The Psychology of Interpersonal Relations*. New York: Wiley. 1958.

Hepworth M., Harrison J., "A Survey of the Information Needs of People with Multiple Sclerosis", *Health Informatics Journal*, Vol. 10, No. 1, 2004, pp. 49-69.

Hill, T., Smith, N. D., and Mann, M. F., "Role of Efficacy Expectations in Predicting the Decision to Use Advanced Technologies", *Journal of Applied Psychology*, Vol. 72, 1987, pp. 307-314.

Hirst, G., Van Dick, R., and Van Knippenberg, D., "A Social Identity Perspective on Leadership and Employee Creativity", *Journal of Organizational Behavior*, Vol. 30, 2009, pp. 963-982.

Hoch, J. E., Bommer, W. H., Dulebohn, J. H., and Wu, D., "Do Ethical, Authentic, and Servant Leadership Explain Variance Above and Beyond Transformational Leadership? A Meta-analysis", *Journal of Management*, Vol. 44, No. 2, 2018, pp. 501-529.

Hofmann, D. A., and Gavin, M. B., "Centering Decisions in Hierarchical

Linear Models: Implications for Research in Organizations", *Journal of Management*, Vol. 24, 1988, pp. 623-641.

Hofstede, G., "Motivation, Leadership, and Organization: Do American Theories Apply Abroad?", *Organizational Dynamics*, Vol. 9, 1980, pp. 42-63.

Hofstede, G., *Culture's Consequences: Comparing Values, Behaviors, Institutions and Organizations Across Nations*, Thousand Oaks, CA: Sage Publications, 2001.

Hogg, M.A., and Van Knippenberg, D., "Social Identity and Leadership Processes in Groups", *Advances in Experimental Social Psychology*, Vol. 35, No. 3, 2004, pp. 1-52.

Homans, G. C., *Social Behavior and Its Elementary Forms*, New York: Harcourt, Brace and World, 1974.

Hornsey, M.J., and Jetten, J., "The Individual Within the Group: Balancing the Need to Belong with the Need to be Different", *Personality and Social Psychology Review*, Vol. 8, No. 3, 2004, pp. 248-264.

Hsiao, C., Lee, Y. H., and Chen, W. J., "The Effect of Servant Leadership on Customer Value Co-creation: A Cross-level Analysis of Key Mediating Roles", *Tourism Management*, Vol. 49, 2015, pp. 45-57.

Hu, J., and Liden, R. C., "Antecedents of Team Potency and Team Effectiveness: an Examination of Goal and Process Clarity and Servant Leadership", *Journal of Applied Psychology*, Vol. 96, 2011, pp. 851-862.

Hunter, E. M., Neubert, M. J., Perry, S. J., Witt, L. A., Penney, L. M., and Weinberger, E., "Servant Leaders Inspire Servant Followers: Antecedents and Outcomes for Employees and the Organization", *The Leadership Quarterly*, Vol. 24, 2013, pp. 316-331.

Irving, J. A., and Longbotham, G. J., "Team Effectiveness and Six Essential Servant Leadership Themes: A regression Model Based on Items in the Organizational Leadership Assessment", *International Journal of Leadership*

Studies, Vol. 2, 2007, pp. 98-113.

James, L. R., Demaree, R. G., and Wolf, G., "Estimating within-group Interrater Reliability with and without Response Bias", *Journal of Applied Psychology*, Vol. 69, 1984, pp. 85-98.

Jang, H., Reeve, J., Ryan, R.M., and Kim, A., "Can Self-determination Theory Explain What Underlies the Productive, Satisfying Learning Experiences of Collectivistically Oriented Korean Students?", *Journal of Educational Psychology*, Vol. 101, 2009, pp. 644-661.

Janssen O., and Huang X., "Us and me: Team Identificationand Individual Differentiation as Complementary Driversof Team Members' Citizenship and Creative Behaviors", *Journal of Management*, Vol. 34, No. 1, 2008, pp. 69-88.

Jaramillo, F., Grisaffe, D. B., Chonko, L. B., & Roberts, J. A., "Examining the Impact of Servant Leadership on Salesperson's Turnover Intention", *Journal of Personal Selling & Sales Management*, Vol. 29, 2009, pp. 351-365.

Jasso, Guillerrnina., "A New Representation of the Just Term in Distributive Justice Theory: Its Properties and Operation in Theoretical Derivation and Empirical Estimation", *Mathematical Sociology*, Vol. 12, 1986, pp. 251-274.

Jasso, Guillerrnina, "Studying Justice: Cross-country Data for Empirical Justice Analysis", *Social Justice Research*, Vol. 11, 1998, pp. 193-209.

Jaussi, Kimberly, S., Randel, A. E., and Dionne, S. D., "I Am, I Think I Can, and I Do: The Role of Personal Identity, Self-Efficacy, and Cross-Application of Experiences in Creativity at Work", *Creativity Research Journal*, Vol. 19, No. 2, 2007, pp. 247-258.

Jetten, J., Spears, R., and Postmes, T., "Intergroup Distinctiveness and Differentiation: A Meta-analytical Investigation", *Journal of Personality and Social Psychology*, Vol. 86, No. 6, 2004, pp. 862-879.

Jordan, J.V., "Do You Believe That the Concepts of Self and Autonomy Are Useful in Understanding Women?", In J.V. Jordan (ed.), *Women's*

Growth in Diversity: More Writings from the Stone Center, 1997, pp. 29-32.

Judge, Timothy, A., et al., "Personality and Leadership: A Qualitative and Quantitative Review", *Journal of Applied Psychology*, Vol. 87, No. 4, 2002, pp. 765-780.

Kage, M., and Namiki, H., "The Effects of Evaluation Structure on Children's Intrinsic Motivation and Learning", *Japanese Journal of Educational Psychology*, Vol. 38, 1990, pp. 36-45.

Kane, A. A., Argote, L., and Levine, J. M., "Knowledge Transfer between Groups Via Personnel Rotation: Effects of Social Identity and Knowledge Quality", *Organizational Behavior and Human Decision Processes*, Vol. 96, No. 1, 2005, pp. 56-71.

Kark, R., Shamir, B., and Chen, G., "The Two Faces of Transformational Leadership: Empowerment and Dependency", *Journal of Applied Psychology*, Vol. 88, 2003, p. 246.

Karwowski, Maciej, Dziedziewicz, D., Oledzka, D., and Karwowski, M., "Developing 4 to 6-year old Children's Figural Creativity Using A Doodle-book Program", *Thinking Skills and Creativity*, Vol. 9, 2013, pp. 85-95.

Kirkman, B. L., Chen, G., Farh, J. L., Chen, Z. X., and Lowe, K. B., "Individual Power Distance Orientation and Follower Reactions to Transformational Leaders: A cross-level, Cross-cultural Examination", *Academy of Management Journal*, Vol. 52, 2009, pp. 744-764.

Kollock, Peter, "The Emergence of Exchange Structures: An Experimental Study of Uncertainty, Commitment, and Trust", *American Journal of Sociology*, Vol. 100, 1994, pp. 313-345.

Komarraju, M., Dollinger, S. J., and Lovell, J. L., "Individualism-collectivism in Horizontal and Vertical Directions as Predictors of Conflict Management Styles", *International Journal of Conflict Management*, Vol. 19, 2008, pp. 20-35.

Konczak, L. J., Stelly, D. J., and Trust, M. L., "Defining and Measuring Empowering Leader Behaviors: Development of an Upward Feedback Instrument", *Educational and Psychological Measurement*, Vol. 60, 2000, pp. 301-313.

Kossek, E. E., Pichler, S., Bodner, T., and Hammer, L. B., "Workplace Social Support and Work–family Conflict: A Neta - analysis Clarifying the Influence of General and Work–family - specific Supervisor and Organizational Support", *Personnel Psychology*, Vol. 64, 2011, pp. 289-313.

Lawler, Edward, J., and Yoon, Jeongkoo, "Commitment in exchange relations: Test of a theory of relational cohesion", *American Sociological Review*, Vol. 61, 1996, pp. 89-108.

Leach, C., Ellemers, N., and Barreto, M., "Group Virtue: The Importance of Morality Vs. Competence and Sociability in the Evaluation of In-groups", *Journal of Personality and Social Psychology*, Vol. 93, No.2, 2007, pp. 234-249.

Lee, C. H., and Bruvold, N. T., "Creating Value for Employees: Investment in Employee Development", *The International Journal of Human Resource Management*, Vol. 14, 2003, pp. 981-1000.

Lepper, M.R., Greene, D., and Nisbett, R.E., "Undermining Children's Intrinsic Interest with Extrinsic Rewards: A Test of the 'Overjustification' Hypothesis", *Journal of Personality and Social Psychology*, Vol. 28, 1973, pp. 129-137.

Lester, Scott W., and B. M. M. A. Korsgaard., "The Antecedents and Consequences of Group Potency: A Longitudinal Investigation of Newly Formed Work Groups", *Academy of Management Journal*, Vol. 45, No.2, 2002, pp. 352-368.

Li, A., Shaffer, J., and Bagger, J., "The Psychological Well-being of Disability Caregivers: Examining the Roles of Family Strain, Family-to-work Conflict, and Perceived Supervisor Support", *Journal of Occupational Health*

Psychology, Vol. 20, 2015, pp. 40-49.

Li, F., and Aksoy, L., "Dimensionality of Individualism–collectivism and Measurement Equivalence of Triandis and Gelfand's Scale", *Journal of Business and Psychology*, Vol. 21, 2007, pp. 313-329.

Li, G., Shang, Y., Liu, H., and Xi, Y., "Differentiated Transformational Leadership and Knowledge Sharing: A Cross-level Investigation", *European Management Journal*, Vol. 32, 2014, pp. 554-563.

Li, Ning , J. Liang , and Crant, J. M., "The Role of Proactive Personality in Job Satisfaction and Organizational Citizenship Behavior: A Relational Perspective", *Journal of Applied Psychology*, Vol. 95, No. 2, 2010, pp. 395-404.

Liden, R. C., Wayne, S. J., Meuser, J. D., Hu, J., Wu, J., and Liao, C., "Servant Leadership: Validation of A Short Form of the SL-28", *The Leadership Quarterly*, Vol. 26, 2005, pp. 254-269.

Liden, R. C., Wayne, S. J., Zhao, H., and Henderson, D., "Servant Leadership: Development of A Multidimensional Measure and Multi-level Assessment", *The Leadership Quarterly,* Vol. 19, 2008, pp. 161-177.

Liden, R. C., Wayne, S. J., Liao, C., and Meuser, J. D., "Servant Leadership and Serving Culture: Influence on Individual and Unit Performance", *Academy of Management Journal*, Vol. 57, No. 5, 2014, pp. 1434-1452.

Locke, E. A., Frederick, E., Lee, C., and Bobko, P., "Effect of Self-efficacy, Goals, and Task Strategies on Task Performance", *Journal of Applied Psychology*, Vol. 69, 1984, pp. 241-251.

Lorinkova, N. M., Pearsall, M. J., and Sims, H. P., "Examining the Differential Longitudinal Performance of Directive Versus Empowering Leadership in Teams", *Academy of Management Journal*, Vol. 56, 2013, pp. 573-596.

Luthans, F., "The Need and Meaning of Positive Organizational Behavior", *Journal of Organizational Behavior*, Vol. 23, 2002, pp. 695-706.

Lynch, M.F., La Guardia, J.G., and Ryan, R.M., "On Being Yourself in

Different Cultures: Ideal and Actual Self-concept, Autonomy Support, and Well-being in China, Russia, and the United States", *Journal of Positive Psychology*, Vol. 4, 2009, pp. 290-394.

Macik-Frey, M., Quick, J. C., and Cooper, C. L., "Authentic Leadership as A Pathway to Positive Health", *Journal of Organizational Behavior*, Vol. 30, 2009, pp. 453-458.

Mael, F. A., and Ashforth, B. E., "Loyal From Say One: Biodata, Organizational Identification and Turnover among Newcomers", *Personnel Psychology*, Vol. 48, No. 2, 1995, pp. 309-333.

Mahsud, R., Yukl, G., and Prussia, G., "Leader Empathy, Ethical Leadership, and Relations-oriented Behaviors as Antecedents of Leader-member Exchange Quality", *Journal of Managerial Psychology*, Vol. 25, No. 6, 2010, pp. 561-577.

Major, Debra A., et al., "A Longitudinal Investigation of Newcomer Expectations, Early Socialization Outcomes, and the Moderating Effects of Role Development Factors", *Journal of Applied Psychology*, Vol. 80, No. 3, 1995, pp. 418-431.

Martins, E. C., and Terblanche, F., "Building Organisational Culture That Stimulates Creativity and Innovation", *European Journal of Innovation Management*, Vol. 6, 2003, pp. 64-74.

Maslow, A.H., *The Farther Reaches of Human Nature*, New York: Viking Press. 1971.

Maslyn, John M., and M. Uhl-Bien., "Leader-member Exchange and Its Dimensions: Effects of Self-effort and Others Effort on Relationship Quality", *Journal of Applied Psychology*, Vol. 86, No. 4, 2001, pp. 697-708.

Mathieu, J. E., and Taylor, S. R., "A Framework for Testing Meso-mediational Relationships in Organizational Behavior", *Journal of Organizational Behavior*, Vol. 28, 2007, pp. 141-172.

McAllister, D. J., and Bigley, G. A., "Work Context and the Definition of

Self: How Organizational Care Influences Organization-basei Self-esteem", *Academy of Management Journal*, Vol. 45, No. 2002, pp. 894-904.

McClelland, D. C., and Burnham, D. H., "Power is the Great Motivator", *Harvard Business Review*, Vol. 54, 1976, pp. 100-110.

McGarty, C., "Social Identity Theory Does Not Maintain That Identification Produces Bias and Selfcategorization Theory Does Not Maintain That Salience is Identification: Two Comments on Mummendey, Klink and Brown", *British Journal of Social Psychology*, Vol. 40, No. 2, 2001, pp. 173-176.

Menon, S. T., "Employee Empowerment: An Integrative Psychological Approach", *Applied Psychology*, Vol. 50, No. 1, 2001, pp. 153-180.

Mesmer-Magnus, J. R., and Viswesvaran, C., "Convergence between Measures of Work-to-family and Family-to-work Conflict: A Meta-Analytic Examination", *Journal of Vocational Behavior*, Vol. 67, No. 2, 2005, pp. 215-232.

Michel, J. S., Kotrba, L. M., Mitchelson, J. K., Clark, M. A., and Baltes, B. B., " Antecedents of Work-family Conflict: A Meta - analytic Review", *Journal of Organizational Behavior*, Vol. 32, 2011, pp. 689-725.

Mobley, W. H., "Some Unanswered Questions in Turnover and Withdrawal Research", *Academy of Management Review*, Vol. 7, 1982, pp. 111-116.

Molm, Linda, "Structure, Action, and Outcomes: The Dynamics of Power in Social Exchange, *American Sociological Review,* Vol. 55, 1990, pp. 427-447.

Molm, Linda, Quist, Theron M., and Wiseley, Phillip A., "Imbalanced Structures, Unfair Strategies: Power and Justice in Social Exchange", *American Sociological Review*, Vol. 49, 1994, pp. 98-121.

Molm, Linda., *Coercive Power in Social Exchange*, Cambridge: Cambridge University Press, 1997a.

Molm, Linda.. "Risk and Power Use: Constraints on the Use of Coercion in Exchange", *American Sociological Review*, Vol. 62, 1997b, pp. 113-133.

Molm, Linda, Peterson, Gretchen, and Takahashi, N., "Power in Negotiated and Reciprocal Exchange", *American Sociological Review*, Vol. 64, 1999, pp. 876-890.

Mulki, J. P., Jaramillo, F., and Locander, W. B., "Effects of Ethical Climate and Supervisory Trust on Salesperson's Job Attitudes and Intentions to Quit", *Journal of Personal Selling & Sales Management*, Vol. 26, No. 2006, pp. 19-26.

Mulvey, P. W., and B. A. Ribbens., "The Effects of Intergroup Competition and Assigned Group Goals on Group Efficacy and Group Effectiveness", *Small Group Research*, Vol. 30, No.6, 1999, pp. 651-677.

Mumford, M. D., Scott, G. M., Gaddis, B., and Strange, J. M., "Leading Creative People: Orchestrating Expertise and Relationships", *The Leadership Quarterly*, Vol. 13, 2002, pp. 705-750.

Netemeyer, R. G., Boles, J. S., and McMurrian, R., "Development and Validation of Work–family Conflict and Family-work Conflict Scales", *Journal of Applied Psychology*, Vol. 81, 1996, pp. 400-410.

Neubert, M. J., Kacmar, K. M., Carlson, D. S., Chonko, L. B., and Roberts, J. A., "Regulatory Focus as A Mediator of the Influence of Initiating Structure and Servant Leadership on Employee Behavior", *Journal of Applied Psychology*, Vol. 93, 2008, pp.1220-1233.

Neubert, M. J., Hunter, E. M., and Tolentino, R. C., "A Servant Leader and Their Stakeholders: When Does Organizational Structure Enhance A Leader's Influence?", *The Leadership Quarterly: Available online*, Vol. 27, No.6, 2016, pp. 896-910.

Newman, A., Schwarz, G., Cooper, B., and Sendjaya, S., "How Servant Leadership Influences Organizational Citizenship Behavior: The Roles of LMX, Empowerment, and Proactive Personality", *Journal of Business Ethics*, Vol. 145, No.1, 2017, pp. 49-62.

Newman, A., Neesham, C., Manville, G., and Tse, H. H., "Examining the Influence of Servant and Entrepreneurial Leadership on the Work Outcomes of Employees in Social Enterprises", The *International Journal of Human Resource Management,* Vol. 29, No. 20, 2018, pp. 2905-2926.

Owens, B. P., and Hekman, D. R., "Modeling How to Grow: An Inductive Examination of Humble Leader Behaviors, Contingencies, and Outcomes", *Academy of Management Journal,* Vol. 55, 2012, pp. 787-818.

Patterson, K. A., *Servant Leadership: A Theoretical Model,* Doctoral dissertation, Regent University, 2003.

Pearce, C. L., and Herbik, P. A., "Citizenship Behavior at the Team Level of Analysis: The Effects of Team Leadership, Team Commitment, Perceived Team Support, and Team Size", *The Journal of Social Psychology,* Vol. 144, 2008, pp. 293-310.

Pearce, Craig L., and M. D. Ensley, "A reciprocal and Longitudinal Investigation of The Innovation Process: The Central Role of Shared Vision in Product and Process Innovation Teams (PPITs)", *Journal of Organizational Behavior,* Vol. 25, No. 2, 2004, pp. 259-278.

Pearsall, M. J., and Venkataramani, V., "Overcoming Asymmetric Goals in Teams: The Interactive Roles of Team Learning Orientation and Team Identification", *Journal of Applied Psychology,* Vol. 100, No. 3, 2015, pp. 735-748.

Pelletier, L.G., and Sharp, E., "Persuasive Communication and Proenvironmental Behaviours: How Message Tailoring and Message Framing Can Improve Integration of Behaviors Through Self-determined Motivation", *Canadian Psychology,* Vol. 49, 2008, pp. 210-217.

Peterson, C., and Seligman, M. E. P., *Character Strengths and Virtues, A Handbook and Classification,* Oxford: Oxford University Press. 2004.

Piaget, J., *Biology and Knowledge,* Chicago: University of Chicago Press. 1971.

Piccolo, R. F., and Colquitt, J. A., "Transformational Leadership and Job Behaviors: The Mediating Role of Core Job Characteristics", *Academy of Management Journal,* Vol. 49, 2006, pp. 327-340.

Pieterse, A. N., Van Knippenberg, D., Schippers, M., and Stam, D., "Transformational and Transactional Leadership and Innovative Behavior: The Moderating Role of Psychological Empowerment", *Journal of Organizational Behavior*, Vol. 31, 2010, pp. 609-623.

Pirola-Merlo A., and Mann I., "The Relationship between Individual Creativity and Team Creativity: Aggregating Across People and Time", *Journal of Organizational Behavior*, Vol. 25, No. 2, 2004, pp. 235-257.

Postmes, T., Haslam, S.A. and Swaab, R., "Social Influence in Small Groups: An Interactive Model of Identity Formation", *European Review of Social Psychology*, Vol. 16, 2005, pp. 1-42.

Price, J. L., "Reflections on the Determinants of Voluntary Turnover", *International Journal of Manpower*, Vol. 22, 2001, pp. 600-624.

Rabbie, J.M., Schot, J.C., and Visser, L., "Social Identity Theory: A Conceptual and Empirical Critique From the Perspective of A Behavioral Interaction Model", *European Journal of Social Psychology*, Vol. 19, No. 3, 1989, pp. 171-202.

Reber, Arthur S., "The Penguin Dictionary of Psychology", *American Journal of Psychology*, Vol. 99, 1985, pp. 568-569.

Redmond, Matthew R., Mumford, M. D., and R. Teach, "Putting Creativity to Work: Effects of Leader Behavior on Subordinate Creativity", *Organizational Behavior & Human Decision Processes*, Vol. 55, No. 1, 1993, pp. 120-151.

Reeve, J., Jang, H., Hardre, P., and Omura, M., "Providing a Rationale in an Autonomy-supportive Way as a Strategy to Motivate Others During an Uninteresting Activity", *Motivation and Emotion*, Vol. 26, 2002, pp. 183-207.

Reicher, S.D., Haslam, S.A., and Hopkins, N., "Social Identity and the Dynamics of Leadership: Leaders and Followers as Collaborative Agents in the Transformation of Social Reality", *The Leadership Quarterly*, Vol. 16, No. 4, 2005, pp. 547-568.

Reinke, S. J., "Service Before Self: Towards a Theory of Servant-leadership", *Global Virtue Ethics Review*, Vol. 3, 2004, pp. 30-57.

Richard M. Dienesch, and Robert C. Liden., "Leader-Member Exchange Model of Leadership: A Critique and Further Development", *The Academy of Management Review*, Vol. 11, No. 3, 1986, pp. 618-634.

Riggs, Matt L., and P. A. Knight., "The Impact of Perceived Group Success Failure on Motivational Beliefs and Attitudes: A Causal Model", *Journal of Applied Psychology*, Vol. 79, No. 5, 1994, pp. 755-766.

Riketta M., "Organizational Identification: A Meta-analysis", *Journal of Vocational Behavior*, Vol. 66, 2005, pp. 358-384.

Riketta, M., and Van Dick, R., "Foci of Attachment in Organizations: A Meta-analytic Comparison of the Strength and Correlates of Workgroup Versus Organizational Identification and Commitment", *Journal of Vocational Behavior*, Vol. 67, 2015, pp. 490-510.

Rink, F., and Ellemers, N., "Diversity as a Source of Common Identity: Towards a Social Identity Framework for Studying the Effects of Diversity in Organizations", *British Journal of Management*, Vol. 18, No. 2, 2007, pp. 17-27.

Robert L. Hamblin and John H. Kunkel (Eds.), *Behavioral Theory in Sociology*, New Brunswick, NJ: Transaction Books, 1979, pp. 117-138.

Rockstuhl, Thomas, et al., "Leader-member Exchange (LMX) and Culture: A Meta-Analysis of Correlates of LMX Across 23 Countries", *Journal of Applied Psychology*, Vol. 97, No. 6, 2012, pp. 1097-1130.

Rogers, C., "The Actualizing Tendency in Relation to 'Motives' and to Consciousness", In M.R. Jones (ed.), *Nebraska Symposium on Motivation*, Vol. 11, 1963, pp. 1-24.

Russell, R. F., and Stone, A. G., "A Review of Servant Leadership Attributes: Developing a Practical Model", *Leadership and Organization Development Journal*, Vol. 23, 2002, pp. 145-157.

Ryan, R.M., Mims, V., and Koestner, R., "Relation of Reward Contingency and Interpersonal Context to Intrinsic Motivation: A Review and Test Using Cognitive Evaluation Theory", *Journal of Personality and Social Psychology*, Vol. 45, No. 4, 1983, pp. 736-750.

Ryan, R.M., "Psychological Needs and the Facilitation of Integrative Processes", *Journal of Personality*, Vol. 63, 1995, pp. 397-427.

Ryan, M.K., and Haslam, S.A., "The Glass Cliff: Exploring the Dynamics Surrounding the Appoint-ment of Women Precarious Leadership Positions", *Academy of Management Review*, Vol. 32, No. 2, 2007, pp. 549-572.

Ryan, R.M., and Deci, E.L., "From Ego Depletion to Vitality: Theory and Findings Concerning the Facilitation of Energy Available to the Self", *Social and Personality Psychology Compass*, Vol. 2, No. 2, 2008, pp. 702-717.

Sachdev, I., and Bourhis, R.Y., "Power and Status Differentials in Minority and Majority Group Relations", *European Journal of Social Psychology*, Vol. 21, 1991, pp. 1-24.

Salanova, M., Agut, S., and Peiró, J. M., "Linking Organizational Resources and Work Engagement to Employee Performance and Customer Loyalty: the Mediation of Service Climate", *Journal of Applied Psychology*, Vol. 90, 2005, pp. 1217-1227.

Sargent, L. D., and C. Sue-Chan., "Does Diversity Affect Group Efficacy?: The Intervening Role of Cohesion and Task Interdependence", *Small Group Research*, Vol. 32, No. 4, 2001, pp. 426-450.

Schaubroeck, J., Lam, S. S., and Cha, S. E., "Embracing Transformational Leadership: Team Values and the Impact of Leader Behavior on Team Performance", *Journal of Applied Psychology*, Vol. 92, 2007, p. 1020.

Scheepers, D., and Ellemers, N., "When the Pressure is Up: The Assessment of Social Identity Threat in Low and High Status Groups", *Journal of Experimental Social Psychology*, Vol. 41, No. 2, 2005, pp. 192-200.

Schmeichel, B. J., Vohs, K. D., and Baumeister, R. F., "Intellectual Performance and Ego Depletion: Role of the Self in Logical Reasoning and Other Information Processing", *Journal of Personality and Social Psychology*, Vol. 85, 2003, pp. 33-46.

Schriesheim, Chester A., Claudia C. Cogliser, and Linda L. Neider, "Is It 'Trustworthy'? A Multiple-levels-of-analysis Reexamination of An Ohio State Leadership Study, with Implications for Future Research", *The Leadership Quarterly*, Vol. 6, No. 2, 1995, pp. 111-145.

Schriesheim, Chester A., Castro, S. L., and Cogliser, C. C., "Leader-Member Exchange (LMX) Research: A Comprehensive Review of Theory, Measurement, and Data-Analytic Practices", *The Leadership Quarterly*, Vol. 10, No. 1, 1999, p. 63.

Schunk, D. H., "Ability Versus Effort Attributional Feedback: Differential Effects on Self-efficacy and Achievement", *Journal of Educational Psychology*, Vol. 75, 1983, pp. 848-856.

Schunk, D. H., "Sequential Attributional Feedback and Children's Achievement Behavior", *Journal of Educational Psychology*, Vol. 76, 1984, pp. 1159-1169.

Seibert, S. E., Wang, G., and Courtright, S. H., "Antecedents and Consequences of Psychological and Team Empowerment in Organizations: A Meta-analytic Review", *Journal of Applied Psychology*, Vol. 96, 2011, pp. 981-1003.

Seijts, Gerard H., G. P. Latham, and G. Whyte., "Effect of Self- and Group Efficacy on Group Performance in a Mixed-Motive Situation", *Human Performance*, Vol. 13, No. 3, 2000, pp. 279-298.

Shalley, C. E., and Gilson, L. L., "What Leaders Need to Know: A Review of Social and Contextual Factors That Can Foster or Hinder Creativity", *The Leadership Quarterly*, Vol. 15, 2004, pp. 33-53.

Shalley, C. E., Gilson, L. L., and Blum, T. C., "Interactive Effects of Growth

Need Strength, Work Context, and Job Complexity on Self-reported Creative Performance", *Academy of Management Journal*, Vol. 52, 2009, pp. 489-505.

Shamir, B., House, R. J., and Arthur, M. B., "The Motivational Effects of Charismatic Leadership: A Self-concept Based Theory", *Organization Science*, Vol. 4, 1993, pp. 577-594.

Shapira-Lishchinsky, O., and Rosenblatt, Z., "Perceptions of Organizational Ethics as Predictors of Work Absence: A Test of Alternative Absence Measures", *Journal of Business Ethics*, Vol. 88, 2009, pp. 717-734.

Sherif, M., *Group Conflict and Co-operation: Their Social Psychology*, London: Routledge and Kegan Paul. 1967.

Shin, S. J., and Zhou, J., "When Is Educational Specialization Heterogeneity Related to Creativity in Research and Development Teams? Transformational Leadership as a Moderator", *Journal of applied Psychology*, Vol. 92, 2007, pp. 1709-1721.

Simon, B., and Brown, R., "Perceived Intragroup Homogeneity in Minority-majority Contexts", *Journal of Personality and Social Psychology*, Vol. 53, No. 4, 1987, pp. 703-711.

Simon, B., and Klandermans, B., "Politicized Collective Identity: A Social Psychological Analysis", *American Psychologist*, Vol. 56, No. 4, 2001, pp. 319-331.

Skvoretz, John, and Willer, David, "Exclusion and Power: A Test of Four Theories or Power in Exchange Networks", *American Sociological Review*, Vol. 58, 1993, pp. 801-818.

Sluss, D. M., and Ashforth, B. E., "Relational Identity and Identification: Defining Ourselves Through Work Relationships", *Academy of Management Review*, Vol. 32, 2007, pp. 9-32.

Smith, B. N., Montagno, R. V., and Kuzmenko, T. N., "Transformational and Servant Leadership: Content and Contextual Comparisons", *Journal of Leadership & Organizational Studies*, Vol. 10, No. 2004, pp. 80-91.

Solomon, Laura J., and Esther D. Rothblum., "Academic Procrastination: Frequency and Cognitive-behavioral Correlates", *Journal of Counseling Psychology*, Vol. 31, No. 4, 1984, pp. 503-509.

Somech, A., "The Effects of Leadership Style and Team Process on Performance and Innovation in Functionally Heterogeneous Teams", *Journal of Management*, Vol. 32, 2006, pp. 132-157.

Spears, R., and Manstead, A.S.R., "The Social Context of Stereotyping and Differentiation", *European Journal of Social Psychology*, Vol. 19, No. 2, 1989, pp. 101-121.

Spreitzer, G. M., "Psychological Empowerment in the Workplace: Dimensions, Measurement, and Validation", *Academy of Management Journal*, Vol. 38, 1995, pp. 1442-1465.

Spreitzer, G. M., "A Dimensional Analysis of the Relationship between Psychological Empowerment and Effectiveness Satisfaction, and Strain", *Journal of Management*, Vol. 23, No. 5, 1997, pp. 679-714.

Stajkovic, Alexander D., D. Lee, and Nyberg,. A. J., "Collective Efficacy, Group Potency, and Group Performance: Meta-analyses of Their Relationships, and Test of A Mediation Model", *Journal of Applied Psychology*, Vol. 94, No. 3, 2009, pp. 814-828.

Stolte, J., and Emerson, R., "Structural Inequality: Position and Power in Network Structures", *Behavioral Theory in Sociology*, 1977, pp. 117-38.

Stone, A. G., Russell, R. F., and Patterson, K., "Transformational Versus Servant Leadership: A Difference in Leader Focus", *Leadership and Organization Development Journal*, Vol. 25, 2004, pp. 349-361.

Suliman, A. A., and Al-Junaibi, Y., "Commitment and Turnover Intention in the UAE Oil Industry", *The International Journal of Human Resource Management*, Vol. 21, 2010, pp. 1472-1489.

Sun, L. Y., Zhang, Z., Qi, J., and Chen, Z. X., "Empowerment and

Creativity: A Cross-level Investigation", *The Leadership Quarterly*, Vol. 23, No. 1, 2012, pp. 55-65.

Sundstrom, E., De Meuse, K. P., and Futrell, D., "Work Teams: Applications and Effectiveness", *American Psychologist*, Vol. 45, No. 2, 1970, p. 120.

Taggar, S., "Individual Creativity and Group Ability to Utilize Individual Creative Resources: A Multilevel Model", *Academy of Management Journal*, Vol. 45, No. 2, 2002, pp. 315-330.

Tajfel, H., and Wilkes, A.L., "Classification and Quantitative Judgement", *British Journal of Psychology*, Vol. 54, No. 2, 1963, pp. 101-114.

Tajfel, H., Billig, M.G., Bundy, R.F., and Flament, C., "Social Categorization and Intergroup Behaviour", *European Journal of Social Psychology*, Vol. 1, No. 2, 1971, pp. 149-177.

Tajfel, H., "Some Developments in European Social Psychology", *European Journal of Social Psychology*, Vol. 2, 1972, pp. 307-321.

Tajfel, H., "The Exit of Social Mobility and the Voice of Social Change", *Social Science Information*, Vol. 14, No. 2, 1975, pp. 101-118.

Tajfel, H., "Interindividual Behaviour and Inter-group Behaviour", In H. Tajfel (ed.), *Differentiation Between Social Groups: Studies in the Social Psychology of Intergroup Relations*, 1978a, pp. 27-60.

Tajfel, H., "Social Categorization, Social Identity, and Social Comparison", In H. Tajfel (ed.), *Differentiation Between Social Groups: Studies in the Social Psychology of Intergroup Relations*, 1978b, pp. 61-76.

Tajfel, H., "The Achievement of Group Differentiation", In H. Tajfel (ed.), *Differentiation Between Social Groups: Studies in the Social Psychology of Intergroup Relations*, 1978c, pp. 77-98.

Tajfel, H., and Turner, J.C., "An Integrative Theory of Intergroup Conflict", In W.G. Austin and S. Worchel (Eds.), *The Social Psychology of Intergroup Relations*, 1979, pp. 33-47.

Tajfel, H., "Social Psychology of Intergroup Relations", *Annual Review of Psychology*, Vol. 33, No. 2, 1982, pp. 1-39.

Tajfel, H., and Turner, J.C., "The Social Identity Theory of Intergroup Behavior", In W.G. Austin, and S. Worchel (eds), *The Social Psychology of Intergroup Relations*, 1986, pp. 7-24.

Tasa, Kevin, Taggar, S., and Seijts, G. H., "The Development of Collective Efficacy in Teams: A Multilevel and Longitudinal Perspective", *Journal of Applied Psychology*, Vol. 92, No. 1, 2007, pp. 17-27.

Thau, Stefan, and Marie S. Mitchell., "Self-gain or Self-regulation Impairment? Tests of Competing Explanations of the Supervisor Abuse and Employee Deviance Relationship Through Perceptions of Distributive Justice", *Journal of Applied Psychology*, Vol. 95, No. 6, 2010, p. 1009.

Thomas, K. W., and Velthouse, B. A., "Cognitive Elements of Empowerment: An 'Interpretive' Model of Intrinsic Task Motivation", *Academy of Management Review*, Vol. 15, No. 4, 1990, pp. 666-681.

Thomas, Jay C., and Michel Hersen, eds., *Handbook of Mental Health in the Workplace*, Sage, 2002.

Tierney, P., and Farmer, S. M., "Creative Self-Efficacy: Its Potential Antecedents and Relationship to Creative Performance", *Academy of Management Journal*, Vol. 45, 2002, pp. 1137-1148.

Tierney, P., and Farmer, S. M., "The Pygmalion Process and Employee Creativity", *Journal of Management*, Vol. 30, No. 3, 2004, pp. 413-432.

Tierney, P., and Farmer, S. M., "Creative Self-efficacy Development and Creative Performance over Time", *Journal of Applied Psychology*, Vol. 96, 2011, pp. 277-293.

Triandis, H. C., "The Psychological Measurement of Cultural Syndromes", *American Psychologist*, Vol. 51, 1966, p. 407.

Triandis, H. C., Bontempo, R., Villareal, M. J., Asai, M., and Lucca, N.,

"Individualism and Collectivism: Cross-cultural Perspectives on Self-ingroup Relationships", *Journal of Personality and Social Psychology*, Vol. 54, 1988, p. 323.

Tropp, L. R., and Wright, S. C,. "Ingroup Identification as the Inclusion of Ingroup in the Self", *Personality and Social Psychology Bulletin*, Vol. 27, No. 5, 2001, pp. 585-600.

Turner, J.C., and Brown, R.J., "Social Status, Cognitive Alternatives and Intergroup Relations", In H. Tajfel (ed.), *Differentiation Between Social Groups: Studies in the Social Psychology of Intergroup Relations*, 1978, pp. 201-234.

Turner, J.C., "Social Categorization and the Self-concept: A Social Cognitive Theory of Group Behaviour", *Advances in Group Processes*, Vol. 2, No. 2, 1985, pp. 77-122.

Turner, J. C., and Tajfel, H., "The Social Identity Theory of Intergroup Behavior", *Psychology of Intergroup Relations*, Vol. 13, No. 3, 1986, pp. 7-24.

Turner, J.C., and Oakes, P. J., "The Socially Structured Mind", In C. McGarty and S.A. Haslam (eds.), *The Message of Social Psychology: Perspectives on Mind in Society*, 1997, pp. 355-373.

Turner, J.C., and Haslam, S.A., "Social Identity, Organizations and Leadership", In M. E. Turner (ed.), *Groups at Work: Advances in Theory and Research*, 2001, pp. 25-65.

Tyler, T. R., "The Psychology of Legitimacy: A Relational Perspective on Voluntary Deference to Authorities", *Personality and Social Psychology Review*, Vol. 1, 1997, pp. 323-345.

Van Der Vegt G. S., Van De Vliert E., and Oosterhof A., "Infoanational Dissimilarity and Organizational Citizenship Behavior: The Role of Intrateam Interdependence and Team Identification", *Academy of Management Journal*, Vol. 46, No. 6, 2003, pp. 715-727.

Van Der Vegt, G. S., and Bunderson, J. S., "Learning and Performance in

Multidisciplinary Teams: The Importance of Collective Team Identification", *Academy of Management Journal*, Vol. 48, No. 3, 2005, pp. 532-547.

Van Dick, R., Van Knippenberg, D., Hägele, S., Guillaume, Y. R., and Brodbeck, F. C., " Group Diversity and Group Identification: The Moderating Role of Diversity Beliefs", *Human Relations*, Vol. 61, No. 2008, pp. 1463-1492.

Van Dierendonck, D., "Servant Leadership: A Review and Synthesis", *Journal of Management*, Vol. 37, No. 2011, pp. 1228-1261.

Van Dierendonck, D., Stam, D., Boersma, P., De Windt, N., and Alkema, J., "Same Difference? Exploring the Differential Mechanisms Linking Servant Leadership and Transformational Leadership to Follower Outcomes", *The Leadership Quarterly*, Vol. 25, No. 2014, pp. 544-562.

Van Knippenberg , D., and Van Schie, E. C. M., "Foci and Correlates of Organizational Identification", *Journal of Occupational and Organizational Psychology*, Vol. 73, No. 2, 2000, pp. 137-147.

Van Knippenberg, D., De Dreu, C. K., and Homan, A. C., "Work Group Diversity and Group Performance: An Integrative Model and Research Agenda", *Journal of Applied Psychology*, Vol. 89, 2004, p. 1008.

Van Knippenberg, D., Van Knippenberg, B., De Cremer, D., and Hogg, M.A., "Leadership, Self, and Identity: A Review And Research Agenda", *The Leadership Quarterly*, Vol. 15, No. 6, 2004, pp. 825-856.

Van Mierlo, H., Vermunt, J. K., and Rutte, C. G., "Composing Group-level Constructs from Individual-level Survey Data", *Organizational Research Methods*, Vol. 12, 2009, pp. 368-392.

Van,Vugt M., and Hart, C. M., "Social Identity as Social Glue: the Origins of Group Loyalty", *Journal of Personality & Social Psychology*, Vol. 86, No. 4, 2004, pp. 585-598.

Vansteenkiste, M., Simons, J., Lens, W., Sheldon, K.M., and Deci, E.L,. "Motivating Learning, Performance, and Persistence:The Synergistic Effects of Intrinsic Goal Contents and Autonomy-supportive Contexts", *Journal of Personality and Social Psychology*, Vol. 87, No. 2, 2004, pp. 246-260.

Vansteenkiste, M., Niemiec, C. P., and Soenens, B., "The Development of the Five Mini-theories of Self-determination Theory: An Historical Overview, Emerging Trends, and Future Directions", *Advances in Motivation and Achievement*, Vol. 16, 2010, pp. 105-166.

Vessey, W. B., Barrett, J. D., Mumford, M. D., Johnson, G., and Litwiller, B., "Leadership of Highly Creative People in Highly Creative Fields: A Historiometric Study of Scientific Leaders", *The Leadership Quarterly*, Vol. 25, No. 4, 2014, pp. 672-691.

Vignoles, V. L., Regalia, C., Manzi, C., Golledge, J., and Scabini, E., "Beyond Self-esteem: Influence of Multiple Motives on Identity Construction", *Journal of Personality and Social Psychology*, Vol. 90, 2004, p. 308.

Waldron, and Vincent, R., "Achieving Communication Goals in Superior - subordinate Relationships: The Multi - functionality of Upward Maintenance Tactics", *Communication Monographs,* Vol. 58, No. 3, 1991, pp. 289-306.

Wallas Graham, *The Art of Thought*, New York: Harcourt Brace, 1926.

Walumbwa, F. O., Hartnell, C. A., and Oke, A., "Servant Leadership, Procedural Justice Climate, Service Climate, Employee Attitudes, and Organizational Citizenship Behavior: a Cross-level Investigation", *Journal of Applied Psychology*, Vol. 95, No. 3, 2010, pp. 517-529.

Walumbwa, F. O., Mayer, D. M., Wang, P., Wang, H., Workman, K., and Christensen, A. L., "Linking Ethical Leadership to Employee Performance: The Roles of Leader-member Exchange, Self-efficacy, and Organizational Identification", *Organizational Behavior and Human Decision Processes*, Vol. 115, 2011, pp. 204-213.

Wang, H., Law, K.S., Hackett, R.D., Wang, D., and Chen, Z.X., "Leader-member Exchange as A Mediator of the Relationship between Transformational

Leadership and Followers' Performance and Organizational Citizenship Behavior", *Academy of Management Journal*, Vol. 48, No. 3, 2005, pp. 420-432.

Wang, P., and Rode, J. C., "Transformational Leadership and Follower Creativity: The Moderating Effects of Identification with Leader and Organizational Climate", *Human relations*, Vol. 63, 2010, pp. 1105-1128.

Watrous, K. M., Huffman, A. H., and Pritchard, R. D., "When Coworkers and Managers Quit: The Effects of Turnover and Shared Values on Performance", *Journal of Business and Psychology*, Vol. 21, 2006, pp. 103-126.

Watson, C. B., Chemers, M. M., and Preiser, N., "Collective Efficacy: A Multilevel Analysis", *Personality & Social Psychology Bulletin*, Vol. 27, No. 8, 2001, pp. 1057-1068.

Wayne, Sandy J., and Ferris, G. R., "Influence Tactics, Affect, and Exchange Quality in Supervisor Subordinate Interactions: A Laboratory Experiment and Field Study", *Journal of Applied Psychology*, Vol. 75, No. 5, 1990, pp. 487-499.

Wayne, Sandy J., and Liden, R. C., "Effects of Impression Management on Performance Ratings: A Longitudinal Study", *Academy of Management Journal*, Vol. 38, No. 1, 1995, pp. 232-260.

Weinstein, N., and Ryan, R.M., "When Helping Helps: Autonomous Motivation for Prosocial Behavior and Its Influence on Well-being for the Helper and Recipient", *Journal of Personality and Social Psychology*, Vol. 98, No. 2, 2010, pp. 222-244.

Wendt, H., Euwema, M. C., and van Emmerik, I. H., "Leadership and Team Cohesiveness Across Cultures", *The Leadership Quarterly*, Vol. 20, 2009, pp. 358-370.

West, M. A., and Hirst, G., "Cooperation and Teamwork for Innovation. The Essentials of Team Working", *International Perspectives*, 2015, pp. 257-279.

Whetstone, J. T., "Personalism and Moral Leadership: The Servant Leader

With a Transforming Vision", *Business Ethics: A European Review*, Vol. 11, 2002, pp. 385-392.

Williams, G.C., Grow, V.M., Freedman, Z., Ryan, R.M., and Deci, E.L., "Motivational Predictors of Weight Loss and Weight-loss Maintenance", *Journal of Personality and Social Psychology*, Vol. 70, No. 1, 1996, pp. 115-126.

Williams, G.C., Deci, E.L., and Ryan, R. M., "Building Health-care Partnerships by Supporting Autonomy", In A.L. Suchman, P. Hinton-Walker, and R. Botelho (Eds.), *Partnerships in Healthcare*, 1998, pp. 67-87.

Williams, G.C., Gagné, M., Ryan, R.M., and Deci, E.L., "Facilitating Autonomous Motivation for Smoking Cessation", *Health Psychology*, Vol. 21, No. 1, 2002, pp. 40-50.

Williams, G.C., McGregor, H.A., Zeldman, A., Freedman, Z.R., and Deci, E.L., "Testing a Self-determination Theory Process Model for Promoting Glycemic Control Through Diabetes Self-management", *Health Psychology*, Vol. 23, No. 1, 2004, pp. 58-66.

Williams, G.C., McGregor, H.A., Sharp, D., Kouides, R.W., Levesque, C., Ryan, R.M., and Deci, E.L., "A Self-determination Multiple Risk Intervention Trial to Improve Smokers' Health", *Journal of General Internal Medicine*, Vol. 21, No. 12, 2006, pp. 1288-1294.

Williams, T., and Williams, K., "Self-efficacy and Performance in Mathematics: Reciprocal Determinism in 33 Nations", *Journal of Educational Psychology*, Vol. 102, No. 2, 2010, pp. 453-466.

Winkle, B., Allen, S., DeVore, D., & Winston, B., "The Relationship between the Servant Leadership Behaviors of Immediate Supervisors and Followers' Perceptions of Being Empowered in the Context of Small Business", *Journal of Leadership Education*, Vol. 13, 2014, pp. 70-82.

Wood, R. E., and Bandura, A., "Impact of Conceptions of Ability on Self-regulatory Mechanisms and Complex Decision Making", *Journal of*

Personality and Social Psychology, Vol. 56, 1989, pp. 407-415.

Xu, E., Huang, X., Lam, C.K., and Miao, Q., "Abusive Supervision and Work Behaviors: the Mediating Role of Lmx", *Journal of Organizational Behavior*, Vol. 33, No. 4, 2012, pp. 531-543.

Yang, J., Liu, H., and Gu, J., "A Multi-level Study of Servant Leadership on Creativity: the Roles of Self-efficacy and Power Distance", *Leadership & Organization Development Journal,* Vol. 38, No. 5, 2017, pp. 610-629.

Yang, J., Mossholder, K. W., and Peng, T. K., "Procedural Justice Climate and Group Power Distance: an Examination of Cross-level Interaction Effects", *Journal of Applied Psychology*, Vol. 92, No. 3, 2007, pp. 681-692.

Yoshida, D. T., Sendjaya, S., Hirst, G., and Cooper, B., "Does Servant Leadership Foster Creativity and Innovation? A Multi-level Mediation Study of Identification and Prototypicality", *Journal of Business Research*, Vol. 67, No. 2014, pp. 1395-1404.

Zaccaro, S. J., Rittman, A. L., and Marks, M. A., "Team Leadership", *The Leadership Quarterly*, Vol. 12, 2002, pp. 451-483.

Zeldman, A., Ryan, R.M., and Fiscella, K., "Client Motivation, Autonomy Support and Entity Beliefs: Their Role in Methadone Maintenance Treatment", *Journal of Social and Clinical Psychology*, Vol. 23, No. 5, 2004, pp. 675-696.

Zellars, Kelly L., et al., "Beyond Self-Efficacy: Interactive Effects of Role Conflict and Perceived Collective Efficacy", *Journal of Managerial Issues*, Vol. 13, No. 4, 2001, p. 483.

Zhang, H., Kwong Kwan, H., Everett, A. M., and Jian, Z., " Servant Leadership, Organizational Identification, and Work‐to‐family Enrichment: The Moderating Role of Work Climate for Sharing Family Concerns", *Human Resource Management*, Vol. 51, 2012, pp. 747-767.

Zhang, X., and Bartol, K. M., "Linking Empowering Leadership and

Employee Creativity: The Influence of Psychological Empowerment, Intrinsic Motivation, and Creative Process Engagement", *Academy of Management Journal*, Vol. 53, 2010, pp. 107-128.

Zhang, Y., and Begley, T. M., " Power Distance and Its Moderating Impact on Empowerment and Team Participation", *The International Journal of Human Resource Management*, Vol. 22, 2011, pp. 3601-3617.

Zhang, Zhen, Wang, Mo, and Shi, Junqi., "Leader-follower Congruence in Proactive Personality and Work Outcomes: The Mediating Role of Leader-member Exchange", *Social Science Electronic Publishing*, Vol. 55, No. 1, 2012, pp. 111-130.

Zhou, J., and George, J. M., "When job dissatisfaction leads to creativity: Encouraging the Expression of Voice", *Academy of Management Journal*, Vol. 44, 2001, pp. 682-696.

Zhou, Jing , and George, J. M., "When Job Dissatisfaction Leads to Creativity: Encouraging the Expression of Voice", *Academy of Management Journal*, Vol. 44, No. 4, 2001, pp. 682-696.

Zuckerman, M., Porac, J., Lathin, D., Smith, R., and Deci, E.L., "On the Importance of Self-determination for Intrinsically Motivated Behavior", *Personality and Social Psychology Bulletin*, Vol. 4, No. 3, 1978, pp. 443-446.

Zuroff, D.C., Koestner, R., Moskowitz, D.S., McBride, C., Marshall, M., and Bagby, M., "Autonomous Motivation for Therapy: A New Common Factor in Brief Treatments for Depression", *Psychotherapy Research*, Vol. 17, No. 2, 2007, pp. 137-147.

致　谢

　　光阴似箭，岁月如梭，来中国科技大学求学的三年时光已经过去。至今，我仍然难以忘记只身一人在实验室通宵写论文的情形，更不会忘记被恩师鼓励和肯定时的兴奋与喜悦。在这里，我结识了我的恩师，亦收获了很多益友，他们帮助我完成了自己的成长和蜕变。在这里，我不仅收获了自己的博士学位，更难能可贵的是获得了坚定科研道路的态度和信心。所以，我要感谢中科大，感谢我的恩师和益友，感恩这一切！

　　首先，我要感谢我的恩师古继宝教授。感谢恩师虽然担任着繁忙的行政工作，却能一直坚持着孜孜不倦地对我的科研所给予帮助和指导。三年多的师生情谊早已胜过单纯的学术指导范畴。在我每一次在科研道路上遇到挫折想要退缩的时候，正是恩师的谆谆教诲，不仅督促我努力完成了学业，而且引领我走上实证研究的这条学术道路。所以借此机会，我向恩师古继宝教授致以最诚挚的感谢！

　　其次，我要感谢我的副导师刘和福教授。刘老师于我而言，亦师亦友。我想感谢刘老师将我视为朋友，与我分享学术上的经验与感悟，对于我的职业规划提供他自己的意见和建议。刘老师不仅在科研上给予我耐心的指导及帮助，更令人难忘的是，当我在科研上取得进步时，他给予我及时的鼓励与肯定，让我在学术上感受到更多的信心和希望。

　　再次，我要感谢吴剑琳老师在科研上所给予我的帮助和指导。吴老师在学术上一丝不苟，她不仅对我的调查问卷认真地提出修改意见，而且在组会中针对我汇报的模型和论文内容提出细心的修改建议及指导。

我还要感谢我的同门宋君、马翠萍、王利亚、胡男、吴蔚、胡玲玉、邵梦、张清琼、宋琦、王婷、吴莹、王冰、赵地、刘迈克、代晓青、尹金梅、张晓晓、陈志、周立影、何昌清、陈诚、刘顿、陈兆峰、卫寒阳、叶宗俊、黄颖、刘阿龙、周春城、翟雪松、项宗东、杨明辉、王刚、宋德润、胡善贵、王永桂等。很庆幸我拥有着如此团结友爱的实验室小伙伴们，也很感谢你们让我在中科大感受到家的温暖。因为你们，我的博士生学习生活变得更加充实和快乐！

感谢我的闺密梁波、钟一鸣、陈海燕、雷玲、李明昊、曾静、秦琴、阎靖，感谢你们对我一直以来的关心和鼓励，你们使得我的生活变得更有乐趣和意义！

最后，我要感谢我的家人。感谢父母对我的养育之恩，感恩你们的付出与培养。感谢我的先生李登静一直以来对我的包容和无私付出！在我脱产读博的日子里，你承担了父亲的角色，更给予了我们李俊薄小朋友母亲般的陪伴。特别要感谢张秀琼女士，感谢您对我儿子的照顾和陪伴，才使得我能够坚守自己的梦想，让我没有太多负担地在中科大完成自己的博士学业。感谢您默默地支持我的学业，您辛苦了！

谨以此文，献给在我成长过程中所有关心和支持我的家人、师长、同学和朋友！

杨　进

2016 年 9 月